公益慈善与乡村振兴

江苏省慈善总会 南京大学江苏慈善研究院 主编

南京大学出版社

图书在版编目(CIP)数据

公益慈善与乡村振兴 / 江苏省慈善总会，南京大学江苏慈善研究院主编. —南京：南京大学出版社，2024.7

ISBN 978-7-305-27506-7

Ⅰ. ①公… Ⅱ. ①江… ②南… Ⅲ. ①慈善事业—关系—农村—社会主义建设—研究—中国 Ⅳ. ①D632.1 ②F320.3

中国国家版本馆 CIP 数据核字(2024)第 000417 号

出版发行 南京大学出版社
社　　址 南京市汉口路 22 号　　　邮　编 210093

GONGYI CISHAN YU XIANGCUN ZHENXING
书　　名 公益慈善与乡村振兴
主　　编 江苏省慈善总会　南京大学江苏慈善研究院
责任编辑 施　敏

照　　排 南京紫藤制版印务中心
印　　刷 江苏凤凰数码印务有限公司
开　　本 718 mm×1000 mm　1/16　印张 15.75　字数 258 千
版　　次 2024 年 7 月第 1 版　2024 年 7 月第 1 次印刷
ISBN 978-7-305-27506-7
定　　价 68.00 元

网址：http://www.njupco.com
官方微博：http://weibo.com/njupco
官方微信号：njupress
销售咨询热线：025-83594756

序

李小敏

（江苏省慈善总会会长）

农为邦本，本固邦宁。农业是立国之本，强国之基。党的二十大报告中明确指出，全面建设社会主义现代化国家，最艰巨最繁重的任务仍然在农村，因此提出要全面推进乡村振兴，坚持农业农村优先发展，加快建设农业强国。乡村振兴是新时代中国特色社会主义发展的重大战略，是中国式现代化的重要组成部分，是健全社会治理格局的固本之策，是实现全体人民共同富裕的必然选择，具有重大的现实意义和深远的历史意义。公益慈善事业作为新时代中国特色社会主义事业的重要组成部分，公益慈善组织是实施乡村振兴战略和助力实现共同富裕目标的重要社会力量，主动参与乡村振兴，在推进乡村振兴中彰显慈善力量，是当代中国公益慈善事业发展的重要趋势和根本特征。

郡县治则天下安，乡村治则国家稳。乡村振兴是国家长治久安的根本。乡村振兴的意义在于：一是有助于守好“三农”基础，通过发展富民产业，增加农民收入，改善人居环境，建设美丽乡村，成为应变局、开新局的“压舱石”；二是有助于统筹发展与安全。民为国基，谷为民命。有饭吃，才有底气，乡村振兴可保障农业稳产、农村发展与农民增收，保障粮食供给，增强国家应对重大风险的能力；三是有助于缩小城乡发展差距。农村不发展，中国就不可能实现共同富裕。推动实现乡村振兴，有利于发挥农村地区的资源优势、生态优势和文化优势，激发乡村发展活力，释放乡村高质量发展的内生动能，促进城乡协调发展，实现城乡融合发展。因此，必须深刻认识全面推进乡村振兴、加快农业农村现代化的极端重要性。推进乡村振兴战略，不只是一个口号，更重要的是行动；推进乡村振兴战略，不能光关注结果，更要关注整个过程。推进乡村振兴战略，需要强调所有的发展都以人民为中心，抓准乡村特色优势，有的放矢，有条不紊，真抓实干，确保取得实效。新时代，乡村是大有作为的广阔天地，为公益慈善事业发展提供了新机遇，也提出了更高的要求。

慈善，是传统美德；乡村振兴，乃国之大计。公益慈善组织是解决社会问题的重要力量，参与乡村振兴是新时代赋予公益慈善组织的新使命，公益慈善组织应成为集聚有意愿的企业、爱心人士参与乡村振兴的重要平台，成为整合资金、资源、人才、管理经验，投入乡村振兴的重要渠道，成为推动实现农业优质高效、乡村宜居宜业、农民富裕富足的重要补充。公益慈善组织应凝聚社会各方力量，整合各种社会资源，围绕“产业振兴、人才振兴、文化振兴、生态振兴、组织振兴”发展目标，为农村地区提供资金、技术和人才支持，推动农村社会治理创新、产业振兴和文化振兴，促进乡村全面振兴；同时，通过调查研究，了解不同地域、不同形势、不同情况下的乡村需求和诉求，结合公益慈善组织自身实际，聚焦重点、补齐短板、破解难题、精准施策，进而开展行之有效的项目与方案，把慈善的根系延伸到社会最基层组织，打通慈善服务的最后“一公里”，谋划出真正能够助力乡村振兴的发展蓝图，为美丽乡村建设奉献来自慈善的光与热。

实践要发展，理论要先行。乡村振兴是新时代中国特色社会主义发展的重大战略，是社会参与广泛、涉及领域诸多、需要持之以恒的长期战略，是全党全国全社会都参与的大事业。乡村振兴是中国最大的公益。当前，公益慈善与乡村振兴的关系日益紧密，已经成为学术界和实践界关注的焦点。为了推动公益慈善事业与乡村振兴的研究和实践，南京大学江苏慈善研究院编辑整理了《公益慈善与乡村振兴》文集，汇聚了江苏省内相关高校及机构有关公益慈善与乡村振兴的研究成果和实践经验的论文16篇、20多万字，从理论探讨、实践创新和人物分析等方面，全面展示公益慈善事业在乡村振兴中的重要作用和广阔前景，旨在提供一个交流和分享的平台，推动中国公益慈善事业与乡村振兴的研究和实践，为我国乡村振兴战略的实施提供理论参考和实践借鉴。

2023年7月习近平总书记在江苏考察时，要求江苏“在推进社会治理现代化上实现新提升”，提出“必须在保障和改善民生、推进社会治理现代化上走在前列”的要求。中国式现代化江苏新实践赋予慈善事业新的光荣使命，站在新起点、迈向新征程，江苏慈善任重道远。期待南京大学江苏慈善研究院能够秉承科学精神，持续加强公益慈善的理论研究，及时总结慈善实践经验与做法，力争推出更多高水平的研究成果，为推动中国慈善事业高质量发展做出更多更大的贡献。

2023年9月

目 录

第一部分 理论篇

第二部分 实践篇

第三部分　人物篇

第一部分

理论篇

从“善”汇流：乡村振兴、公益慈善与农村社区可持续发展

周　涛[①]

（南京大学社会学院）

摘　要：乡村振兴是一项包含多维度、多方面、多层次的复杂系统工程。乡村建设是实施乡村振兴战略的重要任务，也是国家现代化建设的重要内容。可持续发展的农村社区振兴是一个多维度的概念，旨在实现农村地区经济、社会和环境的平衡发展，以提高居民的生活质量、保护自然资源、促进社会公平，同时确保发展不会损害未来世代的需求。本论文旨在探讨乡村振兴与公益慈善之间的紧密联系，以及它们如何协同推动中国农村社区的可持续发展，并致力于揭示这一关系的复杂性和潜力，为中国农村社区的繁荣发展提供新的思路。

关键词：乡村振兴；公益慈善；农村社区；可持续发展

一、乡村“迟发展”的制约因素

乡村是具有自然、社会、经济特征的地域综合体，兼具生产、生活、生态、文化等多重功能，与城镇互促互进、共生共存，共同构成人类活动的主要空间。但一直以来，我国乡村地区由于历史传统和发展条件的制约，其现代化进程晚于城市地区。由于基础薄弱，又面临不同制约条件，就形成了特殊的迟发展过程。长此以往，城乡发展不均衡，“落后”便成了农村地区发展步调的代名词，形成一种“断裂”的城乡发展格局。而围绕乡村的“三农”问题既是“党和国家

① 周涛，南京大学社会学院博士研究生，主要研究方向是人口社会学。

工作大局”“重中之重”“坚实基础”，也侧面反映出大力促进其发展的重要性和紧迫性，比如，促进农民增加收入、统筹城乡发展、深入推进农业供给侧结构性改革、部署实施乡村振兴战略等。2004 年至今，中央一号文件已连续聚焦“三农”问题 20 年。自中华人民共和国成立后，我国在“三农”领域就开始了艰辛探索。在不同历史时期，乡村建设的重点及表述也不尽相同：新民主主义革命时期，乡村建设表现为苏区和根据地建设；社会主义革命和建设时期，历经农业农村经济恢复—农业合作化以及机械化、水利化、化学化、电气化—社会主义农村建设；改革开放和社会主义现代化建设新时期以来，相继展开了中国特色社会主义新农村建设—美丽乡村建设—实施乡村振兴战略和乡村建设行动。①

（一） 乡村振兴战略下的主体性发展困境

乡村兴则国家兴，乡村衰则国家衰。全面脱贫之后，扎实推动共同富裕成为社会共识，而人口老龄化、收入分配差距和城乡差异，无疑是实现共同富裕路上的三大阻碍。有学者指出，乡村振兴应该是通过制度改革，实现农业现代化的农业振兴与增加农民收入的农民振兴。要实现乡村振兴目标，必须消解继续将土地视作农民保障的合理性，改革城乡二元制度安排，构建全国统一的基本社会保障制度。② 党的十八大以来，国家进一步加大农村基础设施投资力度，重点推进水电路讯等方便群众生产生活的基础设施建设，农村基础设施条件明显改善；大力推进农村环境整治，乡村环境从干净整洁向美丽宜居转变，农村面貌和人居环境持续向好。但是现阶段，乡村产业基础仍不牢固，缺乏产业支撑是当前制约乡村振兴最突出的问题。另外，种植业效益比较低，年轻农民离土离乡的较多，种地者趋向老龄化，留守与抛荒现象普遍。加之，农村建设缺乏规划，农村民生保障水平需要进一步提升，乡村治理能力亟需提升。此外，乡村振兴实践中农民的主体性地位一直没有得到实质性体现，使得大多数

① 王景新：《中国共产党百年乡村建设的历史脉络和阶段特征》，《中国经济史研究》2021 年第 4 期。

② 陈友华、庞飞：《乡村振兴何以可能——后脱贫时代的“三农”之思》，《四川大学学报（哲学社会科学版）》2021 年第 3 期。

农民成为乡村治理的"旁观者"，乡村的空心化现象愈加严重。[①] 人口结构困境、文化困境、社会性困境与体制及机制问题交织下的农民主体性缺失难题仍未破解。[②]

不论是乡村振兴还是城乡共同富裕，都离不开现代化这条道路。中国不论是农业现代化还是乡村现代化水平，都与发达国家有很大的差距，但相同的是农村越来越留不住年轻人，这让中国农业农村现代化和乡村振兴的任务更为艰巨。乡村振兴是指利用和发挥乡村地区的资源和潜力，提升乡村经济、社会和文化发展水平，实现城乡发展协调和可持续发展的战略。中国式乡村治理现代化既需要遵循科学的理论逻辑，亦需要探索切实有效的实现路径。乡村振兴的战略路径如果选择不当，就会走入歧途，以致后患无穷。[③] 与 20 世纪 70 年代末相比，当前农民在乡村振兴上的发展动力和积极性减少了；促进乡村振兴，不能简单地"向城市看齐"和"向发达乡村看齐"，否则这很容易演变为土地城镇化和对农民新一轮的掠夺。[④] 中国农民仍然处于"厨师困境"[⑤]，即农民的收入或相对贫困问题，缓慢增长的农民收入与工业职工收入之间的差距会越拉越大。那么如何搞好国家顶层设计，制定切实可行的战略规划，配套精准有效的战术措施；因地分类施策，根据各地实力和省情，因地制宜，分类推进落实乡村振兴战略部署；匹配战略资源与目标，做到用好有限资源实现有限战略目标；激活农村发展新动能，让实施振兴规划的村庄能够自我滚动发展，促进其迈上可持续发展的乡村振兴之路就成为巨大的现实挑战。[⑥]

（二） 共同富裕道路上的慈善与公益力量

党的十九大指出我国经济社会发展进入了新时代，新时代中国社会的主

---

① 汪鸿波：《乡村振兴实践进程中农民的生计赋能逻辑》，《华南农业大学学报（社会科学版）》2023 年第 4 期。

② 王春光：《关于乡村振兴中农民主体性问题的思考》，《社会发展研究》2018 年第 1 期。

③ 郭晓鸣：《实施乡村振兴战略的路径选择与突破重点》，2017，据爱思想网：http://www.aisixiang.com/data/107242. html。

④ 孙立平：《公平正义视野中的城镇化》，《中国党政干部论坛》2013 年第 3 期。

⑤ 孙立平：《"厨师困境""剪刀差"与农民的相对贫困》，《财政研究》2001 年第 1 期。

⑥ 刘合光：《乡村振兴战略的关键点、发展路径与风险规避》，《新疆师范大学学报（哲学社会科学版）》2018 年第 3 期。

要矛盾也转变为“人民日益增长的美好生活需要和不平衡不充分的发展之间的矛盾”，这个矛盾在我国农业农村发展中有突出表现。共同富裕是全体人民的富裕，是人民群众物质生活和精神生活都富裕，不是少数人的富裕，也不是整齐划一的平均主义，要分阶段促进共同富裕。实现全体人民共同富裕，不仅需要把蛋糕做大，还要把蛋糕分好，让发展成果最大限度地惠及全体人民。在这个过程中，三次分配将发挥越来越重要的作用。初次分配关注市场经济效率，再分配以强制性行政手段促进社会公平正义，第三次分配依靠“精神力量”，通过人性的温暖和友爱促进社会资源在不同群体之间均衡流动，是对初次分配和再分配的有益补充。同时党的十九届四中和五中全会都提出要重视发挥第三次分配作用，发展慈善等社会公益事业。由于当前我国城乡、区域、不同群体间的收入差距总体较大，群众在就业、教育、医疗、居住、养老等方面社会保障和公共服务均等化水平还有待提高，这就对基层社会治理创新提出了更高的要求。发展慈善事业，培育慈善组织，发挥第三次分配的作用，对于帮扶困难群体、促进共同富裕、提升社会治理水平来说意义非凡。第三次分配是对初次分配和再分配的有益补充，它有利于激发共同富裕的内生动力，其中推动共同富裕的主要路径包括：慈善捐赠能有效防止返贫现象和缩小贫富差距；社会企业能促进区域发展和实现先富带后富；志愿服务能有效关注弱势群体并扩展其社会资本；公益文化艺术的发展能促进人们的精神富裕。①

乡村振兴是全域、全员、全面的振兴，不仅是物质生活的充足，更有精神生活的丰富、道德水平的提升。在全面开启建设现代国家的新征程中，原本较为单一的物质帮扶已不能满足村民群众以及村社多样化的需求，慈善行为与慈善资源助力乡村振兴必须体现为高度的综合性、复合性与可持续性，以优势项目和优质服务在乡村实现从“授人以鱼”到“授人以渔”的转变。慈善事业与乡村振兴具有充分的内在亲和性与互补性。乡村建设是实施乡村振兴战略的重要任务，也是国家现代化建设的重要内容。乡村振兴和公益慈善是中国社会发展的两大重要组成部分，作为国家规划下的变迁，农村社区建设是新农村建设的重要组成部分和新城镇化战略的重要配套工程，体现了国家力图由“外”

---

① 江亚洲、郁建兴：《第三次分配推动共同富裕的作用与机制》，《浙江社会科学》2021年第9期。

带动"内"对农村进行再次整合的政策意图。[①] "以人为核心"是乡村振兴的基本原则，这就要求我们必须紧紧围绕人的生存和发展权利的提升来推进振兴进程。[②]

综上所述，乡村振兴是一项包含多维度多方面多层次的复杂系统工程。以非政府组织为功能载体的第三次分配是建立在志愿性的基础上，以募集、自愿捐赠和资助等慈善公益方式对社会资源和社会财富进行的分配，它依靠"精神力量"奉行"道德原则"。[③] 由此，本文旨在探讨乡村振兴与公益慈善之间的紧密联系，以及发掘它们在实践中如何协同推动农村社区的可持续发展。通过把握其发展现状及特征、介入路径及方法与现实问题及挑战，笔者将揭示这一关系的复杂性和潜力，为我国农村社区的繁荣发展提供新的思路。

二、"社区为本"的公益慈善工作路径构建

滕尼斯所提出的"社区(共同体)"的复兴被认为是当今许多紧迫社会问题的解药，促进有机团结能够提升社区发展的活力。从现实来看，社区作为微观个人或家庭与宏观环境的中间载体，一方面作为结构的环境通过社区形塑着个人或家庭的思维方式和行为规范，另一方面，个人的能动性又反过来深深地塑造着社区的氛围和整个社会环境。[④] 在这个意义上，在更具乡土气息的农村地区，以"社区为本"的公益慈善工作能够打破宏观环境与微观个体的割裂，弥合两者二元对立的张力。比如，在社会工作专业领域，"社区为本"的反贫困社会工作是以社区为主体，旨在借助社区成员的集体参与来整合社会资源，以多样化的行动策略回应社区的多元需求，促进社区的整体进步和可持续发展，它

① 任强、毛丹：《中国农村社区建设中的五种实践逻辑——基于对浙江省的政策与实践观察》，《山东社会科学》2015 年第 9 期。

② 陆杰华、韦晓丹：《以人为核心的新型城镇化战略内涵、障碍与应对》，《北京社会科学》2023 年第 7 期。

③ 印华清、王宝明：《构建和谐社会呼唤以 NGO 为功能载体的第三次分配》，《重庆社会科学》2005 年第 9 期。

④ 张和清：《社会转型与社区为本的社会工作》，《思想战线》2011 年第 4 期。

是一种达致团结、互惠、尊重、平等、意识觉醒、能力提升的集体行动过程。[①] 同时它也能激发在地居民的内生动力，遵循“自下而上”的路径，充分重视当地的传统文化与本土知识，并将地方性知识中关于生产的经验与现代化的生产方式相结合，推动当地经济的发展[②]。

在我国，公益慈善组织基于不同的服务宗旨，其主要的服务对象与服务领域不尽相同。现代慈善超出传统慈善的关键点是其行动具有公益特征，即为了不特定人群的公共利益。而它仍保持传统慈善来自民间和自主自愿的特征。因此，现代慈善也可称为民间公益。公益即公共利益的实施主体并非特别指定，民间和政府都可以做公益，只是各自的最优领域不同。在新时代，凡事关国家命运的重大事项，政府和民间都在发挥各自优势和能量，致使公益领域的协同共创越来越成为社会常态。据此，乡村振兴中的慈善公益可界定为社会力量为实现国家乡村振兴战略主动履行的社会责任的所有行动。乡村振兴政策是政府提出的重要战略，旨在促进农村经济发展和提高居民生活水平。同时，公益慈善是社会力量的一种积极表现，通过捐赠和项目支持，致力于解决社会问题和改善社区福祉。这两者之间的关系在于，乡村振兴需要社会资本和资源的注入，而公益慈善机构正是其中的关键参与者，能够为农村社区提供宝贵的支持。乡村振兴战略为公益慈善提供了新的结构机会，而要抓住这样的结构机会，就要确立公益慈善工作开展的着力点，明确自身角色定位及相关理论视角与发展路径，以自身的能力、资源和方法去充盈农村社区，助力可持续发展。具体而言，以慈善公益组织为主导，公益慈善参与农村社区的路径可分为两种：

（一）参与社区“硬实力”建设

2021 年 4 月，中共中央、国务院印发《关于加强基层治理体系和治理能力现代化建设的意见》强调，要“完善社会力量参与基层治理激励政策，创新社区

① 文军、吕洁琼：《社区为本：反贫困社会工作的理论建构及其反思》，《西北农林科技大学学报（社会科学版）》2021 年第 1 期。

② 刘文文、朱健刚：《中国农村社会工作的本土知识生产研究——基于西方现代文明与中国乡土情境的建构》，《华东理工大学学报（社会科学版）》2023 年第 4 期。

与社会组织、社会工作者、社区志愿者、社会慈善资源的联动机制"。慈善事业是推进基层社会治理的重要力量，要加强基层治理体系和治理能力现代化建设，必须有效推进社会慈善资源融入基层社会治理。而农村社区建设实际上是一项系统工程，在内容上涵盖了农村社区的经济、社会、文化、政治、环境等多个方面的建设。社区服务体系的建立需要政府、企业与社会组织的共同参与。目前，社区服务体系建设主要由政府主导，存在的主要问题是社区居民的参与度不高，这成为制约社区服务体系建设的瓶颈。社区建设是 20 世纪中期社会学家对现代城市管理开展研究时提出的概念，是国际上普遍采用的比较规范而且比较可行的城市管理新模式。[①] 在我国，社区建设指的是一种社区工作，是指在党和政府的领导下，依靠社会力量，利用社会资源，强化社区功能，完善社区服务，解决社区问题，促进社区政治、经济、文化、环境协调和健康发展，不断提高社区成员的生活水平和生活质量的过程。

路径是行动的航线，推进社会慈善资源融入基层社会治理，必须拓展融入路径。一是以社区为主体创建融入场域。作为基层社会治理的基本单元，社区既是一个具有共同价值取向的情感共同体，又是推进社会慈善资源融入基层社会治理的行动主体。农村社区建设应当以增强居民的"社区共同体"意识为目标，积极提升社区的凝聚力，为社会慈善资源融入基层社会治理营造良好的环境氛围。二是以社会力量为依托拓宽融入渠道。社会组织、社会工作者、社区志愿者是基层社会治理的重要社会力量。整合资源是社会组织的一个基本职能。社会组织要注重提升资源整合能力，利用自身的组织优势，加强资源整合平台建设，最大限度地整合社会慈善资源，并使之服务于基层社会治理。社区经济发展是农村社区建设的工作重点，我国新农村建设的基本内涵是"二十字方针"，即"生产发展、生活宽裕、乡风文明、村容整洁、管理民主"。其中生产发展和生活宽裕是农村社区经济发展的目标。生产发展就是要坚持以发展农村经济建设为中心，解放和发展农村生产力，大力发展农村工业，加快农业现代化建设，开辟各种渠道促进农民增收。生活宽裕就是要让农民生活富裕，

① 陈洪涛、王名：《社会组织在建设城市社区服务体系中的作用——基于居民参与型社区社会组织的视角》，《行政论坛》2009 年第 1 期。

提高农民生活质量，缩小城乡差别，逐步实现小康社会。基础设施的改善也是乡村振兴不可或缺的一部分。

（二）提升社区“软实力”发育

社区发育的真正内涵便是社区资本的培育和创造。社区是培育基本的社会信任甚至是培养公民精神的重要场所。就社区的层面而言，社会资本的创造，意味着一种更为和谐的人际关系，意味着社区的一种更好的人文环境，同时也意味着社区发展的一种更为有利的条件。在此过程中，社区文化建设是整个社区建设的逻辑起点，虽然在社区建设的不同阶段可以有不同的重点，但社区文化建设应该始终作为社区建设的基础。① 按照以社区文化建设为起点的逻辑次序开展社区建设，成本最低，效果最好。社区服务的内容非常广泛，但如果不是从内容上进行分类，而是从性质上分类的话，可以区分为内生的社区服务和外生的社区服务。内生的服务是由社区自己发起和提供，居民自动参与；外生的服务是由政府、市场或其他主体发起和提供，居民被动参与或不参与，主要满足政府、市场或其他主体的需要，同时也能满足居民的需要。社区的发育在很大程度上意味着社区组织的发展，人们正是在各种不同的社区组织中从事丰富多彩的社区活动的，社区组织又可大体以分为两类：一是社区管理组织，二是志愿团体。②

社区共同体形成的过程就是社区发育的过程。社区发育与社区建设不同，两者涉及不同的社区发展途径以及由此采取的不同发展策略。社区建设是在比较短的时间内通过自觉的努力和行动实现社区发展的内容，往往是社区中“硬的”物质设施、正式管理机构和有意设置的处理事务机制等。而社区发育指需要相当长时间，以较为缓慢的速度，主要通过自然发育和演进的方式才能达到发展。社区发育包含三层要素：一是社区认同，是一种“我们”意识的形成和对这个“我们”的感情投入。二是社会交往和社会关系，促进交往和强化社会联系的基本途径是社区中的公共活动。三是社区组织，包括社区管理组织和志愿团体。社区建设中的硬件问题可以通过政府或其他外在力量加以

① 景天魁：《社区文化与社区发育的逻辑》，《北京工业大学学报（社会科学版）》2007 年第 3 期。

② 孙立平：《社区、社会资本与社区发育》，《学海》2001 年第 4 期。

解决，但社区发育中社区的整体意识、认同感、归属感和凝聚力等都只能依靠社区成员自己的力量在共同建设和管理社区中，在共同解决他们所面临的问题并享有和维护整体利益的过程中产生。①

三、公益慈善助力农村社区可持续发展的方式及挑战

党的十九大在2017年10月提出乡村振兴战略，至今六年有余。统计数据表明，自乡村振兴战略提出以来，参与“三农”领域的社会组织呈逐年增长趋势，且增速超过了全国社会组织登记总量同期增长率。这说明，社会组织界对乡村振兴战略有了一定的响应率。2017年至2021年，我国社会组织从76.13万个增长到90.1万个，年平均增幅为4.2%。其中，参与乡村振兴的社会组织总量年均增幅为9.5%，其中2018年和2019年的增幅达到了16%和13%，2019年参与乡村振兴的社会服务机构的数量增长达到了21%。可见，将工作范畴介入乡村领域，成了更多存量社会组织的选择。

2017年至2021年，基金会参与乡村振兴的比例从47%提升到51%，社团从23.5%提升到29.6%，社会服务机构从19.8%提升到23.6%。三类社会组织中，以基金会占比最大。这是因为基金会属公益慈善性质，在历史上自觉参与“三农”领域的比例较高。乡村振兴战略提出以来，他们投入乡村振兴的资金增长率更是快速提升。2020年，全国基金会投入乡村振兴事业中的资金支出为262.81亿元，较2016年增长86.4%，2016年至2020年年均支出增长率为16.84%。参与乡村振兴的社会服务机构和社会团体的注册地在县级及以下的，占到全国参与乡村振兴同类机构的96%左右。把机构的工作范畴更多地融入乡村，已经成为今天公益慈善组织的重要选择之一。②

（一）公益慈善助力农村社区可持续发展的方式

总体看来，公益慈善组织具有较强的灵活性和选择性，在助力乡村振兴中

① 盛智明：《从小区到社区——城市业主行动及其结果》，上海人民出版社，2019。

② 葛宁、周王瑜、杨团、续志琦：《公益慈善力量助力中国乡村振兴发展报告》，载杨团、朱健刚主编《慈善蓝皮书：中国慈善发展报告（2022）》，社会科学文献出版社，2022。

有较多的发挥空间。不同的组织可以根据其特点，选择不同的地区和领域并参与多种形式的支持与帮扶。许多公益慈善组织长期活跃于农村地区，熟悉当地情况且动员能力强，能够迅速集结志愿服务力量，组织并动员各界爱心人士深入乡村，及时、有效地参与乡村振兴。呈现出“以社区为本”“以社区居民为中心”“多方汇流”为农村社区充能的态势。

1. 基础设施与服务层面

在乡村振兴的基础设施与服务层面，公益慈善组织可以采取一系列措施来改善农村地区的生活条件。例如，江苏省慈善总会充分发挥枢纽型社会组织服务功能，做到项目实施上下联动、左右互动、创新驱动。发起“慈善安居”项目，帮助苏北地区符合条件的1484户低收入家庭改造危旧住房、改善生活条件；发起“光伏发电”项目，为5000户生活困难的残疾人家庭安装光伏发电设备，户均增收3000余元；发起“幸福家园”项目，依托网络平台推进基层社会治理，解决群众急难愁盼问题。

在农村医疗服务方面，公益慈善组织可以投资于建设现代化的诊所和卫生中心。例如，爱德基金会与阿里巴巴公益共同发起的“乡村振兴医疗发展计划”足迹覆盖11省的17个县，已支持50所卫生室新建和235所卫生室翻修，为820所卫生室配备了医疗设备，举办村医培训161场，受益人数达148.92万人。自2019年启动以来，以村民为核心、村医为载体、社区为基础，通过在欠发达地区开展乡村卫生室建设、卫生室医疗设备配备、村医培训等活动，辅助完善农村三级医疗卫生服务体系，提升基层医疗卫生水平，使农村居民能够享受到优质的医疗卫生服务。

2. 经济与社会发展层面

农村产业发展是关键，尤其是针对年轻人的培训计划，有助于减轻农村地区的贫困问题，提高居民的生活水平。例如，“巴渝新农具计划”公益项目计划5年内投入2.52亿元，在重庆4个国家级重点帮扶县和17个市级重点帮扶乡镇所在区县，开展数字化培训1700余场，培养超过3.5万名“新农人”。农村青年发展也是经济与社会发展的一个关键领域。提供创业培训和农村职业发展指导有助于年轻人获取就业技能，鼓励他们留在农村，参与农村振兴项目。组织可以合作设立青年创业基金，为年轻人提供启动资金，帮助他们创业。这将不仅减轻城市就业压力，还能够培养下一代农村“领袖”，推动农村地区的可持续发展。

此外，一些基金会和公益慈善组织通过发挥资源优势，以项目资助等多种方式，支持有专长的社会组织在乡村开展公益服务；具有公开募捐资格的慈善组织可搭建以乡村振兴为主题的公益平台，引导和链接社会资源流向乡村地区；[①]基于乡村丰富的生态、文化等资源，积极探索社会企业模式的应用，促进乡村产业振兴；通过结对帮扶、项目带动、专业支持等方式，支持乡村地区慈善组织的成长，助力现代乡村治理体系建设。

3. 文化保护与社会层面

在农村文化保护方面，公益慈善组织提供资金支持和专业知识，支持农村地区的文化遗产保护工作。这包括保护传统建筑、宗教场所、民间艺术和手工艺品，以确保珍贵的文化遗产得以保存。同时为了弘扬农村文化，组织各种文化活动和传统节庆，包括舞蹈、音乐、戏剧表演以及手工艺展示。这不仅有助于保护文化传统，还可以吸引游客，促进农村地区的经济发展。

例如，非物质文化遗产保护作为中华文化传承的一部分，是国家文化发展战略的一部分，建立公益性保护模式，“非遗＋扶贫”正是一种很好的转变路径。一些基金会以文物保护为主业，其中，“拯救老屋行动” “薪火相传”“保护长城、加我一个”“文物系统扶贫济困专项基金”等品牌项目获得广泛认可，成为能够坚持数年、持续发展的文物公益项目。一些公益组织还将结合区块链技术、数字化复原、文化追溯等相关技术能力，用更加适合年轻人的方式，吸引更多社会力量参与其中，让年轻人成为文保新生力量。

（二） 公益慈善助力农村社区可持续发展的挑战

乡村振兴战略给公益慈善发展带来机遇的同时也使其面临极大的挑战，这些挑战不仅关系到慈善机构的生存与发展，还直接影响着乡村地区的可持续发展和社会福祉改善。

---

① 严国威:《慈善组织参与乡村振兴的路径探索》，载广州市慈善服务中心、广州市慈善会主编《广州公益慈善蓝皮书：广州公益慈善事业发展报告(2021)》，社会科学文献出版社，2021。

1. 资金有限与资源限制

乡村地区的经济基础相对薄弱。乡村振兴战略不仅是新时代系统化破解城乡二元结构和“三农”问题的总纲领，也是深入理解和把握中国式现代化内在规定不可或缺的逻辑向度。[①] 与城市相比，乡村地区的经济活动相对有限，主要以农业为主导。这导致了乡村地区的社会经济基础相对薄弱，税收收入有限，难以提供足够的公共服务和基础设施。公益慈善机构在这些地区筹集资金时面临困难，因为潜在捐赠者和资助机构有限。随着城市化进程的推进，政府和资本资源更多地流向城市地区。这使得乡村地区的需求被忽视，公益慈善机构在这些地区的发展面临严重的资源不平衡。政府在城市地区建设基础设施、提供教育和医疗服务方面投入更多的资源，而乡村地区的社会需求未得到同等关注。在乡村地区，社会捐赠文化通常相对落后。与城市居民相比，乡村居民的慈善捐赠意识较低，他们可能更多地关注日常生计和基本需求。这导致了公益慈善机构在乡村地区筹集资金时面临挑战，需要改变社区居民的慈善意识和行为，实现乡村空间再生产，在城乡协调发展背景下加快推进农业农村现代化。[②]

对此，公益慈善机构需要积极探索多元化的筹款渠道。[③] 这包括与企业建立战略合作伙伴关系，多元化的资金来源可以帮助分散风险，确保项目的可持续性。应该注重提高自身的透明度和财务管理水平。透明度可以增加捐赠者和资助机构的信任，促使他者更愿意支持慈善事业。对社会组织缺乏信任，政府在购买公共产品和公共服务时很少考虑社会组织，同时会影响到社会组织的资金来源环境和渠道。[④] 公益慈善机构可以考虑采用社会创新和社会企业模式。这意味着不仅可以依赖捐赠和资助，还可以通过提供有盈利的社会服务来融资。这种模式可以创造自我可持续的收入，帮助机构更好地应对资金

---

① 位杰：《中国式现代化视域下乡村振兴战略的逻辑理路与实践指向》，《当代经济管理》2023 年第 9 期。

② 王阳、陈勇：《空间整合与乡村振兴：新时代推进农民集中居住的实践逻辑》，《西南大学学报（社会科学版）》2023 年第 5 期。

③ 邢宇宙、辛奕、俞博文：《传统慈善与现代公益有机融合的社区助老实践与探索——基于 M 机构的案例研究》，《社会福利（理论版）》2022 年第 10 期。

④ 陈元：《农村扶贫中非政府组织（NGO）的参与》，《农业经济》2007 年第 6 期。

限制。

2. 基础设施与技术差距

在乡村振兴政策下，公益慈善发展面临着基础设施和技术差距的显著挑战。这一挑战涵盖了乡村地区的基础设施不足以及数字技术的普及程度不高。例如，不完善的交通基础设施会影响乡村地区居民的日常生活；一些偏远乡村地区缺乏可靠的电力供应，使得使用现代科技设备和工具变得困难，限制了公益慈善机构在这些地区开展电子化项目。乡村地区通常存在通信网络覆盖不足的问题。这导致了信息传递的延迟，使得公益慈善机构难以与社区居民进行实时互动，而这在灾害响应等紧急情况下尤为关键。另一个挑战是数字技术的普及不足。随着中国式现代化的快速推进与数字乡村建设行动的深入开展，数字技术"解构-重构"乡村空间形态的数字治理转型进程愈发加快①，以信息化建设赋能数字乡村作为着力点和落脚点。② 在一些乡村地区，互联网接入仍然相对有限，居民无法充分利用在线资源，这限制了公益慈善机构通过互联网传播信息、提供在线培训和支持的能力。乡村地区的一些居民可能缺乏数字素养，不熟悉使用数字技术工具，使得他们难以受益于现代科技，无法参与数字化项目。

对此，公益慈善机构可以积极参与基础设施改善项目，如支持道路建设、电力供应改善和通信网络扩展。与政府和其他利益相关者合作，共同解决基础设施不足问题，以提高乡村地区的可达性。为了应对技术差距，公益慈善机构可以采用低技术门槛的解决方案，包括开发简单易用的手机应用程序，以便居民能够轻松访问信息和服务，无需复杂的技术技能。机构可以开展数字培训和教育计划，提高乡村居民的数字素养，包括为居民提供培训，教授如何使用数字技术来提高农业生产、获取教育资源和改善医疗保健。鉴于手机在乡村地区的广泛普及，公益慈善机构可以重点利用移动技术来传播信息和提供支持。短信服务和手机应用程序可以成为促进社区参与和信息传递的有力

---

① 陈桂生、吴合庆：《数字赋能乡村空间治理——基于空间生产理论的解释》，《云南民族大学学报(哲学社会科学版)》2023年第5期。

② 朱新武、王智垚：《中国式乡村治理现代化的政策演进、理论逻辑与实践路径》，《云南社会科学》2023年第5期。

工具。

3. 社区参与与可持续性

在乡村振兴政策下,社区参与和可持续性是公益慈善发展中至关重要的两个方面。它们互为因果,共同塑造了公益慈善在乡村地区的影响力和持久性。社区参与是公益慈善在乡村振兴中的关键因素,它涵盖了社区居民积极参与项目决策、规划和实施的过程。首先,社区参与有助于明确乡村社区的实际需求和优先事项。通过与当地居民密切合作,公益慈善机构能更好地了解社区的挑战和机会,确保项目真正符合实际需要,避免项目的盲目推进。其次,社区参与建立了项目的社区所有权。这意味着社区居民成为项目的合作伙伴,共同制定目标、规划计划,并在项目实施和维护中发挥积极作用。社区的积极参与确保了项目的地道性和可持续性。加之,社区参与有助于项目的可持续性。当社区居民认为项目与他们的生活方式和价值观一致时,他们更有动力确保项目的长期成功和继续发展。个体在行动的过程中,逐步提升自我效能感,自我效能感的提升反过来促进其参与乡村振兴。① 最后,社区的参与不仅帮助项目在短期内取得成果,还为长期发展打下坚实基础。社区参与有助于建设社区的社会资本,包括信任、合作和社交联系。这些因素对于解决社区问题、实现可持续发展和建立社区凝聚力至关重要。社会资本的增强有助于社区更好地应对各种挑战。

可持续性是公益慈善在乡村振兴中的长期目标。它涵盖了项目、组织和社区的可持续性,确保项目的效果能够持续并为未来世代提供帮助。可持续性需要具有长期愿景的项目计划。公益慈善机构应考虑如何在项目周期结束后继续支持社区,并确保项目不会仅仅是短期的解决方案。长期计划包括可持续的目标、战略规划以及项目继续运营的机制。可持续性还包括资源多样化,不仅仅依赖于单一的资金来源。多样化的资源来源有助于分散风险,并确保项目的可持续运营,可持续性需要定期监测和评估。公益慈善机构需要了解项目的效果,并根据反馈进行调整和改进。这有助于确保项目仍然满足社

① 张欢欢:《“赋权理论”视角下农村妇女参与乡村振兴的路径研究——以S公益项目为例》,《贵州社会科学》2020年第3期。

区需求，并持续产生积极影响。社区的积极承诺对于可持续性至关重要。

四、农村社区可持续发展如何长久?

乡村振兴战略对于全面建设社会主义现代化国家、实现第二个百年奋斗目标具有全局性和历史性意义。从实施乡村振兴战略两年多的实践来看，通过一、二、三产业融合发展实现农业的转型升级、提质增效；通过践行"两山"理论、推进产业绿色化和绿色产业化，加快发展生态农业；通过"互联网＋现代农业"，实现电子商务进农村、为乡村振兴插上信息化翅膀；通过产业扶贫与乡村振兴相结合，持续改善社会民生；通过壮大乡村集体经济，实现乡村产业可持续发展。更重要的是，通过市场的决定性作用和更好地发挥政府的作用，才能解决好乡村振兴所需解决的三个基本问题：一是实施科教兴农战略、品牌强农战略，既要重视生产，更要重视资源流通，破除阻碍资源自由流动与优化配置的"制度藩篱"，真正实现农业振兴与农民收入增加。二是消解"乡土文明"与"城市文明"两者对立的固有偏见，深刻理解"土地束缚"、"传统小农经济"的桎梏之源，改革城乡二元制度安排，构建统一、公平公正的资产交易市场、劳动力市场与社会保障制度。三是采用市场激励机制，让农村人"走出去"，让外部人才、资本与技术"引进来"，在城市化进程的"双向互动"中实现乡村振兴①。这意味着既要"开源"还要"引流"，只有安全破除乡村发展的掣肘，才能使乡村振兴进入新的发展阶段。

此外，在农村社区振兴中，经济可持续性是一个核心要素。这包括：为了降低农村社区的经济脆弱性，需要多元化经济活动，包括农业、手工业、小型企业和旅游业。这有助于减少对某一领域的过度依赖，提高经济的弹性。提供稳定和有吸引力的就业机会对于农村社区振兴至关重要。这可以通过促进小型企业和农村企业的发展来实现，同时提供技能培训和支持创业。农村社区的可持续发展与农业密切相关。采用可持续的农业实践，包括有机农业、水资

---

① 陈友华、苗国：《乡村振兴：认识误区、比较优势与制度变革》，《江苏行政学院学报》2020 年第 2 期。

源管理和土壤保护，有助于提高农产品生产效率，减少农业对环境的不利影响。生态宜居是乡村振兴的内在要求，绿色发展是乡村振兴的必然选择。环境可持续性是可持续发展的核心原则之一。随着时间的推移，传统的工业化道路发展轨迹通过将资源从农业转移到制造业和服务业来发展。他们通过提高农业生产率并增加进口，来实现从农业生产部门释放劳动力，推动城市化。农业在经济中相对重要性的下降掩盖了一个事实，即向制造业和服务业的转型，很大部分取决于过去40年重大技术变革导致农业生产力的提高以及从传统农产品向高产量和高价值农产品的转变。大部分农村地区，在工业化和城市化的过程中，并没有接受新技术的洗礼，反而慢慢衰落了，也就是说和现代的经济体系——制造业和服务业都已经脱节。目前搞得乡村振兴并不存在使农村和城市实现耦合的机会。这也导致了公益慈善能够起到的促进作用微乎其微。

破解乡村的“迟发展”困局需要多方长时间协作。因为可持续发展的农村社区振兴是一个多维度的概念，旨在实现农村地区经济、社会和环境的平衡发展，以提高居民的生活质量、保护自然资源、促进社会公平，同时确保发展不会损害未来世代的需求。可持续性原则是指生态系统受到某种干扰时能保持其生产率的能力。资源的持续利用和生态系统可持续性的保持是人类社会可持续发展的首要条件。人类需求是由社会和文化条件所确定的，是主观因素和客观因素相互作用、共同决定的结果。随着时间的推移和社会的不断发展，人类的需求内容和层次将不断增加和提高，所以可持续发展本身隐含着不断地从较低层次向较高层次的阶跃性过程。与人的价值观和动机有关，可持续发展立足于人的需求而发展人，强调人的需求而不是市场商品，是要满足所有人的基本需求，向所有人提供实现美好活愿望的机会。

农村社区振兴的成功取决于多方面的因素，包括政府、社会组织、国际合作伙伴和社区居民的积极参与。政府在制定政策和提供资源方面发挥着重要的领导作用，社会组织可以提供技术支持，组织项目开展和资源链接，而社区居民则是变革的推动者和受益者。治理共同体需要在主体结构上向“社会—生活共同体”转换，在运行机制中培育参与主体的新动能，并以长效管护机制和乡村文化再生产实现其可持续发展。[①] 尽管面临各种挑战，但通过政策支持、资源整合和社区动员，一些农村社区振兴可以在不断摸索实践中成为可持续发展的范例，在未来给农村社区居民提供更好的生活和发展机会。

① 张兴祥、何昊翰：《从项目制到共同体构建：农村人居环境治理的运行向路》，《福建师范大学学报（哲学社会科学版）》2023 年第 3 期。

乡村振兴背景下农村社会治理的新路径[①]

朱慧劼[②]　姚兆余[③]

（南京农业大学）

摘　要：乡村振兴战略是党和政府推进农业农村现代化的重大战略，而农村社会治理是助力乡村振兴的重要手段。乡村振兴给农村社会治理提出新的要求，也给农村社会治理带来新的挑战：行政管理效率对社会治理手段和方式提出挑战；自发的流动给农村社会管理带来技术难题；个体化背景下的治理主体的缺位。数字治理、柔性治理、多元共治等治理技术和理念是社会治理助力乡村全面振兴新的趋势和方向，为乡村有效治理和全面振兴提供新的理念指引和技术支撑。党领导下的多元共治是社会治理助力乡村全面振兴的有效路径，要建立健全党组织领导、村民自治组织主导、人民群众为主体的基层社会治理框架；畅通农民参与农村社会治理的渠道和路径；加强农村公共服务体系建设；发挥村规民约等柔性治理手段；加强传统治理手段和新兴治理技术融合。

关键词：社会治理；乡村全面振兴；治理有效；多元共治

一、治理有效：乡村振兴的新要求

“三农”事关国家发展和中国的现代化进程。中央政府高度关心“三农”问题，重视农村社会治理作为引领农业农村现代化的重要手段。近年来，中央一

① 文章原载于：《中南民族大学学报（人文社会科学版）》2022 年第 10 期，第 102—108 页。

② 朱慧劼，南京农业大学讲师，主要研究乡村治理、农村养老。

③ 姚兆余，南京农业大学教授，主要研究农村社会学、社区建设、养老服务。

号文件多次提及农村社会治理问题。中国共产党第十九大报告提出实施乡村振兴战略后，乡村振兴战略和农村社会治理成为农村社会发展中的重要工作，也在长期发展中共同助力农业农村现代化。2018 年中央一号文件《中共中央国务院关于实施乡村振兴战略的意见》指出，建立健全现代乡村社会治理体制。乡村振兴战略与乡村治理都是党和政府大力推进农业农村现代化的重要手段，二者相辅相成，共同推进农村经济社会发展和现代化进程。

社会治理是每个社会不可或缺的运行机制，也是推进经济社会向好向快发展的重要手段。乡村振兴国家战略是党和政府为了农业农村现代化做筹谋，必须通过社会治理等制度化的治理手段来贯彻执行，确保在乡村振兴战略推进过程中的社会秩序和稳定，为乡村振兴提供坚实的助力。每一项新的社会政策或者国家战略的推进，必须依赖于政策相匹配的治理手段，这就给社会治理提出了新的要求和挑战。乡村振兴战略是乡村在产业、文化和组织等五个方面的全面振兴，对乡村经济社会发展提出了明确的目标，这也是乡村振兴战略背景下的社会治理需要回应乡村振兴在产业、生态、文化、生态和组织方面的战略目标。因此，乡村振兴战略的实施和实现必须有赖于有效的社会治理手段。

治理有效的根本宗旨是“治理为了人民”，治理有效对社会治理有着明确的评价体系和要求。社会治理要如何有效呢？学者王春光认为，治理有效有两层含义：一是政府负责投入的公共服务能有效满足乡村振兴的需要；二是公共服务实现村民的获得感和满意度。因此，治理有效是让社会治理能够更好服务于乡村社会发展，放在当前国家发展背景之下，就是为了更好地助力乡村振兴。治理在何种程度上有效，这就必须依赖于农村社会治理在何种程度上实现了乡村的全面振兴，又在何种程度上助力农业农村的现代化进程。治理有效是乡村振兴战略推进过程中对农村社会治理提出的要求。有效的农村社会治理必然能够应对乡村全面振兴过程中的治理障碍，为乡村全面振兴提供有力助力。因此，乡村振兴必然是建立在有效的农村社会治理的基础之上，而农村社会治理要称之为有效治理，必须能够为乡村振兴扫除障碍，助力乡村的全面振兴。社会治理是为了实现某种目标，而这种目标的实现必须有赖于明确的目标和科学的手段。农村社会治理总是为了应对农村经济社会发展中的社会问题和风险，为农村公共服务的供给和社会政策的实施提供畅通的制度化渠道和机制。乡村振兴战略是党和中央政府为了加快推进农业农村现代化进程提出的国家重大战略。因此，乡村振兴是当前农村社会治理的重要目标，这是农村社会治理转化为有效治理的评价标准，但更重要的是，当前农村社会治理必须嵌入乡村振兴战略，融入国家乡村振兴战略体系中才可以更好发挥农村社会治理的作用。

乡村振兴作为乡村经济社会发展的阶段性任务，是推进农业农村现代化的重要战略。习近平总书记指出，农业农村现代化是实施乡村振兴战略的总目标。2021 年中央一号文件《中共中央国务院关于全面推进乡村振兴加快农业农村现代化的意见》指出，走中国特色社会主义乡村振兴道路，加快农业农村现代化。没有农业农村现代化，就没有整个国家现代化。乡村振兴战略是国家现代化进程中的重要战略。农村社会治理就是利用社会治理手段和方式助力农业农村现代化。

乡村振兴战略和农村社会治理都是农业农村现代化的重要战略手段。有效的社会治理是乡村振兴的基础，乡村振兴是农村社会治理的阶段性目标。在举国之力推进农业农村现代化过程之中，必须处理好乡村振兴战略和农村社会治理之间的关系。

二、转型乡村的社会治理：农村社会治理的新挑战

（一） 农村社会治理传统手段

农村社会治理体系是农村社会治理主体为了保障农村社会运行和发展而建立的治理体系。农村社会治理体系的良性运行有赖于一定的治理手段。农村社会治理的常见手段包括制度手段、经济手段和文化手段。

农村社会治理的制度手段是依赖国家或政府等相关机构通过法治形式确立和施行的制度来开展农村社会治理。制度手段对全社会个体、社会群体和组织的社会行为都有普遍的调节与制约的作用。在农村社会治理中，制度手段就是国家的法律、法规及政策。农村社会治理的制度手段包括：第一，国家

政策。国家政策是政府出台的对农村或城乡普遍具有约束力的社会政策，例如改革开放政策、“全面三孩”生育政策、环境保护国策等。第二，国家战略规划。国家战略是政府出台的社会发展的战略规划，例如长三角一体化战略、乡村振兴战略、西部大开发战略、健康中国战略等政策战略。第三，制度体系，例如乡镇（街道）管理体制、村民自治制度等。第四，社会治理相关制度文件，即各级政府制定的与农村社会治理相关的制度文件。国家政策、战略规划、制度体系和制度文件等是党和政府领导全体人民积极开展社会治理的重要方式，是政府通过制度化方式来引导和推进农村社会治理的重要手段。

农村社会治理的经济手段主要包括两个方面：农村经济制度和社会主义市场经济体制。农村经济制度是直接影响农村社会治理的关键因素。农村经济制度是党和国家对农村经济体制、经济发展全局指定的经济制度体系，关乎农业农村的全面发展，与农村社会治理有着密切的关系。改革开放以来，家庭联产承包责任制的普遍确立，以及乡镇企业、农民专业合作社、家庭农场等的兴起，都为激发农村经济活力，推动农村社会发展奠定了坚实的经济基础。这些经济制度和政策体系，成为影响农村社会治理的重要方式。除了经济制度，农村经济制度体系还包括国家财税制度，如分税制、取消农业税、农业补贴、农村小额信贷等与农村经济、税收、金融等方面相关的政策。我国农村经济制度体系较为庞大，针对农村发展、农业生产和农民民生等诸多方面。市场经济体制是影响农村社会治理的另一个重要的经济手段。社会主义市场经济既发挥市场在资源配置的决定性作用，运用价格指挥棒来引导产品的供需平衡，又保障市场经济在政府的宏观调控范围内，有效规避市场可能的风险。通过农产品市场、城乡市场流通，劳动力、土地、产品等城乡生产要素市场被连接起来，农村社会发展的经济活力被激发起来，与家庭联产承包责任制等经济制度一同对农村社会治理产生影响。市场给农村社会治理带来一定的挑战，例如大量劳动力外流和留守群体问题，但也给农村社会治理带来新的机遇。

农村社会治理的文化手段是人们在长期互动中形成的文化习惯、道德观念和价值标准，突出表现为信仰观念、伦理道德、风俗习惯和社会舆论等传统文化。农村是乡村文化的土壤，也是农业文化生根发芽的重要空间。文化对农村而言具有极其重要的意义，对农村社会治理也发挥着重要作用。传统农业社会中，农村文化对农村社会治理发挥重要的作用，为农村中个人行为及其社会交往提供重要的规范指导。农村社会治理的文化手段包括道德、习俗、舆论、传统等。道德是农村社会交往规范的传统，通过对传统道德规范的发扬和传承，为农村居民日常交往和人际冲突的解决提供重要的规范指导，“尊老爱幼”“与人为善”等传统道德观念无一不是用来规范人际交往，避免人际冲突的道德传统。社会主义核心价值观念是新形势下文化手段助力农村社会治理的新体现。随着农村传统文化的变迁，农村文化出现了多元的面向，农村传统文化的约束力正在衰退。政府适时开展农村精神文明建设和公共文化建设，提出社会主义核心价值观，作为引导农村居民的价值观念。这些价值观念是对中华优秀传统文化的继承，为规范新时代公民个人的社会行为提供重要指导。

（二） 农村社会治理传统手段的新挑战

随着社会主义市场经济体制的建立，原先建立在城市和乡村之间的单位制壁垒发生松动，城乡人口、生产要素和资源开始流动起来，这给当代中国农村社会治理带来了新的挑战。

第一，行政管理效率对社会治理手段和方式提出挑战。在马克斯·韦伯提出的“科层制”这一理想类型中，科层制是形式合理的管理体系，一切围绕着组织目标来运行，但是科层制高效运转的代价是对制度的无条件遵循和人的自我约束。尽管科层制开始渗透到生产生活的大多数领域，现实社会中的科层制体制后果开始逐渐显现。一方面，科层制的层级体系让农村社会管理者无法快捷准确地了解民意，从而使得社会管理者所做出的努力可能要慢于农民本身的需求。另一方面，原先作为大家长的“公家”退出农村社区，行政监督和行政效率缺乏，技术手段依然沿用传统手段，不能够紧跟时代形势，使得农村社会治理的传统手段和方式遭遇挑战。

第二，自发的流动给农村社会治理带来技术难题。城乡人口和生产要素的自发流动给农村社会管理带来挑战。原先依托于单位制的城乡人口的流动主要是组织化流动。组织化流动是一种小规模的人口流动。能够保证流动在现有制度框架下的有效监管。随着户籍制度改革和城市经济的迅速发展，城乡人口自发流动越来越多，给流动人口的管理和服务带来挑战。快速的人口流动给原先依靠科层制的社会管理制度带来冲击，农村不再是安土重迁的熟人社会，而成为半熟人社会，甚至是陌生人社会，贫困问题、留守问题、养老问题等农村社会问题日趋显现，城市中的农民工问题等也成为社会管理的难点。此外，城乡生产要素流动也给农村社会管理带来挑战。除了城乡人口流动外，城乡生产要素的流动也迅速加快，农产品进入城市，城市的工业产品进入农村，这一切有赖于政府宏观调控之下的市场经济。市场的逐利性可能会形成无序的竞争环境，从而给农村社会治理带来挑战。

第三，个体化背景下乡村治理主体的缺位。传统乡土社会中，人是价值理性的。“过日子”观念充满日常生活的哲理，“气”等伦理规范概念的发现表明，农民总是遵循某种模糊的行为规范和逻辑。费孝通先生认为，中国人是“自我的”而非“自私的”，实际上，这种价值规范是“我”和“私”之间的重要差别。随着货币经济和城市化的快速发展，个体化倾向开始逐渐融入乡土社会中的自我，出现社会原子化趋向，集体观念淡化。随着农村越来越多地被纳入市场经济体系，自我对经济利益的关注很有可能会导致个体化的倾向。按照韦伯的观点，价值理性是对某种绝对价值所持的绝对信仰，而目的理性则是以最有效的途径达到目的和取得成效。当乡村中个体的社会行动从价值理性向目的理性转变，原先的宏大叙事和价值规范系统失去普遍约束力，转而需要依赖制度的约束力，而这是农村社会治理体系必然面临的挑战。

三、走向共治共享：社会治理助力乡村全面振兴的新方向

制度、经济与文化作为农村社会治理的传统手段，为传统时期农村经济社会的平稳发展奠定了基础。但是面临乡村全面振兴的要求，农村社会治理出现了新的趋势和新的方向。农村社会治理在与多元共治、柔性治理、数字治理等新技术和新理念的结合之下，能够更好地助力共治共享，全面推进乡村全面振兴。

（一） 多元共治

改革开放后，国家权力退出农村，村民自治制度的确立使得基层民主得以

充分发挥。作为“公”的国家退出，作为“共”的集体建立，村民委员会在上传下达中发挥了重要作用，但村民在集体事务中依然未能充分发挥主体作用。主体缺位是长期以来农村社会治理中的重要问题。多元共治成为体现人民当家作主，应对治理主体缺位的重要理念。

多元共治是多元主体参与共同治理，对话、竞争、妥协、合作和集体行动是多元共治中的五个核心机制，其中，合作是最重要的机制之一。多元共治首先要充分保障农民的主体地位。乡村治理的主体激活最关键的就是通过乡村本土人士引导、启发并激活乡村人财物等各类公共资源。其次，要充分吸收利益相关者参与乡村社会治理。农村社会治理的多元主体不仅包括人民政府、党的组织、村民自治组织、新型农业经营主体等多种社会组织，还包括在农村开设或投资建立的工厂和企业、在农村开展服务的农技站、慈善机构等，这些主体能够为乡村治理发挥积极作用。最后，多元共治需要通过制度化手段保障多元主体参与的手段和途径，实现多元主体有效、有序参与农村社会治理。制度体系是实现多元共治的根本保障。近年来，全国各地涌现了一批外来资本助力乡村旅游或产业振兴的案例，正是多元共治助力乡村社会振兴的优秀例证。充分利用多元主体优势和合力来充分挖掘乡村振兴的资源，助力乡村振兴是多元共治引导农村社会治理的重要手段。

（二）柔性治理

如何保障村民自治能够充分发挥基层民主，不会成为“乌合之众”，是村民自治制度进一步完善的方向。乡村柔性治理成为村民自治的新的趋势。乡村柔性治理是多元乡村治理主体在协商民主的治理平台上以软法和软权力为主要治理手段，以农村社区文化、人心和价值观为重点治理对象，更多地运用调解、协商、讨论、指导、说服、心理疏导和人文关怀等柔性执法手段，形成治理合力，共同治理好乡村社会各种公共问题的治理方式的总和。全能型政府时期，基层政府主要依靠行政手段等硬性法规来开展社会管理，而柔性治理主要依赖的是乡村社会中的力量来解决矛盾，助力社会治理。乡村社会并非陌生人社会，依靠契约和法理来进行治理与熟人社会和半熟人社会的特征无法很好契合，需要采取柔性方式来开展社会治理，充分发挥党员、乡贤、退伍军人、退休干部等主体在乡村社会中的号召力和引领力，解决乡村社会治理中出现的技术难题。

柔性治理是发挥村民自治优势，充分吸收乡村精英和传统文化来助力农村社会治理的手段和方式。很多乡村普遍制定了村规民约，在村民委员会框架下设置了党员工作室、乡贤理事会、红白理事会等组织，充分采取调解、协商等柔性手段来服务集体事务和乡村社会治理。柔性治理不仅仅能够避免冲突和矛盾的深化，还能够在乡村社会构建和谐和积极的价值观念和文化氛围。

（三） 数字治理

数字治理是近年来国家治理能力现代化背景下，基层社会治理出现的技术取向。通过数字技术替代传统治理中对人的依赖，提高治理过程中信息的传递反馈、过程的监测和治理的系统性。数字治理是运用数字技术赋能乡村自治组织，采用信息化平台媒介推动乡村与村民、政府、企业等主体之间的良性互动，促使乡村治理更为智能、互联、高效。2019 年，国家出台的《数字乡村发展战略纲要》提出，要以推进数字乡村战略为抓手，加强新一代信息技术与农业农村发展相融合。随着数字乡村战略的推进，乡村社会治理也逐渐与数字技术出现融合，原先依赖“大喇叭”、宣传栏等旧式宣传手段已经过时，取而代之的是乡村治理的新媒体、自媒体以及技术端。

数字治理可以实现社会治理的标准化、数字化和实时化的管理，为乡村社会治理提供便捷的数字技术支撑。江苏一些地区在区县层面专门开发社会治理一体化平台，通过手机软件平台将基层管理者、网格员等社会治理参与者和社会服务事项、管理服务等事项实现数字化、实时化的管理。数字技术在乡村社会原子化背景之下，能够较好地将农村居民联结起来，搭建社会治理的公共空间和服务平台，便于社会治理的服务和监督。

四、党领导下的多元共治：社会治理助力乡村全面振兴的有效路径

健全党组织领导的自治、法治、德治相结合的城乡基层社会治理体系，是

我国“十四五”规划和2035年远景目标的重要组成部分。共建共治共享的社会治理格局给当前社会治理提出新的要求和新的目标，给农村社会治理体系的建设和完善指明新的方向。中国共产党领导下的多元共治是实现有效治理的重要保证，也是社会治理助力乡村全面振兴的有效路径。

第一，建立健全党组织领导、村民自治组织主导、人民群众为主体的基层社会治理框架。乡镇党委和村党支部要勇挑农村社会治理的领导责任。村党组织是村集体和农村社会组织的领导核心。健全党组织领导的村民自治机制，进一步拓展村民参与村级公共事务平台。充分保障农民作为农村社会治理的主体地位。通过村民自治鼓励农民参与村集体事务的协商、议事、决策和监督，保障农民在村民自治中的政治权益、在村集体经济中的经济权益，鼓励农民积极参与集体事务，发挥社会治理主体的作用。

第二，畅通农民参与农村社会治理的渠道和路径。农民天然地拥有宪法和村民自治制度赋予的农村集体事务的主体地位和权利，是推动农村社会治理的重要力量，其切身利益与农村社会治理息息相关。要鼓励农民积极参与农村社会治理，保障农民在农村集体事务中的主体权利，畅通农民参与农村社会治理的有效渠道和制度路径。完善村民议事会、理事会、村民代表大会等自治载体和手段，不断创新村民自治制度的实践形式，保障农民在集体事务决策中能够充分行使民主权利。

第三，加强农村公共服务体系建设。农村公共服务是保障农村居民基本生活的公共产品，关乎农村民生大事和农村社会治理大局。习近平总书记强调：要加快推动公共服务下乡，逐步建立健全全民覆盖、普惠共享、城乡一体的基本公共服务体系。农村公共服务体系是政府参与农村社会治理的重要手段和成果，是服务民生的公共事业，基层政府尤其是乡镇政府，应当在农村公共服务上大力推进。乡镇政府要强化公共服务职能，将基层政府打造成为农服务的堡垒。

第四，发挥村规民约、乡村文化等柔性治理手段。除加强制度建设和法治建设外，农村社会治理还应积极发挥村规民约、乡村精英、乡村文化等柔性治理手段。乡村柔性治理要积极发挥文化在乡村社会治理中的作用，利用村规民约来助推移风易俗，肃清不良风气，形成新的社会风尚。积极探索尝试乡贤理事会、乡贤工作室、党员小组等基层柔性治理方式，运用调解、协商、讨论等柔性治理手段来引导乡村精英发挥自身优势，助力农村社会治理。

第五，加强传统治理手段和新兴治理技术融合。在农村社会治理中，传统的制度、经济和文化等手段融合数字治理、柔性治理、多元共治等治理技术和新理念，可以更好地规避农村社会主体缺位等问题，体现社会治理的“系统治理、依法治理、源头治理、综合施策”，紧跟乡村振兴战略和数字乡村建设的契机，整合乡村社会治理的要素和资源，强化传统治理手段和新兴治理技术的融合与应用，更好地保障农村社会治理，实现有效治理更好助力乡村全面振兴。

以绿色慈善事业助力人与自然和谐共生研究[①]

方世南[②]

（苏州大学马克思主义学院；苏州大学东吴智库；
苏州大学中国城镇化研究中心）

摘　要：绿色慈善事业是新时代以慈善事业绿色化转向助力人与自然和谐共生关系构建的开拓创新型慈善事业，其产生是坚持生态优先、绿色发展的必然要求。绿色慈善事业培植了慈善事业的新理念，拓宽了慈善事业的新空间，为新时代慈善事业高质量发展提供了重大契机，具有强大的生命力和美好前景，必将以人与自然和谐共生关系的构建，开创将人与社会关系和人与自然关系紧密结合起来发展的慈善事业新格局。深入把握以绿色慈善事业助力人与自然和谐共生关系构建的基本内涵、深刻认识以绿色慈善事业助力人与自然和谐共生关系构建的重大价值，深度探寻以绿色慈善事业助力人与自然和谐共生关系构建的实践路径，对于站在人与自然和谐共生的高度谋划新时代慈善事业高质量发展，建设人与自然和谐共生的美丽中国和美好地球家园，具有重大的理论意义和实践价值。

关键词：绿色慈善；人与自然和谐共生；中国式现代化；生态文明建设

党的二十大报告将推进人与自然和谐共生的现代化作为中国式现代化的重要内容和建设社会主义现代化强国的内在要求，指出："大自然是人类赖以

---

① 基金项目：2022 年度苏州市民政局重大委托研究项目"慈善助力绿色发展苏州探索"；2018 年度教育部哲学社会科学研究重大课题攻关项目"习近平生态文明思想研究"（18JZD007）。

② 方世南，男，江苏张家港人，苏州大学东吴智库首席专家，苏州大学特聘教授、博士生导师，苏州大学中国特色城镇化研究中心教授，主要从事马克思主义社会发展理论、当代中国政治和生态文明研究。

生存发展的基本条件。尊重自然、顺应自然、保护自然，是全面建设社会主义现代化国家的内在要求。必须牢固树立和践行绿水青山就是金山银山的理念，站在人与自然和谐共生的高度谋划发展。"[①]"站在人与自然和谐共生的高度谋划发展"这一重要论断和总体要求，对于推进中国式现代化具有极大的普适性，对于推动慈善事业绿色化转向助力人与自然和谐共生关系构建及实现全体人民共同富裕具有十分重大的指导意义。党的二十大报告高度重视慈善事业，提出"引导、支持有意愿有能力的企业、社会组织和个人积极参与公益慈善事业"[②]的要求，明确了很多公益慈善力量可以并且应该积极参与的一些具体领域和事项，极大地拓宽了慈善事业的发展空间。在向第二个百年奋斗目标奋进的新时代新征程上，协调好人与社会的关系（包括人与人的关系以及人自身的身心关系）、人与自然的关系，对于促进社会和谐以及人与自然和谐都具有十分重要的价值；发挥好慈善事业对于促进第三次分配的作用和促进人与自然和谐共生关系构建的作用也处于同等重要的地位。推进传统慈善事业从关注人与社会关系和人与人关系向同时关注人与自然关系转变，以绿色慈善事业助推绿水青山转化为金山银山进而促进全体人民共同富裕的实现，是一项亟需深入研究的重大理论课题和实践课题。为此，我们要深入把握以绿色慈善事业助力人与自然和谐共生关系构建的基本内涵，深刻认识以绿色慈善事业助力人与自然和谐共生关系构建的重大价值，深度探寻以绿色慈善事业助力人与自然和谐共生关系构建的实践路径。

一、深入把握以绿色慈善事业助力人与自然和谐共生关系构建的基本内涵

绿色慈善事业是新时代推动慈善事业在注重人与人关系、人与社会关系协调改善的同时，注重以慈善助力人与自然和谐共生关系构建的新型慈善事业；是推动慈善事业将人与人的关系、人与社会关系以及人与自然的关系一体

① 习近平：《高举中国特色社会主义伟大旗帜 为全面建设社会主义现代化国家而团结奋斗》，人民出版社，2022，第49—50页。

② 同上书，第47页。

化协同发展，以促进中国式现代化行稳致远的新概念、新任务、新战略。绿色慈善事业极大地拓宽了慈善事业的思路和视野，打开了慈善事业发展的新空间，必将以人与自然和谐共生的现代化，强有力地模塑出崭新的人与社会的关系以及人与自然的关系，为建设富强民主文明和谐美丽的社会主义现代化强国和地球美好家园作出新贡献。

慈善是人类真善美本质的表现方式和实际举措，也是扎实推动共同富裕的重要方式。古今中外的“慈善”概念都限定在人与人、人与社会的关系之中。“慈善”一词的英文为“philanthropy”，这个词语源于古希腊语，大约从公元十八世纪开始使用，本意为“人们之间相互的爱”或“对于人类的爱”，倡导人们之间相互关心和相互帮扶。还有英文一词“charity”，这个词出现的历史较为久远，可以追溯到公元前，是指“对他人的爱”“对有需求的人或贫困的人行善和给予施舍”，其本意也是表示人与人之间应该相互关爱，体现了“慈善”的意思。时至今天，中国和西方的慈善概念和慈善事业，基本上都是围绕协调人与人的关系以及人与社会的关系进行的，更多表现为对于需要救助的贫困人口和弱势群体提供物质帮助和精神抚慰。中华民族历来具有仁爱友善、相互关心、济贫扶困、乐善好施的优良人文传统，慈善事业作为中华优秀伦理的重要内容，既古已有之又生生不息。在中国传统文化典籍中，“慈善”表现为友爱亲善。孔颖达疏《左传》有云：“慈者爱，出于心，恩被于业”；又曰：“慈为爱之深也”。“慈”尤指长辈对晚辈的爱抚，即所谓“上爱下曰慈”。“善”的本义是指“吉祥，美好”，对于贫困者和弱势群体富有同情之心。今天，中国人对“慈善”有了更为权威和更广泛流行的定义：父母对子女的爱为“慈”，讲的是纵向的关系；如“慈母手中线，游子身上衣”；人与人之间的关爱为“善”，讲的是横向的关系；而“慈善”是有同情心的人们之间实施的互助行为。由此可见，以往的慈善概念和慈善事业，基本上都是围绕协调人际关系而展开的一种友善的道德认识活动和道德实践活动。

随着人与自然关系对于人与社会关系的影响越来越大、生态与政治之间的联系越来越紧密、生态公正与社会公正之间的互促共进关系越来越明显，慈善事业的绿色转型任务已经到了十分紧迫的地步。以绿色慈善事业助推人与自然和谐共生关系构建，成为时代之所需、人民之所想、社会之所盼，推动着慈善事业与时俱进发展，促使慈善事业从最早维系人类原始共同体的社会关系行为和现今的协调人与人关系、人与社会关系的友爱方式，发展成为一种在注重社会共同体发展的同时也注重人与自然生命共同体发展的道德行为，促使社会伦理与环境伦理有机结合，使慈善事业既成为助推社会朝着公平正义和谐美好方向发展的一种强大力量，也成为推动社会文明进步发展的显著标志。人与自然的关系既是人类社会自产生以来就必然具有的客观关系，也是伴随着人类社会发展始终的永恒关系。人类社会顾名思义是人类所组成的社会，人际关系是人类社会的一种重要的社会关系，但是人类社会的生存和发展都是建立在人与自然关系基础之上的。人类在实践活动中既要协调好人际社会关系，也要协调好人与自然的关系。构建人与自然和谐共生关系，就是人类与环境友好的价值目标。马克思、恩格斯在《德意志意识形态》中指出："全部人类历史的第一个前提无疑是有生命的个人的存在。因此，第一个需要确认的事实就是这些个人的肉体组织以及由此产生的个人对其他自然的关系。"①因此，一部人类社会进步发展的历史，从人与自然关系的角度上看也是一部人与自然关系双向构建的历史。人与自然能否达成一种和谐共生关系，对人类社会发展将直接产生重大影响。环境友好必定会带来社会关系友好，而环境不友好势必会加剧人与人之间的社会关系紧张。在气候变化异常、生物多样性锐减、粮食安全形势严峻、环境污染严重、资源供给能力有限、自然灾害频发、经济理性张扬、消费主义盛行、奢靡浪费成风的态势下，推动慈善事业绿色化转向就是基于缓和人与自然之间的矛盾冲突、谋求人与自然和谐共生关系发展的现实诉求，由此一种新理念、新举措、新任务必然应运而生，这也是将注重解决人类自身矛盾与注重解决人类与自然之间矛盾两者结合起来思考和行动的必然要求。生态安全是国家总体安全的前提和基础，是必须高度重视的安全任务。生态安全与否直接关系到政治安全、经济安全、文化安全、社会安全和人的生命安全，为此，我们必须深刻认识到，"现实是，我们正面临一个崩溃的时代或突破的时代。我们可以让我们的地球环境去继续遭受蹂躏，直到它

① 中共中央马克思恩格斯列宁斯大林著作编译局编译：《马克思恩格斯文集》第1卷，人民出版社，2009，第519页。

有朝一日再也不具备可供人类居住的功能。或者，我们能够认识到，我们只有能与地球和谐相处，才能使人与人之间和谐相处"[①]。因此，在人与自然、人与社会所构成的两类生命共同体中，一方面，人与人的关系、人与社会的关系会影响人与自然的关系；另一方面，人与自然的关系也会直接影响人与社会的关系、人与人的关系。只有将关注人与社会关系、人与人关系的慈善事业与关注人与自然关系的绿色慈善事业紧密结合起来，以绿色慈善助力绿色发展，推进人与自然和谐共生的现代化，才能在促进人与自然和谐共生关系中达到推动人与社会关系、人与人的关系协调发展的目的。绿色慈善事业在绿色化转向中"爱自然、为自然"的爱心实践，意指个人、团体或公益组织注重关爱人类赖以生存和发展的大自然，自觉地培育形成绿色健康、低碳环保、可循环可持续的生产方式和生活方式，自愿在财物或劳务上为推动绿色发展、生态优先以及为特定的生态保护对象提供帮扶资助，从而不断地推动实现人与自然和谐共生共荣共赢关系发展。绿色慈善事业是随着新的时代问题出现而予以回应并解决的创新发展实践。

二、深刻认识以绿色慈善事业助力人与自然和谐共生关系构建的重大价值

习近平总书记一直高度重视慈善事业在社会主义精神文明建设中的积极作用，他指出："树立慈善意识、参与慈善活动、发展慈善事业，是一种具有广泛群众性的道德实践。无论是个人还是组织，无论是贫穷还是富裕，不管在什么条件下，不管做了多少，只要关心、支持慈善事业，积极参与慈善活动，就开始了道德积累。"[②]绿色慈善事业体现了广泛群众性积极参与社会主义生态文明建设的实践行为，体现了通过慈善绿色化转向促进人与自然和谐共生关系形成以建设美丽中国、走向社会主义生态文明新时代的生态（环境）伦理道德积累。绿色慈善事业有助于帮助全社会在生态（环境）伦理精神文化氛围中精心

---

① 诺曼·迈尔斯：《最终的安全——政治稳定的环境基础》，王正平、金辉译，上海译文出版社，2001，第29页。

② 习近平：《之江新语》，浙江人民出版社，2007，第252页。

呵护好人类赖以生存和发展的大自然,将尊重自然、顺应自然、保护自然作为全面建设社会主义现代化国家的内在要求,从而更加牢固地树立和践行"绿水青山就是金山银山"的理念,更加自觉地将自然价值与经济价值、社会价值、文化价值紧密结合起来,并以发展方式的全面绿色转型增强高质量新功能,创造出生态文明这一全面超越将人与自然对立起来的工业文明发展范式的人类文明新形态,彰显中国式现代化对于构建资源节约型社会、环境友好型社会、人口优质均衡型社会、生态安全健康保障型社会的重大价值,为建设美丽中国和美好地球家园作出新贡献,稳步走向社会主义生态文明新时代。从总体上来说,绿色慈善事业对于促使全社会在关爱自然和关爱社会的密切结合中促进人与自然和谐共生,在享受环境权益和履行环境义务的有机统一中促进人与自然和谐共生,在慈善便捷性和人文性的紧密交融中促进人与自然和谐共生,以及推动全社会形成人与自然和谐共生的绿色文化等方面,都显示出十分重大的价值。

(一) 绿色慈善事业展示了推动全社会在关爱自然和关爱社会的密切结合中促进人与自然和谐共生关系构建的重大价值

绿色慈善事业是顺应中国经济社会全面绿色转型提出的一种创新性慈善方式,其目的是精准对标目前较为严重的生态危机影响经济社会整体性高质量发展问题,以及因此导致的生态环境权益不平等、生命安全受到严重影响等社会问题,通过促进人与自然和谐共生关系的构建,确保国家总体安全和人民群众幸福安康。以往的慈善事业更多致力于协调人与社会的关系、人与人的关系以及人自身的身心关系,这是十分必要的,其关注焦点放在人际关系改善和社会公平正义上也是十分重要的。但随着全球气候变化异常、自然环境恶化,生态危机和生命危机交织并存,人与自然关系紧张导致的生态矛盾愈发突出,生态环境问题已成为关系党的使命和宗旨的重大政治问题和关系民生的重大社会问题。在这种情况下,以促进人与自然和谐共生、保障人们平等地享有环境权益的绿色慈善就应运而生。[①] 绿色慈善事业强调以专项慈善资金和义工劳务,有针对性地帮扶具体的生态对象,聚合人力物力精准对标急需解决

---

① 方世南:《绿色慈善助力共同富裕研究》,《学术探索》2022 年第 2 期。

的生态环境和生态安全问题，增强生态文明建设的效力，促使生态产品经济价值、社会价值和人文价值的实现。绿色慈善事业不仅关注人们的物质生活和精神文化生活质量的提高，同时更加关注人与自然关系协调的程度，蕴含了生态公正、绿色发展、永续发展之意，致力于实现人自身的身心关系、人与人关系、人与社会关系、人与自然关系的和谐，是从慈善的角度促进中国经济社会全面绿色转型的重要方式。

（二）绿色慈善事业彰显了推动人们在享受环境权益和履行环境义务的有机统一中促进人与自然和谐共生的重大价值

生态权益作为人的最基本的权益之一，与经济权益、政治权益、文化权益、社会权益一起构成人的权益的有机整体，从权益实现和权益保障的高度推动人的自由而全面发展。马克思、恩格斯虽然没有明确指出和使用“生态（环境）权益”的概念，但是，他们从现实的人和人工作、生活所需要的客观物质生活条件出发，认为“人不是抽象的蛰居于世界之外的存在物”①，人是在自然环境中工作和生活的社会存在物，人的本质是自然本质和社会本质的统一。生态（环境）权益就是人在与自然界发生关系的过程中对于自然环境应有的基本权利以及在行使这些权利时所带来的各种利益，同时还包括人在保护生态环境时应尽的各种义务。绿色慈善事业是一种有助于在人与自然和谐共生关系中促使人们生态（环境）权益得以不断实现的伟大事业，也是一种灵活多样的尊重自然、顺应自然、敬畏自然、呵护自然的慈善模式，可以根据现存的生态问题确定绿色慈善所需援助的对象及方式，并且能够畅通渠道提高广大社会成员的生态文明建设参与度。因此，绿色慈善本质上就是绿色发展实践和生态文明建设活动，是一项需要统筹部署的复杂系统工程，要充分发挥政府、企业、个人等主体的作用。绿色慈善事业能通过提供多样化的慈善活动来满足社会群体多层次、多样化、个性化、持续化的慈善需求，人们可以根据自己的实际情况选择符合自己意向的绿色慈善项目，通过社会组织的力量汇聚慈善资金和劳力为生态文明建设服务，从而为加强自然生态领域的保护和修复提供精准对标

① 中共中央马克思恩格斯列宁斯大林著作编译局编译：《马克思恩格斯文集》第1卷，人民出版社，2009，第3页。

的绿色援助，有助于在一定程度上减轻政府的财政压力，并更好落实国家关于生态文明建设的方针政策。调动更多社会成员参与绿色慈善活动，是增强绿色发展后劲和提升生态文明建设效能的科学途径，是推动中国经济社会全面绿色转型的重要方式。绿色慈善事业是对慈善道德门槛的合理化调整，通过营造良好的绿色慈善舆论环境，倡导绿色低碳的生产生活方式，为孕育更多慈善主体与慈善行为提供平台和渠道，汇聚公众的集体力量解决因人与自然关系不和谐而引起的生态环境恶化以及环境权益不平等问题，从而更好地促进“绿水青山”转化为“金山银山”，转化为子孙后代共同享有的坚强靠山，达到为社会成员谋求平等的环境权益的目的。以绿色慈善事业的社会性、广泛性引导全民参与绿色发展和生态文明建设，不仅能唤醒全社会的生态环境保护意识，还能促使参与者自觉地践行绿色低碳的生产生活方式，并推动人们能力所能及地援助自然生态的保护和修复，在此过程中体现出爱心和社会责任，促进全社会环境伦理的发展。

（三）绿色慈善事业体现了在慈善便捷性和人文性的紧密交融中促进人与自然和谐共生的重大价值

受到自然地理位置和历史条件等因素的影响，中国不同地区的生态环境资源禀赋差异较大，相应的生态保护的成本和工作量也不一样。将绿色慈善事业与互联网信息技术平台结合起来，有助于更好地优化生态资源配置、促进社会和生态的公平正义。绿色慈善事业借助于现代网络信息技术，具有便捷、智能、高效、透明等特点，通过构建清晰的慈善价值网络，以信息流、资金流、物流等精准匹配援助对象，有助于进一步增强慈善资源配置效率，以精准高效的对接极大地降低中间操作费用成本，通过移动终端实时把募捐、捐赠、受益对象和志愿服务等有关信息录入、更新和共享，线下公益项目和活动的推进状况也可随时在互联网上快速得到反馈、跟踪及检测，相关募捐者、捐赠者、受益对象、志愿者的信息也能得到完整展示，这样就极大地提高绿色慈善公益过程的效率和透明度，从而增强了交互的社会信任。绿色慈善事业还可以通过灵活多样的参与方式精准对标需要解决的生态环境问题和所要进行的绿色发展项目，促进生态保护责任的合理分摊。广大群众在日常生活中通过低碳消费、绿色出行、生产等方式就能参与绿色慈善活动，从而更好地解决生态环境资源配置的效率和公平问题。总之，绿色慈善事业能统筹线上和线下两条慈善线路，依托互联网技术以便捷性、简约性等特点提高生态环境资源配置效率，促进清新空气、清洁水源等生态资源共建共享，推动环境污染治理与城市绿色转型，实现城市和乡村空间发展的低碳化、绿色化。此外，绿色慈善活动还启迪人们，生态环境资源作为一种公共产品应为全体社会成员平等共享，享有优质资源的地区应积极帮助资源较为贫瘠的地区改善生态环境，推动生态环境资源配置的公平性，尊重和保护不同地区人们平等享有生态环境权益。

（四）绿色慈善事业会推动全社会形成人与自然和谐共生的绿色文化，为精神文明建设和丰富人们的精神世界提供丰富的绿色文化滋养

绿色慈善实践行动是涵养社会绿色慈善文化的肥沃土壤，而绿色慈善文化是一种有助于推动人们志愿参与生态文明建设，始于利他、终于互利，力求达到人与自然和谐共生状态的文化。绿色慈善文化在人们低碳、环保、循环、可持续的生态文明实践中形成，并为绿色发展和生态文明建设提供强大的精神力量和智力支持，是生态保护意识与生态文明建设实践相统一的结果，推动着生态保护与经济建设协同发展。绿色慈善事业为各种援助对象提供了宽广的援助平台，聚集力量和资源为生态环境保护服务，并在更大范围内不断满足不同群体的慈善需求，它不仅能促进生态文明建设，同时还能宣传绿色慈善文化、发展绿色慈善文化。绿色慈善事业本身不仅蕴含着尊重自然、敬畏自然、顺应自然、呵护自然、人与自然和谐共生的生态文化内涵，在运行的过程中又强有力地创造着生态文化新形态，推动全社会培育形成社会主义生态文明观，并将大量生态文明建设的旁观者转化为积极参与者，不断壮大生态文明建设的主体队伍，不断放大慈善的社会效应，促使慈善之花争相竞开在人与社会关系领域和人与自然关系领域，形成蔚为壮观的社会文明风景线，发挥出敦风化俗、教人为善的效果。绿色慈善事业通过提供多样化、多层次的慈善项目以满足广大群众多样化、多层次的慈善需求，能更大范围地带动社会成员参与慈善事业，对于强化社会主义核心价值观引领，涵养绿色慈善文化，以及塑造向上向善向优的文明形象具有重要作用。通过绿色慈善事业精准对标扶助对象，能够起到定向发力的援助效果。绿色慈善事业是促进慈善活动由单一利他到双向互利转变的新方式，在执行过程中帮扶者提供的援助能促进生态环境保

护修复，而优美的生态环境反过来又能为帮扶者提供良好的生存空间，因此，绿色慈善事业在本质上是互利的事业，是从纯粹利他的牺牲走向双方互利的共赢，最终实现人与自然和谐共生的目标。

三、深度探寻以绿色慈善事业助力人与自然和谐共生关系构建的实践路径

以绿色慈善事业助力人与自然和谐共生关系构建是一项知行合一的崇高事业，有着多样性的实践路径，需要在习近平生态文明思想的指导下，经历从理论到实践又从实践到理论的多次反复，才能不断完善。

现代网络信息技术为绿色慈善活动的平等性、互动性、参与度等提供了便利条件，“随手公益”“指尖公益”等逐渐成为绿色慈善事业发展的一大趋势。互联网本身就是一种高效的绿色资源，“绿色慈善事业＋互联网”能有效扩大绿色慈善活动的影响力和号召力，使绿色慈善事业取得更大的经济效益、社会效益、文化效益和生态效益。支付宝“蚂蚁森林”就是“绿色慈善＋互联网”的一个生动例子：用户只需在平台上领取一棵虚拟树苗，即可通过行走、共享单车、网络购票及各种线上线下支付低碳行为获得能量奖励，累计一定值后即可兑换真树。用户通过购买虚拟树苗在荒漠地区种下一棵真树，同时还可获得一张专属编号的“荣誉证书”，起到了很大的精神激励作用。又如通过开发设计出以“人人公益、触手可及”为定位的集旅游、交通、餐饮、住宿、特色农产品、专门的绿色慈善项目等信息于一体的专属应用程序软件或小程序网页，个人或团体一经注册就可拥有一个绿色慈善账户，并参与消费捐、结对捐、一起捐等绿色慈善活动。如在消费捐活动中，用户只要在网上平台消费一定金额，就可以由商家代为捐出一定款项用于生态保护等绿色慈善项目，不仅能满足其绿色消费需求，还能参与到绿色慈善活动当中，推动经济发展与绿色慈善形成良性互促的关系。再如在平台上设立绿色慈善专栏，把绿色慈善活动急需保护的珍稀动物、濒危动物、山水林田湖草沙等进行分门别类展示，为各类生态环保信息更大范围传播提供畅通渠道，从而调动更多的资源为保护生态环境服务，便于用户通过网页平台直观地了解各种生态环境保护项目的最新信息

动态,并且不受距离和时间的限制,自由地选择资助的项目和捐赠数额。但由于网络诈捐、骗捐等现象频发,人们对于网络募捐是存在一定顾虑的,因此,要特别注意处理好募捐资金的使用、善款余额处置、捐赠信息披露等各个环节的工作,及时让慈善主体了解慈善项目的进展并定期处理反馈信息,增强人们对掌上慈善的信任感和参与度。

绿色慈善活动需要久久为功、持续推进,不能盲目推进或搞急功近利的运动和突击,应实施"造血式"生态环保公益项目,推进绿色慈善活动项目化。比如设立生物多样性保护绿色慈善项目、山水林田湖草沙保护修复绿色慈善项目、义工活动绿色慈善项目、农业农产品绿色慈善项目等,把受益对象分门别类地向社会公众展示,让广大公众能更直接精准地了解和参与到意愿的绿色慈善活动当中,从而增强绿色慈善活动的规范性、有效性和科学性,为生物多样性保护、山水林田湖草沙一体化的保护修复、农业农产品扶助等提供较强的针对性服务和支持,从而增强绿色慈善活动的价值效能。尤其是山水林田湖草沙保护修复是一项系统复杂的宏大工程,需要调动各方人力物力给予支持和帮助。守住"绿水青山",方能探索出一条生态优先、绿色发展、惠民富民的生态产品价值实现路径,进而变现为"金山银山"。应倡导设立山水林田湖草沙保护修复相对应的绿色慈善项目,将庞大的系统性的保护修复压力进行细化分解。可以通过划定公益森林片区、公益草地片区等方式引导公众参与森林、草地抚育等慈善活动,为从种植到成熟整个过程所包含的施肥、灌溉、修剪等各项工作捐赠慈善资金或提供义工劳务支持,汇聚社会各界力量为增加中国优质森林、湖泊、湿地面积和促进生态产品价值实现发力。同时,应拓宽资金来源渠道,调动社会资本和绿色金融资本针对性投入和使用,健全自然资源有偿使用机制和生态补偿机制,保证项目资金供给的稳定性和持续性。

鉴于生物安全、粮食安全在国家安全体系中的极端重要性,保护生物多样性和保障粮食安全就成为维持生态系统平衡健康和确保人民生命安全的必然要求。绿色慈善项目要将生物多样性保护和粮食安全作为重点议题。生物多样性保护要把重点放在珍稀动物和濒危动物保护上,要科学系统地评估生物资源,列出珍稀动物和濒危动物的保护名录,划定动物栖息地修复区域,并相应设立专门的绿色慈善项目,与慈善基金会建立交流合作机制。要倡导在微博、抖音、微视、快手等社交平台开设专属绿色慈善账号，通过直播或视频分享各类动物的生活栖息状态，吸引更多网民关注生物多样性保护工作，鼓励网民在线认养各类动植物，承担认养动植物培育、照料、保护等方面的费用，通过捐款或义工劳务服务等方式为生物多样性保护贡献力量。同时应设置好相应的奖励办法，比如网民一经认养某种动植物，就能获得绿色慈善积分，并获得一定的优惠或奖励，以此吸引公众参与生物多样性保护项目。粮食安全在国家安全体系以及人与自然和谐共生关系构建中处于极端重要的地位，其重点之一在于调动种植户的种粮积极性，确保粮食稳产高产。中国农业资源丰富，销售特色农产品可增加农民收入，有助于提高农民的种粮积极性。应将农业发展与绿色慈善事业有机结合起来，开发绿色慈善农业产品，以“绿色慈善＋农业”的方式助力农民增收。

绿色慈善事业要成为全社会成员的共同事业，就要大力倡导绿色慈善的义工活动，这是推动绿色慈善事业社会化的一种重要方式。义工提供的劳务能促进绿色慈善项目的实施。通过设立绿色慈善义工项目，并依靠全国各地的新时代文明实践中心和党员服务中心的力量组织开展系列义工活动，促使绿色慈善实践活动走深、走细、走实。在开展绿色慈善项目活动的过程中，可与学校、企业、机关等各类单位建立联系、合作，拓宽义工活动成员的来源和规模，同时为社会成员积极参与义工活动提供绿色通道。义工参与的绿色慈善项目可根据时长、活动类型等设立相应的奖励机制，以增强义工的参与感和获得感。绿色慈善义工项目既能满足人们为生态文明建设出一份力的愿望，也能让人们在实践中加深对构建人与自然和谐共生关系的情感，为义工服务团队的稳定性和持续发展提供可靠保障，从而更广泛地引导社会各界在日常的生产生活当中更加自觉地践行绿色、低碳、循环、可持续发展的理念，成为爱自然、爱社会的高素质生态公民。

公益慈善、义利之辨与乡村文化振兴

杨慧康[①]

（南京大学社会学院）

摘　要：在乡村振兴的大背景下，公益慈善组织被赋予了新的使命，其中一项关键内容就是培育文明乡风，在乡村文化振兴方面做出贡献。一个值得探索的路径是，先挖掘既往乡土社会中的优秀文化，再通过公益慈善组织介入，以各类形式开展探索性的保护、重振和再造。"义利"文化便是值得挖掘的文化，一方面其源于传统乡土社会，另一方面，公益慈善组织发展中亦经历了"义利之辨"的讨论。公益慈善组织探讨"义利之辨"的结论对乡村文化振兴有一定启发意义，亦可通过多种形式开展实践层面的探索。

关键词：公益慈善；义利文化；义利之辨；乡村文化振兴

一、缘起

实施乡村振兴战略，是党的十九大作出的重大决策部署，是决胜全面建成小康社会、全面建设社会主义现代化国家的重大历史任务，是新时代"三农"工作的总抓手。[②] 从乡村振兴的内涵来看，主要包括了产业、人才、文化、生态、组织五个方面，其中，乡村文化振兴是实现乡村振兴的精神动力和道德支撑。《中共中央　国务院关于实施乡村振兴战略的意见》明确了乡村文化振兴的具体方向，其中，加强农村思想道德建设、传承发展提升农村优秀传统文化是重

---

① 杨慧康，南京大学社会学院博士研究生。

② 《中共中央　国务院关于实施乡村振兴战略的意见》，据中华人民共和国中央人民政府网：https://www.gov.cn/zhengce/2018-02/04/content_5263807.htm。

要环节。与此同时，国家有关部委也明确表示，参与乡村振兴，既是社会组织的重要责任，又是社会组织服务国家、服务社会、服务群众、服务行业的重要体现，更是社会组织实干成长、实现高质量发展的重要途径和广阔舞台。① 对于公益慈善组织而言，参与乡村振兴是一个新的重要使命，在《社会组织助力乡村振兴专项行动方案》也明确了公益慈善类社会组织的重点任务，其中一项关键内容就是培育文明乡风，在乡村文化振兴方面做出贡献。

国家顶层设计的文件，在战略方向上肯定了公益慈善类组织参与乡村文化振兴的正当性与合法性。同时，我们也需要看到，伴随着现代化与城市化的发展，与日益庞大、欣欣向荣城市相比，乡村社会在日渐衰颓，在社会发展中的话语权渐失。面对西方文化的冲击和国内各种文化运动的压力，传统农村文化中的一些优秀部分也遭受非常大的冲击，农村的伦理、思想、道德建设遇到非常大的挑战。此外，据统计，全国社会组织数量 2020 年底达 89.4 万个，县级及以下参与乡村振兴的社会组织仅有 21.5 万个，其中乡镇及以下的社会组织 19.02 万个，占总量的 24.0%和 21.3%，按照中国现有村庄总数 50.2 万个计算，平均每个村只有 0.43 个社会组织（杨团、朱健刚，2022：152）。可以说，目前乡村振兴公益行动的需求与社会组织的城乡结构之间是不匹配的，这也为公益慈善组织参与乡村文化振兴提供了广阔的空间与可行性。

以往的研究多关注在乡村振兴的背景下，社会组织从社会建设（尹瑶，2022）、公共服务（龚志伟，2020）、乡村治理（于健慧，2020）、乡村文化（徐顽强等，2019）等展开介入服务工作，具体到公益慈善组织如何参与乡村文化振兴方面的研究和案例都比较少。事实上，在传统的乡土社会中生发出众多优秀的传统文化，在现代化和城市化的进程中，遭受到了破坏或削弱，那么，一个值得探索公益慈善组织参与乡村文化振兴的路径是，先挖掘既往乡土社会中的优秀文化，再通过各类形式开展探索性的保护、重振和再造。

本文即是希望做出这样的尝试，围绕一个以往由中国传统乡土社会所生

① 《民政部　国家乡村振兴局关于动员引导社会组织参与乡村振兴工作的通知》，据中华人民共和国中央人民政府网：https://www.gov.cn/zhengce/zhengceku/2022-03/01/content_5676306.htm。

发的“义利”文化概念，而这一概念在以往的公益慈善自身发展的过程中，也有过非常翔实的探讨。在公益慈善行动的“义利之辨”之中，我们可以从多方位比较“义利”这一文化概念的维度、展现“义”“利”之间互动的模式，在探讨清楚之后，将分析“义利”文化对于乡村文化振兴所能起到的作用，最后结合公益慈善组织的特点，探索公益慈善组织进行乡村文化振兴的现实路径。

围绕这样的探索思路，文章接下来的安排如下：第一，还原公益慈善行动“义利之辨”的讨论背景，介绍其中关于公益慈善行动研究的来龙去脉；第二，重点介绍传统乡土社会所生发的“义利”文化的内涵、观点和互动模式；第三，结合公益慈善组织自身“义利”互动的模式，辩证地看待传统“义利”文化的变迁；第四，分析“义利”文化对于乡村文化振兴的启示；第五，公益慈善组织实现乡村文化改造的实现路径思考。

二、公益慈善“义利之辨”的讨论背景

（一） 现实背景

二十大报告中指出，“完善分配制度。引导、支持有意愿有能力的企业、社会组织和个人积极参与公益慈善事业”。可以说，中国的公益慈善事业被赋予了新的战略意义，以往是作为社会福利制度的一个组成部分，如今成为国家分配制度中，尤其是第三次分配的重要主体之一。在这样的战略定位下，对于公益慈善事业的发展而言，无疑将迎来 21 世纪的“第三次发展浪潮”（朱健刚 等，2022：7）。可以预见的是，中国的公益慈善组织将迎来更多的资金、资源的流入，更多的企业、单位也会将公益慈善内化为履行社会责任的一部分。不过，近年来一些慈善公信力危机事件都在提示这项事业的特殊性，争论背后的元问题是公益慈善理念、价值观，或公益慈善行动的动机问题。

众多学科从多视角关注公益慈善行动的动机，如慈善经济学研究捐赠者行为背后的成本效用衡量问题，社会学多关注个体、社会网络与社会规范对捐赠者行为的影响，心理学关注捐赠者心理需求满足的层次，而伦理学关注捐赠者行动所体现的人性、道德等问题。除了基于西方学科原理的探讨以外，国内

对于公益慈善行动者的动机问题讨论，曾在2017年迎来了一次爆发，导火索来自“两光之争”[①]，众多学者(何道峰，2017；康晓光，2018；吴强，2018；张玲，2018；姚遥，2018；杨方方，2019)加入了这场论战，主题围绕着公益与商业之间的边界与互动，其中一个聚焦点在于不同层次的公益慈善行动者究竟是求“义”，还是求“利”，或者在“义利”之间如何取舍、平衡。这样的“义利之辨”在如今公益慈善事业迎来“第三次发展浪潮”大背景下，仍旧有重新探讨的意义，这关系着每一位从业者的自我认同，关系着人们如何看待公益慈善事业，更关系着发展公益慈善事业的目的和方式。

(二) 文献背景

要弄清楚人们为何行善，实际是一件非常复杂的事情。一条比较显见的路径是从纯粹利他主义(pure altruism)出发展开解释：有国外学者研究表明，人具有利他的天性，一般而言，人在幼年(5～6岁)的时候，他们的行为便显现出利他主义偏好以及平等主义的偏好(Fehr et al.，2008)，而正是基于利他主义和平等主义的动机偏好，人们会做出让渡个人福利的行为。事实上，在前现代化时期，利他主义特别是基督教中的利他理念指引着人们开展慈善行为，罗德尼·斯塔克在其《基督教的兴起》中记录了公元165年至2世纪，一场毁灭性的瘟疫横扫了整个罗马帝国，而正是基督徒基于“对待陌生人也有仁爱之心，连逝者的坟墓也帮助看管”的道德动机，彼此相爱互助，形成了在大疫之中基督徒的死亡率低于其他群体的结局(斯塔克，2005：106－109)。我国古代宗教中有着同样的记载，儒家倡导推己及人的仁爱之心，佛教有“众生皆苦”“无住相布施”的慈悲情怀，道家则将利他行善与求仙的憧憬联系在一起，融合形成了一种“施恩不图报”的慈善动机。这样的利他主义动机是基于同理心而形成的一种对他人福祉的无私关心(Echazu et al.，2015)，可以促进人们产生持续性的慈善行为(石国亮，2015)。

然而，从进化论的角度出发，纯粹利他主义是一种不利于自身保存、繁衍、壮大的立场，是不可能普遍存在或不可持续的。一种出于直觉的反问是，公益慈善行动中纯然是利他主义在起作用吗？霍布斯在其《利维坦》中，便质疑基

① “两光”分别是指南都公益基金会理事长徐永光和中国人民大学教授康晓光。

督教中劝人行善的动机问题,“暴露自私自利的目标使他们失去仁爱之名。当他们要求别人崇奉的信仰只能促成或似乎只能促成他们自己取得统治权、财富、地位或享乐时,情形就是这样”(霍布斯,1985:89)。即使是在外界看来是利他主义的公益慈善行动中,也是利己主义的动机在起作用,以研究理性行动者的经济学中集中关注这一条路径:慈善并非“无偿”付出,行动者仍可获得某种效用(Vesterlund, 2006)。行动者的捐赠行为可以促进慈善组织产出公共物品,对行动者本身也有间接的效用回赠(Houchman et al.,1969)。除此之外,也一定存在着某种只有公益慈善行动者独享的效用来源:获得一种内心的满足感及对温暖发光的希望(Andreoni,1990);提升个人及所在组织的社会美誉度(Harbaugh,1998),进而增加自己的社会地位、声誉,为个体与所在的组织在社会上树立良好的形象;缓解内疚感(Dahl et al.,2003);结交新朋友、增进个人的社会网络(Mastronmatteo et al.,2017)等等。无论是公共效用还是私人独享效用都说明在西方现代公益慈善的理念中并不排除利己主义动机存在。事实上,在我国民间慈善伦理文化中,也流传着类似“善有善报”的说法,即人们在行善时,是出于一种对于现实生活或精神领域、当下或未来良好回报的期待。

利他主义还是利己主义的争论在公益慈善领域争议良久,如何化解这两者之间在解释公益慈善行动动机的冲突?来自18世纪英国哲学家休谟在其《道德原则研究》中提出一种“利己的利他主义”视角[①],值得借鉴。休谟从人类的两种心灵品质——仁爱与自爱出发,以正义为例,分析了正义德行中所解释的“自私性”和“公共效用的原则”。认为正义之得以确立,纯粹在于其“公共的效用”,但正义的原始动机则是人们自私性或自我利益,或者毋宁说是人们的自私性与现实的有限财富之间的紧张关系,而正义作为一种人为设计,其根源在于外在条件和人类本性两个方面的本源的“中间性”,即外界条件的既不极端缺乏又不极端丰足,人类本性的既不极端自私又不极端仁爱(休谟,2001:6-10)。在此基础上,衍生出理解的第三条路径,即认为公益慈善行动的动机是复杂的,在大多数情况下,既不完全出于利己,也不是完全出于利他,而是两者

① 中国一些宗教文化中也存在类似的说法,如《瑜伽师地论》中就提到了“自利利他”的概念。

在某种程度上的组合。典型的解释有"互惠性利他主义"，Schokkaert 认为从互惠的角度看公益慈善行动，当中的所有参与者都会受益，并且所有参与者都能受益是保证其他人参与的一个必要条件。因此，在利己在某种程度上是与他人的利己相一致的(Nunes & Schokkaert，2003)。

（三） 小结与本土视角

在全球化与现代化的背景下，公益慈善领域迎来了快速发展的同时，不可避免地引入来自西方现代公益慈善的价值理念，也将引来东、西方伦理文化的相互碰撞。必须认识到的是，"利他主义""利己主义"以及"互惠主义"这些来自西方的典型理论解释路径，在很大程度上可以帮助我们理解现代公益慈善行动，也为在中国研究本土的公益慈善动机奠定了非常好的基础，但如果全然采取西方的理论视角，似乎并不能全然讲清楚在本土发生的事，或总有隔了一层面纱之感。这是因为与西方基于基督教文明而生发的慈善事业有很大的不同，中国的本土公益慈善事业发展所根植的理念，实际上仍旧受到儒家、佛教以及道教等本土宗教及民间风俗的影响。这就需要从本土文化中提取出有经验统摄力的概念，帮助刺破面纱，更好地理解与解释中国人在开展公益慈善行动时的"起心动念"，接下来，本文从本土熟悉的"义""利"以及两者交互关系的视角出发做一定的梳理与突破。

三、义利的内涵、观点与互动模式

（一） 理论奠基与发展

1. "义""利"内涵

在甲骨文中，"义"呈现为一人戴着羊形的头冠，手持三叉的武器，站在地上的形象，后面的义大多从这个基础上演化而来。在篆文中，"义"字呈现为上羊下我，形如"義"，即以己之力，捍卫美好吉祥之物。后又逐渐被诠释为"己之威仪也，从我羊(与善同)"[①]，结合善、美之义，使得"义"字有了伦理道德意义上

① 许慎：《说文解字》，中华书局，1999，第 267 页。

“应该”的含义。在孔子那里,“义”大致有五个意思:“应当”“正当”,如“见义不为,无勇也”(《为政》);“合适”“合理”,如“义之与比”(《里仁》);“天理之宜”“事之当然”,如“君子喻以义”(《里仁》);“善”,如“闻义不能徙”(《述而》)、“徙义”(《颜渊》);“道理”“意义”,如“群居终日,言不及义”(《卫灵公》)(张汝伦,2010)。

在甲骨文中,“利”呈现为左“禾”右“刀”,表示用刀收割庄稼。到了汉代,“利”被诠释为“铦也,从刀,然后利,从和省,易曰:利者义之和也”[①]。在此,利已经从原先的刀割劳作的意义转换为“义之和”,而“和”字是指相称和,也就是,“利”成为与“义”相对应的行为(曾誉铭,2017:42)。后来,“利”逐渐演化为祭祀占卜的吉利,以及为达到具体预期目的所获的效果,也有利益、功利之意。

从内涵梳理来看,“义”“利”从一开始就紧密地结合在一起,对个体行动的动机具有显著的标识作用,如果行动从“利”,则更多指向满足“我”或者“我所在团体”的利益和欲求,或曰“私利”;如果行动从“义”,则更多指向排除“个人私利”的公共性、普遍性考量(朱承,2019),以共同体应该行事的准绳或伦理规范出发,或曰“公义”“大义”。对于身处共同体中的个体和组织而言,在不同情境中,都涉及自身与他者、自身与共同体之间利益、价值,以及自身与自身的关系,这三者的关系从根本上决定了个体或组织的自我认同与价值意义。在纷繁复杂的情景中,要处理好这三者关系其实都面临着“公义”或“私利”之间的选择,“义利之辨”是每个个体或组织都要厘清的问题,这也是朱熹称“义利之说乃儒者第一义”(《与李延平先生书》)的原因。

2.“孔、孟、荀”的观点

关于“义利之辨”的讨论,战国时期有之,不过到了儒家的孔、孟、荀三位儒学大师这里才真正到达一定系统性,后世儒家对于义利问题的重构,实难出此三家(曾誉铭,2017:72)。那么,具体到“义利之辨”的细节,可以从“义”“利”之间的重要程度、价值认知、行动优先、取利方式梳理“儒方”的观点(见表1)。

---

① 许慎:《说文解字》,中华书局,1999,第91页。

表 1 “义利之辨”维度及“孔、孟、荀”的观点

辨析维度	“孔、孟、荀”	“他方”
重要程度	重义轻利	重利轻义
价值认知	见利思义	见义思利
行动优先	先义后利	先利后义
取利方式	以义取利	以利为利

资料来源：笔者整理。

首先，在“义利”何者重要的问题上，孔子的“君子喻于义，小人喻于利”给出明确答复，进而为此后儒家的“义利之辨”给出了基本的方向，也影响着当今社会许多领域（包括公益慈善）中个体与组织行动的价值评判。孔子把毕生精力都投入礼崩乐坏的社会中，培养君子和圣王，希望借用对“义”的强调来恢复社会秩序。

其次，捍卫这样的价值取向需从价值认知处着手。因而，孔子提倡“见利思义”（《论语・宪问》），君子必须在想到利的同时想到义，不可“见利忘义”，反对“放于利而行”（《论语・里仁》），在具体的行动中，利只是人生的手段，义才是真正的人生目的。

再次，捍卫价值取向的另外一条路径便是行动动机优先性的取舍。儒家强调以义为先，利在其后。孟子就描述了其所反对的一种情形，“苟为后义而先利，不夺不厌”（《孟子・梁惠王章句上》）。荀子也认为“先义而后利者荣，先利而后义者辱”（《荀子・荣辱》）。乃至到了极端的境况下，为了维持“义”的崇高性，“杀生成仁”（《论语・卫灵公》），“舍生取义”（《孟子・告子上》）也是君子必须做出的选择。

最后，在儒家思想发展脉络中，其实并未完全否定“利”的重要性，而是肯定合理之利的正当性。孔子即言“富与贵，是人之所欲也；贫与贱，是人之所恶也”（《论语・里仁》）。孟子更是强调“有恒产者有恒心”（《孟子梁惠王上》），孟子认为利是义的物质基础，人的自然秉性是追求利的。这一点在现实感更强的荀子那里体现得更为明显，荀子明确肯定了对于一般人或普通民众而言物质基础的合理性与重要性，“义与利者，人之所两有也，虽尧舜不能去民之欲利，然而能使其欲利不克其好义也（《荀子·大略》）”，不过需以合理的方式取利，即“以义取利”。

3.“义利之辨”的更多可能性

事实上，只要人类有公共生活，身处其中个体与组织就会面临“义利之辨”，当然必须看到“义”“利”互动与社会价值系统之间的关联，在特定的社会情境中，“义利之辨”也会呈现更多的可能性，如法家管仲、西汉司马迁、东汉王充就主张利以生义论、先利后义论、利主义辅论等，而宋代的王安石、陈亮灯则主张义利并重论等，历史上的商鞅、韩非以及明代的李贽等则主张重利轻义论，民间也有“天下熙熙皆为利来，天下攘攘皆为利往”的说法。根据“义”“利”彼此互动的方式，可以按照义利整合或冲突划分出四种理想类型（郑杭生等，2001），具体可以参见表2，前文总结儒学的义、利互动模式应属于B项：弃利与取义相关的模式。

表2　义、利关系的互动模式

义利整合模式	义利冲突模式
A项：求利与取义相关	C项：求利与舍义相关
1. 求利而取义	5. 求利而舍义
2. 取义而求利	6. 舍义而求利
B项：弃利与取义相关	D项：弃利与舍义相关
3. 弃利而取义	7. 弃利而舍义
4. 取义而弃利	8. 舍义而弃利

资料来源：郑杭生、龚长宇，2001。

可以说，“义”“利”的选择涉及价值的判断，对错是非并不能一概而论，需要结合具体行动所处的环境进行分析，也需要判断特定的义利互动模式是促进了社会、行业或人际互动向更高均衡模式发展，还是在其中起到了阻碍作用。结合表2，我们仍旧可以推导出不同“义”“利”互动模式的等级均衡关系。总体而言，如果能像A项一样，求利与取义两者动机兼得，工具价值和目标价值的两者结合，或公义、私利两者自洽，是义利互动的理想模式。而D项则是现实生活中需极力规避的情形，更多的行动动机类型可以归类为B和C，“义”“利”难两全，呈现出相争的局面，需要结合具体的情境，在这两者之中做出选择。

四、公益慈善中“义利之辨”的讨论

（一）“义利”视角的契合性

中国社会受儒家思想的影响，在公益慈善的行动中，对“义”的重视和响应贯穿到各个方面：如隋朝开始便设立“义仓”，是救济“当社有饥馑者”的一种仓制，直至唐宋时期，仍然继承了这一做法；如北宋范仲淹通过宗族来开展救助，设立“义庄”，采用制度化的手段来保障或改善宗族成员的生活，来确保族人和乡里“虽至贫者，不复有寒馁之忧”；如光绪年间，为了应对华北大灾，“义赈”登上了历史舞台，由民间自行组织劝赈、自行募集经费、并向灾民直接散发救灾物资的“民捐民办”的慈善救助活动开始出现；时至今日，每逢灾患之际，一系列以“义”冠称的公益慈善行动仍旧会出现，如义卖、义演、义捐等等。这些都彰显了在中国本土环节中，“义”的理念深刻地嵌入在公益慈善行动中。

与“义”和公益慈善天然亲近相对应的是，19 世纪中叶以来，伴随着中国商业发展以及社会阶层的变动，公益慈善行动中“利”的动机越来越不可忽视。明清以来，作为民间慈善的重要力量之一的绅商群体，在积极逐利、彼此竞争的基础上，却又不重利忘义，而是义在利先。近代绅商群体发起、主持的商会，儒家伦理观念依然对他们有着深刻影响，在赢利与取义、聚财与散财、商务与赈务的关系上，与一般孳孳为利的市侩商贩不同，慈善公益仍具有一席之地（曾桂林，2014）。到了现代，尤其是改革开放以后，随着民营经济的发展，众多企业家群体作为公益慈善捐赠的主体之一，在开展慈善行动时，无可讳言的是，其行为具有一定功利的目的，也有企业专门设立慈善基金会，在履行公益的慈善职能以外，还可以获取一定的利润，以维持机构运转的同时，把基金会做大做强，产生更大的公益利益（毕素华，2009）。

以上种种例证，即是在说明，肇始于儒家的“义利”视角，直到今日仍旧深刻地影响着公益慈善行动的动机。在某种程度上，从“义利”视角出发，是可以帮助厘清公益慈善不同层面行动动机问题的，而不仅仅限于“两光之争”中的公益与商业关系的讨论。

（二）“义利”视角下不同层次公益慈善行动的动机

结合前文“义”“利”的定义和两者层次关系来看，在公益慈善领域，“义”可以理解为基于更高层次共同体的利益或目标所生发的行事准绳或伦理规范，而“利”本身则更多地指向自我或公益组织团体的基于保存或发展利益的行事。值得注意的是，“义利”视角更强调不同层次之间利益、规范与价值观之间的协调，即“公”与“私”两者之间的协调。可以说，“义利之辨”与康晓光一文所解读成的“利他利己之辨”并不能完全等同在一起。求“公义”本身与“利他”并不是完全对应的，有时借“大义”也会导致“灭亲”的后果，显然不能与“利他”画上等号。如果假借本土概念之形，而谈西方利己、利他之实，则一方面会出现张冠李戴、概念范畴混淆不清的情况，另一方面，则会加剧一种误导，认为国内公益慈善事业的发展全然是基于（西方意义上的）利他主义的动机而生成的，缺少本土文化的生成逻辑。

那么，借由“义利”的概念视角，我们至少可以为分析或评价以下几个层次上的公益慈善行动的动机提供一些帮助（见表3），包括个体、组织和整体慈善事业发展层面，是具备一定的经验统摄性的。

表3　从“义利”视角看不同层次公益慈善行动的动机

不同层次	公“义”	私“利”
个体行动者	公共效用及社会福利的提升，被捐赠者的福利提升等	获得安慰，提升个体荣誉，身份地位上升，社会资本积累等
组织行动者（公益慈善组织）	公共效用及社会福利的提升，被捐赠者的福利提升，公益慈善价值理念的传播等	组织的生存与发展所需的物质基础、社会声誉等资源，提升在公益慈善组织中的地位与在社会公众中的影响力等
组织行动者（市场组织）	公共效用及社会福利的提升，被捐赠者的福利提升，良好的社会环境与营商环境，践行企业社会责任等	组织的生存与发展所需的物质基础、社会声誉等资源，提升在市场中的地位与在社会公众中的口碑，获得政府的认可，提升组织合法性，最终为了扩大公司规模、攫取更多利润等

续 表

不同层次	公“义”	私“利”
公益慈善事业	作为第三次分配的重要主体，服务共同富裕下的经济社会发展，提升民众福祉，彰显社会公义等	公益慈善事业发展的规模数量、覆盖范围，在经济、社会、政治体系中所拥有的影响力水平和支配能力等

资料来源：笔者整理。

（三） 公益慈善行动中义利互动的模式

现实领域中各类公益慈善行动纷繁复杂，往往对于公益行动动机的评价存在着巨大的张力，其中充满了不同阶层价值观、不同领域利益诉求、乃至于不同意识形态取向的纷争。来自西方语境中的“利己”“利他”“互惠主义”等理论视野确实可以帮助我们解释这些纷争的人性根源，但来自本土的“义利视角”更具备文化的亲近性，借由表 2 所提的“义利”互动的模式亦可对这些现实纷争给出解释。

首先，在公益慈善行动中，一种最不愿意看到的局面就是“弃利舍义”。这种类型既不能彰显公益慈善理念、很难真正长久提升公众和他者的福利，也对公益慈善组织自身生存与发展所需构成威胁。比较典型的是公益慈善领域中的恶性事件，如“郭美美事件”，或因组织运作不透明，监管不到位所致“天价帐篷”“万元餐费”等现象，既影响公益慈善组织公信力，亦影响后续自身资金、资源造血能力。还有一种隐秘的情况是，因权力关系或舆论压力所形成的“捐款摊派”“强制企业认捐”“明星逼捐”等现象，这种情况虽可以一时为公益慈善组织筹措资金，但问题在于扭曲行动者对于“义利”的考量，难以进入长久正向循环状态，对于公益慈善事业的良性发展并无裨益。

其次，另一种不太愿意看到，但在现实领域时有发生的局面就是“因利弃义”。这种类型矮化公益慈善事业价值、异化公益慈善行动的情况比较普遍，也是康晓光一文中极力不愿看到的情况。最为典型的是“慈善诈捐”，以大额的慈善捐赠作为彰显企业社会责任的表现，在宣传时大张旗鼓，赢得了企业发展空间和个人声誉，但实际兑付时“口惠而实不至”，更改兑付形式、延长兑付时间、减少兑付金额在这种情形中较为常见。另外，在公益慈善界，也存在“假慈善”现象，假借公益慈善之名，创建公益慈善组织，行商业盈利之实或作权力关系通道，更有甚者，利用公益慈善的幌子，从事传销或诈骗老人钱财的违法活动。

再次，还有一种不得不面对的、现实领域较为常见的类型，就是“因义弃利”。在这种情形中，确实看到了公益慈善组织在改善社会整体福利、净化民众思想观念等方面的积极作用，但与此同时，有过于理想化之嫌，存在强调甚至夸大公益慈善组织在现今社会格局中所能发挥的作用。仅看到公益慈善组织的“道德光环”，为了维护这样的神圣价值，认为任何有违这样价值的其他动机都需要质疑和否定。最为典型的就是对于利用商业思维来运作公益慈善事业的极力拒斥，认为这种方式会导致公益慈善事业的走样变形，表现为“零管理费”慈善基金会等，甚至通过价值观濡染的方式，在无法保障从业者的福利、待遇以及未来职业发展的前提下，让从业者“用爱发电”，这其实忽视了从业者或公益慈善事业自身生存与发展中“利”的问题。另外，现实领域还流行一种公益慈善动机的“审判”，尤其在国家出现较大自然灾害时，一些商业精英、娱乐明星不仅身处一些舆论“逼捐”的处境，即使在捐出较大数额之后，仍旧面临着动机拷问，认为其中包含了“自利”的成分，如被质疑“捐款作秀”“捐款搞营销”等。“因义弃利”的模式在现实领域有其合理性，但仍然是一种较低层次的均衡状态，与现代化的公益慈善事业相比还有很大差距。

最后，以上三种所讨论的模式，在行动动机层面都没有处理好“义”“利”两者的关系，处于一种相争或分离的状态。当然，为了讨论的便利，进行这样的理想类型划分，可以帮助我们快速厘清现象，界定事实，但如果研究者仅仅拘泥于这些概念的组合，强调在公益慈善行动中“义”和“利”何者更重要、何者更关键，一方面容易陷入自我建构“义利相争”的怪圈，另一方面也会忽视更多经验现实中的可能性。

（四） 从“义利相争”走向“义利相融”

真实世界中的公益慈善行动，存在着复杂交织的立体情境，笔者认为“义利”视角不仅能统摄本土公益慈善事业发展的历史和经验现实，而且需要从

“义利相争论”中走出来。在某种程度上，“义利相融”应成为公益慈善事业发展所要倡导的价值取向。

其一，“义”“利”二者本身在概念根源上就是相互融合、难以割裂的。儒家所创建的这样的“义利”思想体系，并没有否定物质利益作为人们生活基础这一前提。在这样的基本前提下，指出获得私利必须要有公共的行为准则，这种基本准则就是见利思义、先义后利、以义导利，其落脚点则是计利富民，这就是中国传统义利文化的基本精神（曹德本　等，2005）。这一点在宋代的“一时儒宗”李觏那里体现得非常明显，他提出了“人非利不生”的思想，即人没有利是不能生存的，是可以言利的，欲是人的情感欲望要求，也可以讲欲，但讲利欲不讲礼义，是贪淫；如果只讲礼义、不讲利欲，是剥夺人的生存条件，违反人的本性，他主张义与利应是统一的，既讲义又讲利。同样地，伴随现代化快速变迁，市场化原则渗透到中国社会的方方面面，即使是在从事一项公益慈善这样具有较高价值归属“义”的工作，也需要考量不论是捐赠者、从业者，还是市场组织、公益慈善组织自身的“利”的部分，即需保障其自身的生存与发展。

其二，“义”“利”二者相融相生的价值取向，在中国公益慈善发展史中亦有典型案例参考，如近代创建了大生企业的“状元实业家”张謇。首先，从初衷上，“大生”之名取自《周易》，“天地之大德曰生”，一开始便对大生寄予了泽济一方的宏大志愿。在他看来，大生纱厂的获利与南通慈善公益之事是相融相生的，这在其创办理念中体现得非常明显，南通为“产棉最优、销纱最多之区，亦即收棉较廉、售纱较胜之区”，纱厂获利，“实为地利”，但是如果“享地方之厚利，必应报地方以优待”，如此，方能有利于大生纱厂的长远发展，也有利于地方的改善。其次，以大生一厂的利润分配来看，建厂之初即规定：每年利润除酌提保险金、公积金外，分 13 股，10 股归股东，3 股作董事和职员花红。在 3 股花红中，2 股归绅董，1 股归职员。绅董所得部分又再分作 10 成，取一成至一成半作善举之款（周秋光　等，2016）。最后，在这样的义利相融相生的经营理念下，张謇及其家族为南通创建了 370 所学校，修建了 250 千米马路，捐赠了 300 余万元个人善款，建成近代中国第一家地方图书馆、第一家地方师范学校等，可以说是中国慈善史上“义利相融”的典范。

其三，“义”“利”两者相融相生的价值取向，在当下的公益慈善发展中仍有引领作用。在宏观的公益组织和市场组织的互动过程中，一方面，需要通过市场组织的方式去发展公益慈善事业，这是因为公益慈善本身涉及“爱心资源”的配置，比起计划配置的方式，市场组织的运作方式、管理模式更为集约高效，有助于形成规模化效应，降低“爱心资源”匹配中的失误和成本。公益市场化不是一个可以取舍的选择，而是一个不能回避的事实，现代慈善事业本身就是一个市场，组织化、专业化本身就是传统慈善走下道德圣坛主动拥抱市场的结果（杨方方，2019），但公益慈善组织因其自身关乎公共的责任与道德等特点，仍需坚持其“义”的底线，这就涉及需要通过“利”的方式实现“义”最大化的问题。另一方面，从市场组织来看，通过更加开放、公平的市场竞争，为消费者提供满足其需求的优质商品或服务，本身就实现了一种“主观为自己、客观为他人”的“义利”融合实践，当然在共同富裕的背景下，市场组织更需要结合自身的能力，重视企业社会责任的践行，如国内著名的企业家曹德旺先生，就提出“义利兼济，是商道也是信仰”的表述，通过企业创造财富的同时，也为社会创造了众多就业岗位，尤其曹德旺先生持续不断地在教育、扶贫、医疗等领域捐赠善款，推动了当代公益慈善事业不断发展、进步。

五、公益慈善“义利之辨”对乡村文化振兴的启示

传统中国乡土社会中所生发的“义”“利”文化，作为优秀的传统文化延续至今，对于经验现实中伦理道德事件的判断仍然具有指导意义。与此同时，“义”“利”在不同的社会情景中，有着不同的互动模式，前文着重借助公益慈善行动动机的案例来介绍“义”“利”互动的多重指向，并且提倡一种发展公益慈善事业的价值导向，从“义利相争”到“义利相融”，这样的结论或者这样的价值倡导，在乡风文明建设的过程中同样适用。目前乡村文化振兴也面临着多重情景价值观层面的“义利之辨”，而鼓励“义利相融”在某种程度上可以整合乡村道德建设中价值观层面的冲突，作为一条探索的路径，促进乡村文化振兴建设。

（一） 乡风俗约与物欲主义的“义利之辨”

改革开放以来，中国农村的生产生活方式发生了亘古未有的大变革，农村日常生活中的行动逻辑和价值观也发生了很大的变化，原先本土的乡风民俗依旧在发挥着作用，但作用在不断衰弱，而物欲主义的价值观影响力越来越大。这是因为：一方面，随着市场经济的强势来袭，各式各样、琳琅满目的商品进入农村市场，农民在满足生产生活用品方面有了更为自由的选择，物质生活得到了极大丰富；另一方面，随着生产经营的自主性提高、城乡之间流动性的增强，依靠自身的自由劳动逐渐富裕起来的农民在购买力方面也急速提高，乡城迁移的经历也使得众多农民体验到了来自城市中商品经济、市场经济的文化。

多种机制相互激发，提升了农民生产和消费的积极性，可以满足对于物质消费的需求，一种希望通过勤劳生产、快速致富的观念在乡村中开始流行。20世纪90年代，伴随着市场经济体制获得合法性，拜金主义、物欲主义、消费主义对农村社会的冲击开始出现，农民日常行动中原先按照乡风民俗，即“义”的部分逐渐被“利”或“欲”所取代，进而有滑向物欲主义的趋势。

在这样的行动逻辑转向的过程中，原先由乡土社会自发形成的乡风民俗遭到了破坏，乡村文明也有所受损。到了这一时期，农民的有关“利”的观念则发生了根本的改变，甚至有时会将“私利”的追求至于“公义”之上。财富上的追求、物质上的攀比，成为农民提升自身在乡村共同体中地位和威望的主要途径。这与前文所提到的“求利舍义”的模式是相对应的，在乡村中，一种越有物质财富越多越能体现自己价值的新型的价值观，替代了原先基于乡村共同体的道德威望的价值体系，导致了不同世代出生的村民价值观与日常行动冲突。

这样的转变会带来一系列的负面后果，不利于乡村文明的存续。事实上，农民“义利”观念的转变最直接的结果，就是对其感性欲望的放纵，从而使一部分人在追求感性欲望的满足时摆脱了理性道德原则的规约，过于强调人的感性需要和欲望的满足。市场经济在激起农民追求功利动机的同时，如果符合一定规范的前提下，这样的追求是无可厚非的，但盲目追求而无视“公义”，会导致自我私欲的恶性膨胀。于是，部分农民急功近利、见利忘义，社会责任感缺乏、社会诚信缺失、道德失范增加，甚至为了一点蝇头小利，不惜牺牲自己的人格和他人的幸福乃至生命(李卫朝，2016)。

（二） 共同体精神与个体主义的“义利之辨”

在社会变迁的过程中，人们的生产、生活与组织方式已经发生了根本性的变化，要恢复到传统社会的社区生活已无可能，因而传统社会的“社区精神已死”之说绝非空穴来风(陈友华　等，2016)，这一点在乡村中表现得更为明显，也提示我们思考目前乡村共同体的衰落在某种程度上源自于“共同体精神”的衰落，其中也存在着公共之“义”与个体之“利”的价值观之辨。

伴随着现代化的进程，一种个体化的趋势也在乡村中流行，具体机制有以下几个方面。第一，独立自主意识的觉醒。商品经济的发展和现代科技传媒的出现，使得西方的个体主义文化在本土社会风行，在乡村的环境中也不例外。传统的村民，尤其是从“80后”一代开始，逐渐开始转向现代公民，更加注重自己的权利，追求独立、自由、平等、公正等价值诉求。第二，以往的乡村权威的失落。有研究表明，乡村共同体的衰落与乡村中的基层精英网络的衰落息息相关(卢云峰　等，2022)。以往源自集体主义制度下的政治精英、传统文化中的长辈，在城市化，农村人口外流的大背景下，都面临着权威的弱化。第三，社会保障、福利制度的完善。以往来自失业、医疗、教育、养老等责任或风险，会有源自家庭、宗族、亲缘等共同来承担，伴随社会保障制度(养老、医保)的不断完善，这些责任转移到由国家或个体来独自承担，也更加强化了乡村居民个体化的价值观导向。

在这样的个体主义文化主导下，个体的效用得失优先性将会排在乡村共同体价值之上。譬如，遇到一些有关乡村共同体未来发展重大事件时，会选择一种“事不关己、高高挂起”的动机和态度，而在此之前，乡村一直是自然共同体之上的政治共同体、利益共同体的组合，人们长期休戚与共、同甘共苦。如果要开展乡村振兴、重建乡村共同体，一条绕不开的路径就是要处理好“共同体精神”和“个体主义”之间的“义利之辨”的问题。此时，借由前文分析的公益慈善组织发展中所得出从“义利之争”转向“义利相融”的结论，仍旧是值得尝试倡导的价值观方向。

六、公益慈善组织实现乡村文化振兴的实现路径

前文借由公益慈善发展中的“义利之辨”，挖掘这一传统乡土社会所生发概念更多的内部意涵，也得出一种从“义利相争”转向“义利相融”的价值倡导，那么如何将公益慈善组织自身发展所得出的结论，应用于乡村的文化振兴之中呢？当然，前文已经提到目前乡村共同体在许多层面也面临着同样的“义利之辨”的处境，这在目标倡导上有着亲近性，在可能实现的路径上，可以从以下几个方面展开探索：

其一，公益慈善组织嵌入乡村开展项目，彰显公益慈善文化。乡村公益慈善活动，如助贫、助学、助老等，本身就传递着公益慈善文化中的“公义”“大义”的主张，在开展的过程中，可以潜移默化地濡染乡村文化，是对原本就留存于乡土社会中“义利”文化的再彰；配合公益慈善行动，也可以从多渠道宣传公益慈善文化，通过关系嵌入的方式，寻找熟悉农民心理、熟悉当地方言和文化的中间人（最好是当地有威望的村民），在培训一定公益慈善知识的基础上，能够以当地农民接受的方式展开公益慈善文化的宣传和推广；也可以挖掘村庄当地的公益慈善历史、典型的“好人好事”案例、民间助人的乡俗传统，借助公共活动、宣传的方式，弘扬本土的公益慈善文化。当然，这些方式的探索都是建立在公益慈善组织有着其自身科学的组织理念、专业的工作方法的基础上，通过在一定程度上，影响和改造村民的认知观念的基础上，实现“义利相融”价值的导入。

其二，整合公益慈善资源，通过公共空间复建带动乡村共同体精神复兴。敦和基金会孙春苗在第三届世界公益学论坛中形象地谈到了每个村村头的大树现象，这个现象影射了一个有关公共空间的问题。当村民的生活遭遇瓶颈、心情低落时便很容易抑郁，这时候他需要一个可供放松的活动空间，村头的大树便是这样一个载体，他可以向大树吐槽心事，缓解内心的焦虑。由此可见，公共空间的营造对于村民而言，是非常重要的，不仅仅是倾诉心事的空间，也是村子传统文化的代表。公益慈善组织作为专业资源的整合者和输送者，在

乡村文化振兴中一个切入口，是对具体乡村的祠堂、文化礼堂、文化活动中心等公共空间，在资源能力范围内，做一定的再造或复建，吸引村民前往交流、议事，营造一个公共交流的空间，对于恢复乡村共同体精神，克服个体主义的文化有一定的裨益。例如浙江省就以“文化礼堂、精神家园”为主题在全省推广融合礼堂、讲堂、文体活动场所等多样功能的“文化礼堂”建设，为村民提供综合性的文化、礼仪、学教和娱乐服务。公益慈善组织亦可以加入类似的公共空间的营造之中，将共同体之“义”与个体所关心的“利”有效地整合在一起。

其三，利用公益慈善活动组织的优势，赋能乡村集体仪式性活动的开展与回归。在传统的乡村社会中，一系列具有仪式性的活动，如宗族活动、节庆活动、红白喜事、祭祖拜神等的公共活动是链接村民感情、构建互惠关系的仪式性纽带。

这些活动也作为共同体精神或“公义”的载体，促使村民有着集体生活的归属感，使得村民意识到除了个人的“私利”，自己也生活在“社会之中”，需要关心他人，关心村落里的其他家庭。这无疑可以作为公益慈善组织切入乡村文化振兴的一个突破点，而且公益慈善组织自身对于活动的组织与开展有着天然的专业性，可以赋能原有的乡村团体组织更好地开展类似活动。例如，浙江诸暨市还联合多个村镇资源，通过举办乡村油菜花节、樱桃节、香榧节、休闲文化节等各类特色节会，打造常态化、地域性特色文化，同时结合一系列传统民俗节日，开展如春节送春联送祝福、元宵节民间艺术踩街、端午赛龙舟包粽子、重阳节敬老等活动，传承传统文化，留住民俗乡愁(卢云峰　等，2022)。

七、结论

在乡村振兴的大背景下，公益慈善组织被赋予了新的使命，其中一项关键内容就是培育文明乡风，在乡村文化振兴方面做出贡献。本文认为一个值得探索的公益慈善组织参与乡村文化振兴的路径是，先挖掘既往乡土社会中的优秀文化，再通过公益慈善组织介入，以各类形式开展探索性的保护、重振和再造。“义利”文化则恰好有这样双重属性，一方面，“义利”文化源于传统的乡土社会，另一方面，公益慈善组织最近几年亦经历了自身发展中的“义利之辨”。

可以发现,2017年的“两光之争”以及后续的学术讨论,为这样的“义利之辨”提供了宝贵的思想资料,但其中仍旧有未厘清之处,或陷入利己主义、利他主义的西方理论视角窠臼,或陷入公益与市场运作逻辑及方向的分异(向左还是向右之争)。本文即是在此基础上,通过梳理来自本土的“义利”视角来看公益慈善事业的行动,认为“义利”视角有天然的文化亲近性,可以对不同层次、不同主体的公益慈善事业行动动机给予概括。从长远的发展角度看,公益慈善事业亦需从一种“义利相争”的低均衡状态中脱离出来,以“义利相融”的价值取向推动公益慈善事业的发展。

这样的“义利相融”的结论或价值取向,同样可以应用于乡村文化振兴之中,因为现今的乡村同样面临着旧有的乡风俗约与物欲主义的“义利之辨”、共同体精神与个体主义的“义利之辨”。可以说,需要开展乡村文化振兴,依旧要处理好乡村文化中的“义利问题”。当然,在现实的路径开展中,公益慈善组织可以通过嵌入乡村开展项目,彰显公益慈善文化,整合公益慈善资源,通过公共空间复建带动乡村共同体精神复兴,利用公益慈善活动组织的优势,赋能乡村集体仪式性活动的开展与回归等多重途径尝试复归乡村的“义利文化”,助力乡村文化振兴。

参考文献

毕素华,1996.义、利与爱:企业家慈善行为的伦理考察[J].南京社会科学(10):35-39.

曹德本,方妍,2005.中国传统义利文化研究[J].清华大学学报(哲学社会科学版)(01):14-19.

陈友华,佴莉,2016.社区共同体困境与社区精神重塑[J].吉林大学社会科学学报,56(04):54-63+189.

龚志伟,2020.乡村振兴视阈下社会组织参与公共服务研究[J].广西社会科学(04):79-83.

何道峰,2017.商业之道 公益之德——求教于“二光”之争[J].中国慈善家(10):72-75.

霍布斯,1985.利维坦[M].北京:商务印书馆.

康晓光，2018.义利之辨：基于人性的关于公益与商业关系的理论思考[J].公共管理与政策评论，7(03)：17-35.

李卫朝，2016.农民道德启蒙与乡村治理——以义利观、理欲观变革为中心的考察[J].华东师范大学学报(哲学社会科学版)，48(01)：13-18+169.

卢云峰，陈红宇，2022.乡村文化振兴与共同体重建：基于浙江省诸暨市的案例分析[J].清华大学学报(哲学社会科学版)，37(03)：205-214+220.

石国亮，2015.倡导和培育内在驱动的利他导向的慈善动机——兼论"慈善不问动机"的片面性[J].理论与改革(02)：168-171.

斯塔克，2005.基督教的兴起[M].上海：上海古籍出版社.

吴强，2018."两光之争"的背后：公益事业、资本主义和意识形态[J].文化纵横(01)：35-43.

休谟，2001.道德原则研究[M].北京：商务印书馆.

徐顽强，于周旭，徐新盛，2019.社会组织参与乡村文化振兴：价值、困境及对策[J].行政管理改革(01)：51-57.

杨方方，2019.慈善力量传递中的义和利：相融与相生[J].社会保障评论，3(04)：101-117.

杨团，朱健刚，2022.慈善蓝皮书：中国慈善发展报告(2022)[M].北京：社会科学文献出版社.

姚遥，2018.公益本来就是左的——"社会企业"的渊源与未来[J].文化纵横(01)：29-34.

尹瑶，2022.乡村振兴背景下社会组织参与社会建设的路径研究——以川南云村的实践为例[J].农林经济管理学报，21(05)：593-601.

于健慧，2020.社会组织参与乡村治理：功能、挑战、路径[J].上海师范大学学报(哲学社会科学版)，49(06)：18-24.

曾誉铭，2017.义利之辨[M].上海：上海辞书出版社.

张玲，2018."两光之争"大讨论——公益与商业如何健康互动？[J].中国慈善家(11)：28-31+6.

张汝伦，2010.义利之辨的若干问题[J].复旦学报(社会科学版)(03)：20-36.

郑杭生，龚长宇，2001.义利互动模式与社会良性运行——对义利关系的一种理论和实证的社会学分析[J].学术界(04)：54-62.

周秋光，李华文，2016.达则兼济天下：试论张謇慈善公益事业[J].史学月刊(11)：

79 - 88.

朱承,2019.义利之辨与儒家公共性思想的展开[J].哲学动态(05):44 - 51.

ANDREONI J, 1990. Impure altruism and donations to public goods: A theory of warm-glow giving[J]. The economic journal, 100(401): 464 - 477.

DAHL D W, HONEA H, MANCHANDA R V, 2003. The nature of self-reported guilt in consumption contexts[J]. Marketing letters, 14: 159 - 171.

ECHAZU L, NOCETTI D, 2015. Charitable giving: Altruism has no limits[J]. Journal of public economics, 125: 46 - 53.

FEHR E, BERNHARD H, ROCKENBACH B, 2008. Egalitarianism in young children[J]. Nature, 454(7208): 1079 - 1083.

HARBAUGH W T, 1998. What do donations buy?: A model of philanthropy based on prestige and warm glow[J]. Journal of public economics, 67(2): 269 - 284.

HOCHMAN H M, RODGERS J D, 1969. Pareto optimal redistribution[J]. The American economic review, 59(4): 542 - 557.

MASTROMATTEO G, RUSSO F F, 2017. Inequality and charity[J]. World development, 96: 136 - 144.

NUNES P A L D, SCHOKKAERT E, 2003. Identifying the warm glow effect in contingent valuation[J]. Journal of environmental economics and management, 45(2): 231 - 245.

VESTERLUND L, 2006. Why do people give? [J]. The nonprofit sector: A research handbook, 2: 568 - 587.

第二部分

实践篇

推动城市资源要素下乡促进城乡均衡发展的思路与对策[①]

徐志明[②] 张立冬[③] 顾纯磊[④]

（江苏省社会科学院农村发展研究所）

摘　要：作为东部沿海发达地区，江苏城乡发展差距相对较小，但城乡发展失衡的现象依然存在，主要表现为乡村产业发展内生动力与创新活力不足、乡村基础设施发展分化且有效管护缺失、乡村优质公共服务匮乏且利用效率不高、城乡居民收入比与国际合理水平尚有差距。其主要原因是城市资源要素下乡仍面临诸多障碍，包括农村资源的市场化程度不足，政府对城市资源要素下乡扶持不足。应加快农村资源市场化改革步伐，加大城市资源要素下乡的政策扶持力度，激发农业农村发展内在活力，包括推动产业下乡，加快农村一二三产业融合发展；推动要素下乡，激发农村要素、主体、市场活力；推动服务下乡，实现城乡公共服务均衡发展；完善政策体系，强化城市资源要素下乡土地资金保障。

关键词：资源要素下乡；城乡均衡发展；体制机制创新

作为东部沿海发达地区，江苏城乡发展差距相对较小，但城乡发展失衡的现象依然存在。深入实施乡村振兴战略，加快农业农村现代化步伐，是促进城乡均衡发展的途径。乡村振兴的动力既来自农村内部，也来自农村外部。促

---

① 本文为江苏省社会科学院2021年重点课题成果，已经收录在中国社会科学院农村发展研究所编的《新型城镇化与乡村振兴》一书。

② 徐志明，江苏省社会科学院农村发展研究所所长、研究员。

③ 张立冬，江苏省社会科学院财贸研究所所长、研究员。

④ 顾纯磊，江苏省社会科学院农村发展研究所助理研究员。

进城市产业、要素、服务等资源要素下乡，以外部资源的输入激发农村发展内在活力，是深入实施乡村振兴战略促进城乡均衡发展的关键。

一、江苏城乡发展失衡的表现

城乡均衡发展是指在城乡生产要素合理配置和有效利用的前提下，城乡联系日趋紧密、发展相互促进，差距不断缩小，最终实现城乡产业、基础设施、公共服务以及民生保障等同步协调发展以及各类生产要素获得合理报酬的最佳状态。党的十九大以来，江苏着力构建城乡发展新格局，在取得一定成效的同时，在城乡产业发展、基础设施、公共服务、居民收入等方面依然存在比较明显的失衡。

1. 乡村产业发展内生动力与创新活力不足

在乡村振兴战略的指导和引导下，江苏省积极推动乡村产业发展，但是目前江苏乡村产业发展的现状与产业兴旺的目标相比尚有较大差距，乡村产业发展的内生动力与创新活力依然不足。大部分本应布局乡村的涉农企业扎堆挤在城市，分布在农村的农产品加工企业数量不足且规模偏小，乡村服务业特别是生产性服务业发展严重不足。

一是农业接二连三的水平不高。2020 年江苏省农产品加工产值与农业总产值之比为 3.2∶1，但农产品绝大部分仍处于初加工阶段，精深加工不足，尚未实现从一产向二产的深度转化。农业的多功能性发挥不充分，休闲农业、观光农业、生态农业发展仍以“盆景”点状模式为主，尚未成为江苏省农业发展的常态。

二是乡村产业组织化程度较低。江苏省家庭农场等新型农业经营主体发展较快，但起步较晚，生产经营的组织化程度还不够，造成家庭农场等新型农业经营主体适应市场竞争的能力还不强。为了提高乡村产业发展的组织化程度，把农民尽可能地组织起来，共扛市场风险，提高市场竞争能力，江苏省积极推进各类农村合作社和综合社的发展，但受乡村各类人才匮乏的制约，合作社以及综合社发展水平还较低，如徐州沛县，2019 年在工商注册登记的农民合作社共有 2207 家，其中国家级示范社和省级示范社占比仅为 0.3%和 0.7%。

三是乡村产业品牌有而不响。江苏省农林牧渔业品种资源丰富，具有进行农产品品牌建设和农产品精深加工的优良基础，但是目前全省乃至全国知名的农产品品牌以及农产品加工企业还不多。

四是城乡产业质量效益差距悬殊。2020 年，江苏省全员劳动生产率为 21.6 万元/人，而农业劳动生产率只有 7.4 万元/人，全员劳动生产率是农业劳动生产率的 2.92 倍，农业的劳动生产效率以及由此决定的效益与全省平均劳动生产率水平差距悬殊，乡村二三产业对乡村整体劳动生产率的拉升作用有限，江苏城乡产业发展的质量和效益存在巨大鸿沟。绿色优质农产品比重只有 60%，农业经营主体发展水平还比较低。

2. 乡村基础设施有而不优且有效管护缺失

基础设施是一个地区经济社会发展和民生保障的重要支撑，江苏省积极顺应供给侧结构性改革、农业农村优先发展要求，大力补齐乡村基础设施短板，乡村基础设施建设取得显著成效，但依然存在乡村基础设施质量不高且有效管护缺失等突出问题。

一是乡村基础设施有而不优。通过大力实施乡村基础设施“补短板”工程，江苏省乡村基础设施获得较快发展，2020 年乡村通行政村双车道四级公路覆盖率基本达到 100%，农村生活污水处理率达到 74.6%，苏南、苏中、苏北县乡公交直通建设水平分别达到 90%、85%和 80%。但乡村基础设施的质量不高，乡村大部分基础设施建设质量标准低于城镇，如公路等级、网络带宽、污水处理效能等与城镇基础设施质量差距明显。乡村基础设施在建设过程中主要还是为了缓解乡村基础设施短缺和空白的问题，对质量等级要求不高，只是解决了乡村基础设施“无”的问题，尚没有解决乡村基础设施“好”的问题。

二是建设资金缺口巨大。虽然国家和省级财政对于乡村基础设施建设均有不同程度的财政补贴支持，但是国家和省级的财政补贴支持与实际建设所需资金缺口较大，对地方财政构成巨大压力，特别是对于经济发展相对落后的苏北地区，地方政府往往无法及时拿出充足的基础设施建设配套资金，这同时影响了乡村基础设施的建设进度和质量。如高标准农田建设资金缺口大，国家立项的高标准农田补贴标准为 1750 元/亩，但要完全达到高标准要求，一般需要至少投资 4500 元以上，高标准池塘改造则需要 1.2 万～1.5 万元。

三是乡村基础设施管护机制尚不健全。乡村基础设施管护缺乏专门机构和专业人员，乡村基础设施管护资金的承担主体不明，对经济薄弱的乡镇来说基础设施使用和管护的资金缺口较大，建而不管的情况还比较严重，导致乡村基础设施损耗折旧较大，制约了乡村产业发展的动力和潜力。

3. 乡村优质公共服务匮乏且利用效率不高

在省委省政府的不断推进下，近年来江苏的基本公共服务和社会保障体系逐步完善。2020 年农村基本公共服务均等化程度已经达到 95%，但是依然存在乡村优质公共服务匮乏且利用效率不高等突出问题。

一是乡村优质基本公共服务匮乏。江苏省积极推动城乡基本公共服务均等化，但是优质公共服务资源紧缺和集中分布于城市的状况依然比较严重，乡村优质公共服务资源匮乏，表现为乡村优质教育和医疗资源匮乏。2020 年农村义务教育学校专任教师本科以上学历比例只有 80%，而城市这一比例已经接近 100%；2019 年乡村医生中执业（助理）医师比例仅为 47%。而且乡村教师和乡村医生老龄化严重，知识老化，如南通市乡村医生 60 岁以上占 41%，部分地区甚至高达 50%以上；苏北乡村教师大多在 50 岁左右，年轻医生和教师不愿下沉乡村。乡村优质教育资源的匮乏导致乡村学生极为排斥在村镇上学，而是想尽办法到县城上学，甚至已经形成了“在村镇上学就是没有前途和希望”的观念，不得已留在村镇上学的学生都是成绩相对较差或家庭条件相对较差的，进一步导致年轻教师不愿到村镇工作，并如此形成恶性循环。

二是乡村已有的基本公共服务设施利用效率不高。这种情况在苏中、苏北地区比较普遍，由于青壮年劳动力的大量外流，特别是宿迁、连云港和淮安等经济在全省相对落后的乡村，以留守儿童、留守老人和留守妇女为主，长期以来缺乏参与公共服务活动的观念和氛围，如果因此而需要一定的费用支出，村民就更不愿意参与了，2020 年农村居民教育文化及信息化消费占比仅为 9.3%。乡村基本公共活动缺乏组织，村民的参与积极性调动不起来，导致乡村已有基本公共服务设施利用效率不高，如很少有村民会去农家书屋阅读，部分行政村综合性文化服务中心无人问津，等等。

4. 城乡居民收入比与国际合理水平尚有差距

江苏省城乡居民收入比已连续10年保持稳步下降趋势，在国内省份中属于城乡居民收入差距最小的省份之一，但是与国际上公认的城乡居民收入差距的合理水平以及发达国家城乡居民收入差距的现实相比还有较大差距。

一是江苏省城乡居民收入差距国内较低，但在国际上仍然较高。江苏省2020年的城乡居民人均收入比大幅下降到2.19∶1，而浙江、广东、福建省为1.96∶1、2.50∶1、2.26∶1，在以上四个东部沿海发达省份中，浙江省城乡居民收入比差距最小，江苏省次之，广东省最大。虽然江苏省的城乡居民收入差距与国内其他沿海发达省份相比较小，但与国际合理水平1～1.5尚有不小差距。另外，江苏省城乡居民收入差距的绝对值依然在扩大，2020年城乡居民人均收入差距的绝对值比2019年进一步扩大532元，扭转城乡居民收入差距的压力依然较大；如果进一步考虑到城乡居民社会保障水平的差距，城乡居民收入差距会更大。

表1　东部沿海部分省份城乡收入差距情况　　单位：元

省份	城镇	农村	城乡收入比	城乡收入差绝对值
江苏	53102	24198	2.19∶1	28904
浙江	62699	31930	1.96∶1	30769
广东	50257	20143	2.50∶1	30114
福建	47160	20880	2.26∶1	26280

二是城乡居民收入差距区域分化特征明显。江苏省长期以来形成的区域发展差距一直未能得到很好解决，也造成了江苏省内苏南、苏中、苏北三个区域城乡居民收入的显著差异，城乡居民收入差距区域分化特征明显。2020年，13个设区市中城乡收入比最大的为南京2.28，最小的为宿迁1.64，说明不同设区市之间城乡收入差距很明显。另外，苏南地区除南京的城乡收入比较高外，其他四市城乡居民收入比在1.81～1.92之间，苏中三市城乡居民收入比在1.90～2.01之间，苏北五市城乡居民收入比在1.64～2.04之间，除苏北五市城乡居民收入差距呈现出比较分散的特征外，苏南和苏中的城乡收入

比都呈现出比较集中的趋势，显示出江苏省城乡居民收入差距区域分化的特征。

表 2　2020 年江苏 13 个设区市城乡居民人均收入情况　　单位：元

城市	城镇	农村	城乡居民收入比	城乡收入差距绝对值
南京	67553	29621	2.28	37932
苏州	70966	37563	1.89	33403
无锡	64714	35750	1.81	28964
常州	60529	32364	1.87	28165
镇江	54572	28402	1.92	26170
南通	52484	26141	2.01	26343
扬州	47202	24813	1.90	22389
泰州	49103	24615	1.99	24488
徐州	37523	21229	1.77	16294
盐城	40403	23670	1.71	16733
淮安	40318	19730	2.04	20588
宿迁	32015	19466	1.64	12549
连云港	36722	19237	1.91	17485

三是城乡居民收入差距过大制约了乡村消费的提振。城乡居民收入差距过大进而也造成了城乡居民消费的巨大差距，2020 年江苏省城乡居民人均消费支出分别为 30882 元和 17022 元，城镇居民人均消费是农村居民人均消费的 1.8 倍，而且城乡居民消费分别下降了 1.4%和 3.9%，这对于通过提振消费特别是农村居民消费进而打通城乡经济循环和实现城乡均衡发展是非常不利的。

二、城市资源要素下乡的主要障碍

由于农村资源的市场化程度不足，加上政府对城市资源要素下乡扶持不足，城市资源要素下乡仍面临诸多障碍，农村资源要素进城仍是主要现象，并成为城乡发展失衡的重要原因。

1. 政府与市场合力促进城市资源要素下乡的体制机制亟待健全

乡村振兴既要发挥政府的力量、又要发挥市场的力量。推动城市资源要素下乡,需要有为政府与有效市场的合力。当前两者在促进城市要素资源下乡的体制机制上亟待健全,具体表现为:

一是政府对城市资源要素下乡的针对性扶持偏少。目前对城市资源要素下乡的措施以宏观政策支持为主,而针对性的可操作可落地的财政税收扶持较少。省内只有少数几个地区专门出台了针对城市优质要素下乡的支持政策,比较典型的有泰州市姜堰区和徐州沛县。姜堰区先后出台《关于鼓励"要素聚乡、乡贤回乡、市民下乡"助推特色田园乡村试点村建设的意见》《关于集聚"三水田园英才"推进乡村振兴的若干政策意见》及"1+6"实施细则等政策支持文件;沛县则利用"三乡工程"农村改革试验区的契机,通过政策和资金扶持来引导和推动各类生产要素向农村集聚。

二是农村对城市优质要素的内生性吸力不强。江苏较早就开始推进城乡发展一体化战略,加快推进城乡规划、产业发展、基础设施、公共服务、就业社保、社会治理"六个一体化"进程,取得了丰硕成果。但是从更高的标准来看,农村对人才、资本、科技等先进要素资源的吸引力还远远不如城市,农业农村依托市场机制对城市优质要素的内生性吸力不强,反而出现农村地区的资金、人才、土地等要素被城市虹吸现象,尤其在苏北地区体现得更为明显。

三是政府和市场双向互动的机制不健全。总体而言,行政方式居多而市场化办法较少。例如,在推进人才下乡方面,当前更多采用制度性安排的方式,而通过收入待遇、上升空间、服务配套等方式来鼓励引导城市优质人才下乡的方式较少。典型的如科技人才职称互通互认存在障碍,省外部分人才职称省内不承认,导致省外人才难引进;兼职兼薪存在法律规定上的冲突,农业科技人员入乡推广技术成果的动力不足。

2. 农村资产资源市场化的巨大潜力亟待释放

农村资产资源市场化的水平直接关系到农村发展活力,是农业农村对城市资源要素吸引力的关键支撑。虽然江苏省通过农村改革极大盘活了农村资产资源,但是整体上其巨大潜力仍亟待释放。

一是集体经营性建设用地入市的集约盘活仅局限于少数地区。农村集体经营性建设用地入市既有利于通过市场化的方式合理配置城乡之间的建设用地,也有利于促进强村富民。目前,对于农村集体经营性建设用地入市,江苏省仍只有少部分承担国家和省级改革任务的地区才有权实施,省内大部分地区难以推进此项工作。此外,对于承担此项改革实验任务的地区,农村集体经营性建设用地目前也仅仅是存量成熟地块的入市,通过盘活零散地块实现集约利用的手段不多。

二是农村闲置房屋的盘活潜力尚未充分挖掘。有效盘活农村闲置房屋既有助于提高农户的财产性收入,还能充分发挥乡村的生活、生态等特有功能,并为返乡入乡人员提供创业和居住场所。除苏南部分地区外,省内其他地区在农村闲置房屋的盘活上尚处于点状分布状态,大部分地区对于农村闲置房屋盘活政策、数据库查询平台建设、多元化利用模式等尚未有系统性谋划,无法有效激发将农村闲置房屋这一"死资产"变为"活资产"的潜力。

三是涉农贷款抵押物变现存在难度。近年来,江苏省出台一系列关于金融服务乡村振兴的政策,各地积极推进农村承包土地的经营权贷款,开展农民住房财产权抵押贷款和农业生物资产抵押试点,在一定程度上缓解了融资难的问题。然而对于家庭农场、农民专业合作社等新型农业经营主体而言,依然面临着一定程度的融资难问题:一方面缘于流转土地的经营权抵押需经承包农户同意,导致承包土地经营权抵押权能受限;另一方面缘于抵押物处置机制不完善,一旦发生借款人不履行到期债务,农户承包地经营权和农民住房财产权的变现存在难度,无法有效维护农业经营主体和农户的权益。

3. 加速农村产业发展的"堵点""痛点"亟待打通

农村产业是实现城乡要素融合的关键载体,其发展水平决定着能否有效地将城市资源要素"留下来"。当前,江苏省农村产业发展以及城市资源要素与农村产业的融合仍面临诸多"堵点""痛点"。

一是农产品优质优价的机制尚未健全。城市优质要素下乡从事农产品生产的主体较多,凭借有见识、有能力、有技术、有抱负、有情怀的优势和特征,该类群体适应城乡居民消费结构升级的需要,顺应从过去的"有没有"到"好不好"的转型升级,在农产品的生产上更加突出质量与品质导向。但由于信息不对称，品牌打造的长期性，以及产品销售中缺乏中高端市场渠道的渗透能力，导致优质农产品无法实现优价，进而产生劣币驱逐良币的现象，对城市资源下乡产生负面影响。

二是农村产业建设用地难以有效保障。各地普遍存在建设用地非农偏好，“重城镇、轻农村；重工业、轻农业”现象屡见不鲜。对于无法进入开发园区、农业产业园等创业投资强度相对较低，创造的财政收入、财税收入比较少的项目，建设用地审批难度大。对于新型农业经营主体的农业生产设施用地，以及农村一二三产业融合发展项目的产业链环节涉及的冷链服务、初加工、仓储打包、物流配送、产品展示、网店运营等公共配套设施所需的建设用地指标更是难以有效保障。农村新产业新业态用地监管过于复杂，不同性质土地的审批程序、用途管制要求不一样，这成为制约农村产业发展的主要因素。

三是基层对返乡入乡创业的服务能力偏弱。为了大力推进返乡入乡创业，省内很多地区将创业公共服务机构延伸到乡镇乃至村（社区）一级，如创建创业型村（社区）等。基于某县对乡镇一级创业服务机构（村一级创业服务机构）抽样调查，发现48.2％的服务人员对如何促进创业缺乏业务认知，32.4％的人员对县级创业扶持政策含糊不清，19.4％的人员根本找不到促进创业的发力点。可见，在建立机构和配备人员之外，更重要的是要进一步夯实为返乡入乡创业的服务能力。

4. 乡村宜居宜业的环境氛围亟待提升

江苏省城乡一体化发展基础较好，但是与吸引城市优质资源要素下乡的客观需求来看，当前农村“硬件”和“软件”环境氛围均有待提升，尤其是苏中和苏北地区。

一是宜居乡村占比有待提高。当前乡村宜居程度与城市优质要素对良好产业生态和高品质生活服务的需求还不匹配。虽然江苏省农村建设取得了显著成果，但是当前美丽宜居乡村建成率为20％，与城市优质资源要素下乡对良好产业生态和高品质生活服务的需求还不匹配。一方面农村基础设施建设标准不高，村内道路设施落后，生活配套设施不足，信息化水平相对落后。部分地区农村人居环境依然薄弱，如村庄生活污水处理相对滞后等等。另一方面农村公共服务水平亟待提升，义务教育优质均衡比例不高、卫生室“缺医少药”

问题突出。各种文化设施相对落后，休闲、娱乐等满足不了人才需求。

二是农村尚未形成良好的营商环境氛围。首先，农村法治氛围有待提升。农村各经营主体法律地位并不相对应，造成城乡资本合资办实体、共建共享等过程中，面临较大法律风险。农村执法队伍建设相对滞后，农村市场假冒伪劣违法现象依然存在，对农村合法经营者权益和维护农产品正常流通的保护需要加强。其次，农村政务服务环境与城市差距较大。城乡要素流动的隐性壁垒和制度门槛较多，部分地区通过准入制度、备案管理、强制工商企业二次分红等办法，对工商资本下乡设置过多、过高门槛，影响企业下乡积极性。最后，诚信文明意识有待增强。农村社会信用体系建设总体滞后，工商企业与农户合作时常面临农户违约风险。此外，乡村是人情社会，办事等人情因素占有很大成分，外来人融入需要一定的时间。

三是城乡资源要素利益共享理念尚未得到充分重视。一方面，农村人才等要素与城市优质要素的融合能力较弱。仅从产业维度来看，农业从业人口老龄化现象突出，对城市优质要素带来的先进理念和技术的吸收能力偏弱。调研还发现，部分地区返乡入乡创办企业的就业人员缺乏自主学习意识，先培训后就业的意识相对淡薄。另一方面，城乡资源的利益联结机制不完善。以农村产业为例，当前城市资源与农村要素主要以松散型利益联结为主，而半紧密型、紧密型利益联结较少，尚未构建形成让创业者有信心，让投资者有利可图，让农民得到实惠，让乡村得到可持续发展的共同利益理念和机制。

三、促进城市资源要素下乡的对策建议

加快农村资源市场化改革步伐，加大城市资源要素下乡的政策扶持力度，健全以工促农、以城带乡的体制机制，激发农业农村发展内在活力，促进城乡均衡发展。

1. 推动产业下乡，加快农村一二三产业融合发展

加强城乡之间产业的合理分工，加快发展农产品加工业、乡村旅游、农村电子商务等乡村产业，推动农村一二三产业融合发展。

一是大力建设一批一二三产融合发展项目。结合资源禀赋条件、产业发

展特色，鼓励各地积极探索适合当地的农村产业融合模式。加强农业产业融合主体培育力度，重点支持新型农业经营主体发展加工流通、休闲旅游和电子商务等新产业新业态。创新利益联结形式，创新发展订单农业、股份合作等利益联结模式，让农民成为农村产业融合发展的利益共享主体，增强农村产业融合发展的后劲。

二是大力建设特色产业园区。积极借鉴工业园区经营理念，创新优化园区管理、项目招商、人才引进、市场营销等运行机制，有效提升农业园区建设管理水平。加大农业项目招商力度，支持引导工商资本按照五大园区规划布局、发展定位和项目设计，发挥其在资金、管理、市场等方面优势，积极投资建设现代农业项目，为农业现代化打造优质载体、培植创新动能。鼓励各地坚持因地制宜、整合优势资源、实现差别发展，建设一批优势独特、效益显著、行业领先的特色产业园区。

2. 推动要素下乡，激发农村要素、主体、市场活力

营造良好营商环境，推动城市资本、技术、人才等高端生产要素更多向农村流动。

一是推动资本下乡。加快完善乡村振兴投融资政策体系，为乡村构建多元化投入机制。试点农村承包土地经营权、农民住房财产权、集体经营性建设用地使用权抵押贷款。支持农村经济主体以农产品生产、加工、销售为纽带开展农业供应链融资。完善金融服务激励政策，运用奖励、贴息、补偿等多种手段，加强货币政策工具运用，引导金融机构加大涉农领域信贷投放。推动乡村发展振兴投资基金实质性运作，设立合作子基金，对重点项目进行投资。出台针对农村一二三产融合发展及休闲农业、设施农业等项目税费减免政策，鼓励引导工商资本参与乡村振兴。

二是推动人才下乡。进一步完善城乡户籍制度改革，改变城乡二元结构，为人才要素在城乡之间自由流动清除制度约束障碍。根据农业农村发展需求，支持各类经营主体有计划地引进农业高端人才。开展新型职业农民职业资格试点，培育有一技之长、带动能力强的“土专家”“田秀才”。提高乡村匠人的生存与发展条件，培育“乡村振兴技艺师”。建立稳定的人才补充渠道，解决农业技术人才老龄化问题。针对回乡创业的全日制大中专院校毕业生，试点

将其纳入职工基本养老保险体系。

3. 推动服务下乡，实现城乡公共服务均衡发展

建立农村基本公共服务多元投入机制，提高农村公共服务软、硬件水平。

一是推动教育下乡。持续提高基本公共教育服务均等化水平，提升优质资源供给，加快完善现代教育体系。全力优化基础教育供给，推动学前教育优质普惠发展，促进义务教育优质均衡发展，推进普通高中优质特色发展。完善城乡一体的义务教育发展机制，逐步弥补教育设施和师资缺口，缩小区域、城乡间教育差异。

二是推动医疗下乡。合理规划设置乡村医疗卫生机构，加快推进农村区域性医疗卫生中心、紧密型县域医共体建设，推动优质医疗卫生资源下沉，健全“15 分钟健康服务圈”。持续提升县级疾控机构应对重大疫情及突发公共卫生事件能力，做好农村疫情常态化防控工作。推进基本公共卫生服务向健康管理转型，逐步建立由家庭医生提供基本医疗、基本公共卫生服务的综合健康管理服务模式。

三是推动文化下乡。加强村庄公共文化场所建设，打造集图书阅览、影音放送、集会比赛等一体的文化新平台，满足村民健身、休闲、娱乐、公共交往等需求。丰富繁荣乡村文化产品及节庆活动，健全群众性文化活动机制，弘扬传统节日文化和民俗活动，支持乡土特色的群众文艺活动，深入实施乡村文化惠民服务项目。加大政府购买公共文化服务力度，定期组织书籍、戏曲、影视等喜闻乐见的文化形式走进乡村。

4. 完善政策体系，强化城市资源要素下乡土地资金保障

强化政策扶持，为产业、要素、服务下乡提供土地、资金保障。

一是加强土地保障。支持开展土地综合整治试点，积极探索“点状供地”政策，允许设施农用地发展休闲农业。吸引农户、社会资本、乡贤、退伍军人、专家学者、大学毕业生、农创客等多元化主体，采取自主经营、委托出租、合作开发、集体收储、入股经营、有偿退出等模式，盘活利用农村闲置宅基地和农房。

二是加强财政扶持。坚持把农业农村作为财政支出的优先保障领域，公共财政更大力度向“三农”倾斜，健全投入保障制度，拓宽资金筹措渠道，确保

投入力度不断增强、总量持续增加，确保财政投入与乡村振兴目标任务相适应。将补齐农村基础设施和公共服务短板，鼓励人才、技术和资本下乡作为财政重要投资方向。

三是加强金融扶持。发行城乡融合发展省级专项资金，用于符合条件的产业园区、特色小镇等城乡融合发展典型项目。支持和鼓励有条件的开发区、产业园区整体上市融资。健全政银企对接机制，加大对符合条件企业的中长期贷款投放规模和力度。支持开发性政策性商业性金融机构设计开发城乡融合发展类产品或业务，实施绿色信贷制度。

参考文献

孔祥智，周振，2020.我国农村要素市场化配置改革历程、基本经验与深化路径[J].改革(07):27－38.

张立冬，罗启东，杨群力，2020.推动返乡入乡创业高质量发展——基于试点县的调研报告[J].群众(4):16－18.

周振，涂圣伟，张义博，2019.工商资本参与乡村振兴的趋势、障碍与对策——基于8省14县的调研[J].宏观经济管理(3):58－65.

宗锦耀主编，2017.农村一二三产业融合发展理论与实践[M].北京:中国农业出版社.

全国休闲农业与乡村旅游品牌创建研究
——以休闲农业与乡村旅游星级企业为例①

易　能②　辛　欣　朱舒悦　罗海蓉　梅雪莹
贾俊丽　唐　玲　贾新平　苏国东③

（江苏省农业科学院休闲农业研究所；
中国旅游协会休闲农业和乡村旅游分会）

摘　要：本研究通过查阅文献和分析全国星级企业分布、各省区市不同星级企业的组成比例等数据，总结休闲农业示范企业空间分布特征，探索影响分布的因素，在此基础上，提出星级企业品牌创建和产业高质量发展的对策建议。研究发现，休闲农业产业发展与经济发展水平、自然资源禀赋以及休闲农业产业基础关联较大。目前星级企业创建还存在评价指标体系亟待更新、组织评选模式需要完善及管理退出机制需要健全等问题。因此，建议星级企业的创建工作通过创新管理方式，完善创建标准，挖掘品牌价值，引导积极参与，加强培训工作，开展动态监测等多措并举，促进休闲农业品牌建设高质量发展。

关键词：休闲农业与乡村旅游；星级企业；休闲农业品牌；分布特征

---

①　基金项目：江苏省政策引导类计划面上项目“基于绩效评价的江苏休闲农业精品化创新路径研究”（BR2018073）；江苏省农业科学院基本科研业务专项软科学项目“新冠疫情对江苏省休闲农业影响及对策研究”（ZXR（20）004）；江苏省农业科技自主创新资金项目“基于休闲与生产功能兼具的‘自产食蔬’关键技术研究”（CX（20）3187）。

②　易能，女，1984年出生，湖南邵阳人，副研究员，博士，研究方向为休闲农业与乡村旅游农业产业发展理论、品牌建设与资源价值挖掘。

③　苏国东，男，1979年出生，山西怀仁人，副研究员，硕士，主要从事休闲农业产业发展政策与理论研究。

引言

休闲农业和乡村旅游是依托农业生产设施、田园景观、农村生态、农耕与民俗文化、农家生活等资源，进行科学的创意开发和资源要素重组，为社会提供观光、休闲、度假、体验、教育、娱乐等多种服务的新型产业形态。[①②③④⑤] 近年来，全国各地以农业供给性结构性改革为主线，以农村一二三产业融合发展为路径，加强规划引导，加大投入力度，因地制宜发展各具特色的休闲农业和乡村旅游，取得了积极的成效。2018 年全国休闲农业和乡村旅游接待游客已达 30 亿人次，比 2012 年增加 22 亿人次；营业收入超过 8000 亿元，比 2012 年增加 5600 亿元。休闲农业和乡村旅游已成为城市居民休闲、旅游和旅居的重要选择，是乡村振兴的重要内容。

随着社会经济的发展和生活水平的提高，现有的休闲农业产品及其服务的品质已难以满足人民日益增长的美好生活需要，为适应当今品牌经济时代，[⑥⑦]休闲农业的竞争逐渐由经营内容的拓展演变成品牌竞争。作为一种识别标志、精神象征和价值理念，品牌更是品质优异的核心体现，是企业最重要的无形资产。1960 年美国营销学会（AMA）将品牌定义为：品牌是将企业的产品或服务与竞争者区分开来的一种名称、符号、标记或设计，或者他们的综合体系。[⑧] 品牌建设研究在商业领域已经趋于完善，休闲农业不同于其他行业，

---

① 郭焕成：《我国休闲农业发展的意义、态势与前景》，《中国农业资源与区划》2010 年第 1 期。

② Edward Inskeep, "Tourism Planning: An Integrated and Sustainable Development Approach," *Management Science Letters* 4, no.3(2014): 2495 - 2502.

③ Bill Bramwell, "Rural Tourism and Sustainable Rural Development," *Journal of Sustainable Tourism* 2, no.1/2(1994): 1 - 6.

④ 孙明泉：《乡村体验与环都市乡村休闲》，经济科学出版社，2008。

⑤ 范水生、朱朝枝：《休闲农业的概念与内涵原探》，《东南学术》2011 年第 2 期。

⑥ Frank Huber, Frederik Meyer, Johannes Vogel, Andrea Weihrauch, and Julia Hamprecht, "Endorser Age and Stereotypes: Consequences on Brand Age," *Journal of Business Research* 66, no.2 (2013): 207 - 215.

⑦ 杨雨蓉、王志章：《重庆市休闲农业园区品牌发展策略研究》，《西南大学学报（自然科学版）》2018 年第 40 期。

⑧ 卢泰宏、吴水龙、朱辉煌等：《品牌理论里程碑探析》，《外国经济与管理》2009 年第 1 期。

其品牌建设被认为是休闲农业差异化竞争的手段，通过品牌建设来精准定位，形成独特的核心竞争力，争取目标客户认同，使休闲农业项目与品牌融为一体，最终成为休闲农业推广的载体，从而收获丰厚利润。①②

尽管近年来休闲农业品牌创建取得了较好的成效，但由于前期很多研究主要关注其发展中的困难与问题及其解决对策的研究较多，涉及休闲农业品牌发展及提升战略的研究较少。全国休闲农业星级示范创建是中国旅游协会休闲农业和乡村旅游分会在农业农村部以及文化和旅游部的支持下，于 2010 年启动的品牌创建工作，星级企业是目前行业发展历时最长、覆盖面最为广泛的休闲农业品牌之一。本研究以休闲农业星级企业作为研究对象，通过分析其在全国各地的分布情况、各省区市不同星级企业的组成比例等数据，探索休闲农业示范企业空间分布特征，分析影响因素，研判其发展水平与未来演变趋势，以期为提升休闲农业星级企业品牌价值，拓展社会知名度与影响力提供决策依据。

一、全国休闲农业与乡村旅游星级企业分布特征

1. 星级企业创建情况

2010 年中国旅游协会休闲农业和乡村旅游分会启动全国休闲农业星级示范创建工作，北京、江苏等 26 个省区市组织参加星级示范创建，为了更好地开展创建工作，北京、江苏等 22 个省区市已成立了升级休闲农业行业协会。在坚持自我创建、自愿申报、专家评审、动态管理的原则下，充分调动休闲农业分会会员的积极性和主动性。截至 2018 年年底全国已创建休闲农业与乡村旅游星级示范企 2204 家（见表 1），其中三星、四星和五星级企业分别为 677 家、1093 家和 434 家。除 2014 年外，2010—2017 年，全国星级企业总体数量和不同星级企业数量都是呈现逐年上升的趋势，但在 2018 年除五星企业数量与

① 王晓丽、闫贤贤：《休闲农业的品牌构建与发展研究——以河北省为例》，《农业经济》2016 年第 12 期。

② 方世敏、周荃、苏斌：《休闲农业品牌化发展初探》，《北京第二外国语学院学报》2007 年第 1 期。

2017 年保持稳定外，三星和四星企业数据急速下滑。这些数据变化既在一定程度上反映了近年来休闲农业和乡村旅游的发展规律，也可能和政府及主管部门的职能调整有一些关联性。

表 1　全国休闲农业星级企业数量表　　单位：家

	2010 年	2011 年	2012 年	2013 年	2014 年	2015 年	2016 年	2017 年	2018 年
五星级	15	14	36	49	46	56	63	77	78
四星级	11	25	72	116	90	141	220	264	154
三星级	6	10	30	74	55	76	199	152	75
合计	32	49	138	239	191	273	482	493	307

中国乡村休闲旅游发展经历了萌芽阶段、起步阶段、快速发展阶段，现在正处于创意阶段[①]，其中自 2000 以来，国内乡村休闲旅游产业开始快速发展，尤其自 2010 年开始，江浙的经营主体积极践行“绿水青山就是金山银山”的发展理念，借鉴日本和中国台湾地区差异化、精致化发展模式。同时，随着政府金融支持力度加大，也拉动了社会资本投入，2017 年全国乡村休闲旅游上规模的经营主体达 33 万个，[②]投资金额达 3500 亿元，年均增速达 36.2%。[③] 乡村休闲旅游产业得到了迅猛发展，星级企业数量也随之急速增加。2018 年星级企业数量下降的原因可能是由于中国旅游协会休闲农业和乡村旅游分会与农业农村部农村社会事业中心脱钩，行业协会脱钩改革推动行政机关与行业协会的权力重新配置、职能重新明确、运行方式再造等直接变化，带动治理格局的深层调整。[④] 可能受此影响，部分地区未参与星级企业评选。政会合作共治关系进一步理顺后将对星级企业品牌建设提供更明晰的发展趋势。

---

① 贾新平、梅雪莹、罗海蓉等：《中国休闲农业发展现状及趋势分析》，《农学学报》2019 年第 9 期。

② 马洪涛：《把握机遇加快创建休闲农业和乡村旅游发展新格局》，《农产品市场周刊》2017 年第 48 期。

③ 贾新平、梅雪莹、罗海蓉等：《中国休闲农业发展现状及趋势分析》，《农学学报》2019 年第 9 期。

④ 马长俊：《解构与重构：行业协会商会脱钩改革的政会关系变迁研究》，《行政管理改革》2020 年第 2 期。

2. 不同地区星级企业分布特征

为了便于研究，国家统计局将中国的经济区域划分为东部、中部、西部和东北四大地区。其中东部地区包括北京、天津、河北、上海、江苏、浙江、福建、山东、广东和海南 10 个省市，中部地区包括山西、安徽、江西、河南、湖北和湖南 6 个省，西部地区包括内蒙古、广西、重庆、四川、贵州、云南、西藏、陕西、甘肃、青海、宁夏和新疆 12 个省(自治区)，东北包括辽宁、吉林和黑龙江 3 个省。[①]

如图 1 所示，从星级企业创建数量上来看，各省市休闲农业和乡村旅游产业发展水平不平衡。其中，东部地区江苏省以 271 家星级企业遥遥领先于全国其他省市，浙江省和河北省分别以 198 家和 168 家星级企业位居全国第三和第五位；中部地区湖南省创建成效较为突出，目前已创建了 202 家，赶超了浙江省和新疆维吾尔自治区，从 2017 年的第四位上升至目前全国第二位，且除湖北省，中部地区其他省份创建数量均在 100 家左右；西部地区的创建水平则是新疆维吾尔自治区以 171 家的创建数量在全国排名第四，但甘肃省、青海省和云南省分别仅创建了 3 家、2 家和 2 家，是目前全国参与创建且星级企业数量最少的地区。

经济发展水平也是休闲农业发展的主要因素之一。[②] 中国东部地区工业化、城镇化发展水平高，经济发展水平高，新时期定位为发展都市型、外向型、特色型农业，[③④]因此，浙江、江苏等东南沿海地区较适宜开发休闲农业。[⑤] 中部地区是国内重要的能源、原材料和农副产品生产基地，农业资源丰富，是国

---

① 国家统计局：《东西中部和东北地区划分方法》，2011，据中华人民共和国国家统计局网：http://www.stats.gov.cn/zt_18555/zthd/sjtjr/dejtjkfr/tjkp/202302/t20230216_1909741.htm。

② 曹盼、张润清、王健：《我国休闲农业开发适宜度评价与实证分析》，《广东农业科学》2013 年第 2 期。

③ 张富刚、刘彦随、张潆文等：《改革开放以来中国东部沿海发达地区农业发展态势与可持续对策》，《资源科学》2009 年第 8 期。

④ 翟荣新、刘彦随、梁昊光：《东部沿海地区农业结构变动特征及区域差异分析》，《人文地理》2009 年第 1 期。

⑤ 曹盼、张润清、王健：《我国休闲农业开发适宜度评价与实证分析》，《广东农业科学》2013 年第 2 期。

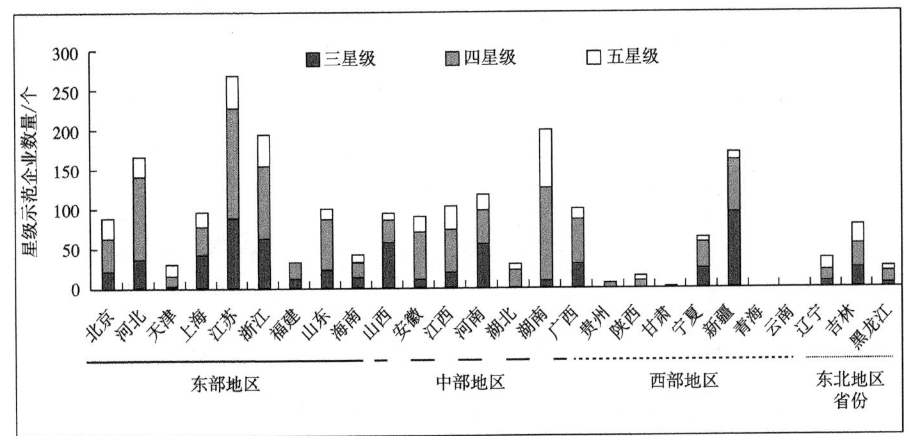

图1 部分省份休闲农业星级企业分布图

家重要的商品粮生产基地，承担着保障国家粮食安全和农产品供给的重任，①②社会经济发展水平及发展休闲农业的资源禀赋弱于东部地区，使中部地区休闲农业发展水平不高。③ 由于2006年湖南省休闲农业协会成立，是全国率先成立休闲农业协会的省市之一，省级职能部门和协会的合作共治，也是湖南的休闲农业已经走在全国的前列的重要原因。④ 西部地区生态环境恶劣，农业生态系统相对脆弱，生产力较低，⑤相对不适宜发展休闲农业与乡村旅游。因此，中国乡村休闲旅游产业水平呈现由东向西逐渐递减的格局，这是全国休闲农业和乡村旅游示范县和中国美丽休闲乡村的分布规律是一致的。⑥

3. 不同星级企业比例组成特征

新疆维吾尔自治区的三星级企业创建数量占比为56.14%，四星级和五星级企业数量占比分别为39.77%和4.09%（见图2）。湖南省的情况则刚好与之

① 梁志民、肖淑红：《中部地区发展模式与战略思考》，《宏观经济管理》2009年第2期。

② 刘彦随、彭留英：《我国中部地区农业发展定位与战略》，《经济地理》2008年第4期。

③ 曹盼、张润清、王健：《我国休闲农业开发适宜度评价与实证分析》，《广东农业科学》2013年第2期。

④ 王莉：《中部崛起背景下湖南休闲农业发展研究》，《长春理工大学学报》2012年第4期。

⑤ 谢花林、李波、王传胜等：《西部地区农业生态系统健康评价》，《生态学报》2006年第11期。

⑥ 马长俊：《解构与重构：行业协会商会脱钩改革的政会关系变迁研究》，《行政管理改革》2020年第2期。

相反，三星级、四星级及五星级在全省总量的占比分别 4.95%、58.42%和36.63%，且中部地区其他地区四星和五星级企业的比例均高于三星级企业。东部地区的江苏省和浙江省三星级、四星级及五星级在全省总量的占比分别30.21%、50.92%、18.87%和 32.32%、46.97%、20.71%，比较接近于3∶5∶2。东北地区不同星级企业分布相对比较均衡。

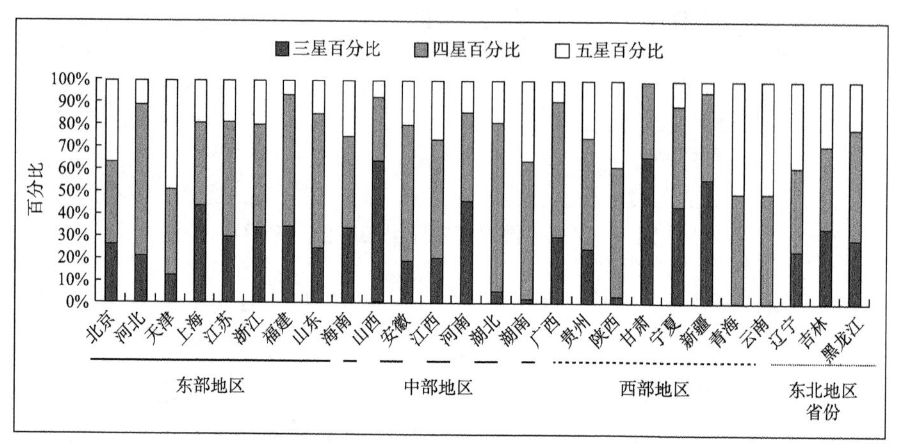

图 2　各地不同休闲农业星级企业占比图

值得注意的是，湖北省创建数量只有 28 家星级企业，但多为四星级和五星级企业，占总数量的 93.55%。河南省由于目前没有成立休闲农业协会，尚未有牵头部门组织申报，因此历年来只有河南郑州市、洛阳市主动对接休闲农业分会，开展了休闲农业星级示范创建工作，创建了 119 家星级企业，数量上位居全国第六位。除了云南、青海和甘肃等数量极少的省份不具有统计意义之外，其他各地数据也从一定程度上反映出，中部、东部地区休闲农业和乡村旅游发展水平较高，而以新疆维吾尔自治区为代表的西部地区发展水平相对落后。这也和其他学者认为东部地区较适宜发展休闲农业，西部地区休闲农业发展较为困难，导致东西部差距较大的观点一致。①②

基于休闲农业与乡村旅游星级企业评选机制，只有五星级企业是由中国

① 贾新平、梅雪莹、罗海蓉等：《中国休闲农业发展现状及趋势分析》，《农学学报》2019 年第 9 期。

② 曹盼、张润清、王健：《我国休闲农业开发适宜度评价与实证分析》，《广东农业科学》2013 年第 2 期。

旅游协会休闲农业和乡村旅游分会组织专家通过验收评定，三星级和四星级企业则由省级相关部门评选。因此，三星和四星级企业是在省级发展水平上根据评分标准综合审定后评选，而五星级企业是在省级部门推介后，在全国范围内横向比较后根据评分标准综合审定后由专家评审。另外，也有研究表明，当地居民受教育程度、当地经济发展水平、休闲农业发展阶段及居民参与程度等因素影响当地休闲农业的发展。①② 当然，休闲农业发展也受各地人口特征、经营主体经营动机、经营意愿及经营水平等影响。③④⑤ 在后续品牌建设研究中，会对这些影响因素进行深入的探索分析。

二、全国休闲农业与乡村旅游星级企业品牌创建存在的问题

1. 评价指标体系亟待更新

2010 年，中国旅游协会休闲农业和乡村旅游分会遵循科学性、特殊性、全面性、操作性和动态性 5 项原则的基础上，综合考虑选取了带动“三农”发展状况、休闲项目、游览条件、管理和安全条件、环境和卫生条件、经济效益和可持续发展 6 个层面 17 大类指标，初步设定评价分值为 100 分，作为休闲农业园区星级评价中主要指标来进行考察分析。⑥ 这些指标对星级企业的创建产生了良好的推动作用，促进了全国休闲农业与乡村旅游持续、健康、稳定、快速发展。2019 年的评价指标体系包括带动“三农”发展及生产经营状况、基础硬件

① Patrick T. Long, Richard R. Perdue, and Lawrence Allen, “Rural Resident Tourism Perceptions and Attitudes by Community Level of Tourism,” *Journal of Travel Research* 28, no.3(1990): 3 - 9.

② David B. Weaver and Laura J. Lawton, “Resident Perception in the Urban rural Fringe,” *Annals of Tourism Research* 28, no.2(2001): 439 - 458.

③ David A. Fennell and David B. Weaver, “Vacation farms and ecotourism in Saskatchewan, Canada,” *Journal of Rural Studies* 13, no.4(1997): 467 - 475.

④ Carla Barbieri and Patience M. Mshenga, “The Role of the Firm and Owner Characteristics on the Performance of Agritourism Farms,” *Sociologia Ruralis* 48, no.2(2008): 166 - 183.

⑤ Nancy Gard McGehee, “An Agritourism Systems Model: A Weberian Perspective,” *Journal of Sustainable Tourism* 15, no.2(2004): 111 - 124.

⑥ 张润清、赵邦宏、曹盼:《我国休闲农业与乡村旅游星级企业(园区)评价指标体系的构建》,《统计与管理》2011 年第 6 期。

条件、管理和服务条件、生态环境条件、安全与公共卫生条件5个层面17大类指标，评价分值也由原来的100分细化为1000分。评价指标体系在不断调整和完善，但随着休闲农业与乡村旅游产业规模、发展水平的不断提升，尤其在乡村振兴战略和中央一号文件实施休闲农业和精品工程的大背景下，休闲农业与乡村旅游星级企业需要进一步制定和完善更符合时代要求、更科学合理的评价标准。评价标准要在坚持“以农为本”，充分发挥好休闲旅游产业发展对“三农”的带动作用的同时，进一步完善对基础硬件设施、管理和服务、生态环境等相关指标的要求，按照设定分值进行评分。

2. 组织评选工作需要完善

截至2018年，中国旅游协会休闲农业和乡村旅游分会是在原旅游局和农业农村部战略合作前提下成立并依托于农业农村部农村社会事业中心开展星级企业品牌创建工作，[①]由于“去行政化”和“推行政会分开”的政府与协会脱钩改革，2018年中国旅游协会休闲农业和乡村旅游分会与农业农村部农村社会事业中心脱钩，全国休闲农业与乡村旅游品牌组织评选工作发生了一些改变，一方面，2018年，国内已经有30多个省明确负责星级示范创建牵头工作，并在22个省建立了休闲农业行业协会，负责星级示范创建、推广和实施工作。政会脱钩后，中国旅游协会休闲农业和乡村旅游分会仍可以联合升级休闲农业行业协会组织星级企业评选，未成立休闲农业行业协会地区的牵头单位多为行政职能部门，组织评选工作衔接难度加大；另一方面，由于政会脱钩、人员变动、职能尚未明晰，在宣传力度不够、协分会服务职能还未完全凸显的情况下，行政主管部门不再直接组织评选，也影响了休闲农业与乡村旅游经营主体的参选积极性。例如，河南省目前尚未成立休闲农业协会，也未有牵头部门组织申报工作，工作体系不完善致使河南省内除郑州和洛阳之外其他地区不积极参与星级企业申报，相关数据就不能有效地反应河南省休闲农业发展水平。另外，2015年新疆维吾尔自治区申报了4个星级企业，2016年急增至123个，2017年申报了42个，2018年又未申报。这种工作的不稳定性可能是由于相

① 刘辉、杨礼宪：《全国休闲农业与乡村旅游星级示范创建综述》，《休闲农业与美丽乡村》2016年第10期。

关牵头部门人员变动，导致相关创建工作不能稳步开展，年度间申报数量差异较大，同比增长规律无据可依，更不能直观地反映新疆维吾尔自治区休闲农业发展水平。

3. 管理退出机制需要健全

全国休闲农业与乡村旅游品牌管理工作的重要环节是复查，这也是对星级企业的检验和总结。2013 年 4 月，中国旅游协会休闲农业与乡村旅游分会制定了《全国休闲农业与乡村旅游星级示范创建行动管理办法》，明确规定“星级企业的称号有效期为三年，到期将由分会联合各省牵头单位进行复查。复查合格者保留其星级企业称号”，复查合格率是反映星级创建成果的一个动态数据指标。从 2014 年和 2015 年星级企业复查工作开展情况看，五星企业复查合格率最高，分别为 100％和 89％，四星企业合格率居中，分别为 75％和 73％，三星企业复查合格率则分别为 30％和 26.1％。[①] 复查能在一定程度上促进星级企业加强管理，保持品牌效应。自 2016 年以来，尤其在 2018 年分会与农业农村部农村社会事业中心脱钩后，工作人员减少，分会主要工作集中在当年星级企业的评选，复查工作稍显迟缓。管理退出机制有待加强，也导致了星级企业在运营管理上的消极，影响了品牌创建的价值。

三、休闲农业星级企业创建工作建议

1. 创新管理方式，完善创建标准

近年来的工作成效表明，休闲农业和乡村旅游分会在政府和企业之间建立起了一座桥梁，在政府推动和引导下，逐步探索出标准评价、组织制度保证和人才支撑相结合的管理方式。在政会脱钩后，休闲农业和乡村旅游分会更要完善休闲农业星级示范品牌建设工作，明确未来的发展方向。继续坚持以农业主管部门为引导，依托省市休闲农业社会团体组织，建立和完善工作体系，调动经营主体创建星级企业的积极性，继续严格控制五星级申报数量，且

① 刘辉、方家、沈建新：《关于全国休闲农业与乡村旅游园区星级示范创建复查工作的探索与思考》，《休闲农业与美丽乡村》2016 年第 9 期。

应该从三星级逐级发展至五星级。同时结合各地的创建工作，先创建省市(自治区)内五星级称号，再申报全国五星级。沿用分级管理的方式提高管理效率，省级牵头单位负责三星级和四星级的审核，五星级审核则由分会负责，并进一步加强对五星级企业的复核管理工作。总之，让休闲农业星级企业品牌建设既能与不同地区不同环境相协调，也能在一定程度上反映当地当期休闲农业发展水平，体现品牌创建的价值。同时，及时总结归纳休闲农业与乡村旅游星级企业创建十年来的发展规律，研判下一步发展趋势；组织多年来评审专家库，将完善后的星级企业评价体系标准化，并进一步推广为行业发展的标杆。

2. 挖掘品牌价值，引导积极参与

挖掘品牌价值能更好地推动品牌建设。品牌价值是品牌管理要素中最为核心的部分，认识品牌的价值需要把品牌价值同无形资产、同品牌竞争力、同品牌权益联系起来。一方面，各地都有大量休闲农业四星级和五星级企业被列入农业农村部认定的全国休闲农业和乡村旅游示范点创建名单。由此可见，星级企业创建在一定程度上能为农业主管部门在遴选休闲农业和乡村旅游示范点的时候提供参考依据，这是行政主管部门对星级企业品牌价值的肯定。另一方面，休闲农业品牌的价值决定企业园区服务质量、知名度、顾客的信任度、成长性、创新发展能力等。星级企业在一定程度上反映企业园区的创建水平，能为消费者在选择休闲旅行景点路线时提供参考依据。因此，在下一步星级企业品牌创建工作中要突出休闲农业核心服务产品，更要有模式创新，比如特色、体验、情怀等。要不断从资源上赋予创新，结合实际追求创新，立足特殊挖掘内涵，利用品牌建设来创造品牌价值，用更好的经济效益来推动休闲农业星级企业品牌建设，引导各地积极参与。

3. 加强培训工作，开展动态监测

休闲农业和乡村旅游品牌发展核心在于“经营”。对经营情况的动态监测，对于品牌建设与产业可持续发展具有重要意义。首先，开展标准培训，加强星级企业人才队伍建设。针对休闲农业星级企业创建、经营及其后管理来开展培训工作，培养一批管理人才和创新人才，明确星级创建、评审等有关的

具体要求,以典型案例为模板,不断开拓创新。这样能为星级企业创建专家委员会提供人才备选库,通过验收交流,在参与企业星级创建过程中取长补短,借鉴成功经验,弥补企业发展不足。其次,要构建不同地域分布、不同类型模式、不同发展水平的品牌成员指标体系,通过建立健全休闲农业星级企业监测统计制度,对星级企业品牌经营情况的开展动态监测分析,实时掌握休闲农业和乡村旅游产业发展动态。最后,及时分析动态监测数据,形成翔实可靠的品牌发展研究报告,能更好地为品牌下一步发展制定政策措施、强化公共服务,促进全国休闲农业提质增效、转型升级提供决策依据。

慈善信托助力乡村振兴战略发展的路径探讨

汪卓渊　陈小天　薛　云

（中国建设银行江苏省分行　江苏银行　南京大学河仁社会慈善学院）

摘　要：党的十九大报告首次提出实施乡村振兴战略，坚持把解决好“三农”问题作为全党工作的重中之重。党的二十大报告强调要“全面推进乡村振兴”，意味着实施乡村振兴战略进入了新的阶段。乡村振兴是一项长期性、系统性工程，需要社会各界的力量和各类资源的持续投入。慈善信托作为一种新型的公益模式，近年来在支持乡村振兴领域蓬勃发展，本文拟从慈善信托的角度出发，探讨其在推动乡村振兴战略中的积极作用与实现路径，并分析其面临的问题与挑战，提出相应的对策建议。

关键词：慈善信托；乡村振兴；路径；方式

民族要复兴，乡村必振兴。党的十八大以来，党中央、国务院高度重视“三农”工作，党的十九大报告提出实施乡村振兴战略，要求必须始终把解决好“三农”问题作为全党工作的重中之重，深刻阐述了实施乡村振兴战略的内涵要义、方向道路、工作布局和基本任务，为坚定不移走中国特色社会主义乡村振兴道路提供了根本遵循。党的二十大报告中指出，“全面建设社会主义现代化国家，最艰巨最繁重的任务仍然在农村”，并将“全面推进乡村振兴”作为“加快构建新发展格局，着力推动高质量发展”的重要内容进行系统部署。在新发展阶段，面对新的发展要求，如何运用慈善信托这一创新型慈善工具，发挥对产业兴旺、生态宜居、乡风文明、治理有效、生活富裕等目标的促进作用，全面助力乡村振兴战略落地，本文尝试针对上述问题给出相关意见和建议。

一、乡村振兴战略的重大意义与主要举措

（一）实施乡村振兴战略的重大意义

农业、农村、农民问题历来是关系国计民生的根本性问题。没有农业农村的现代化，就没有国家的现代化。当前，我国社会经济发展不平衡不充分的问题在乡村表现最为突出，具体体现在农业供给质量、农村基础建设及民生保障体系、农村金融改革、农民队伍建设、农村生态环境保护及乡村治理能力等方面。实施乡村振兴战略，通过着力推进“乡村产业振兴、人才振兴、文化振兴、生态振兴、组织振兴”，促进农业全面升级、农村全面进步、农民全面发展，加快农业农村现代化，全面建成社会主义现代化强国，是解决人民日益增长的美好生活需要和不平衡不充分的发展之间矛盾的必然要求，是实现“两个一百年”奋斗目标的必然要求，是实现全体人民共同富裕的必然要求。

1. 乡村振兴战略的实现目标。实施乡村振兴的目的是要从根本上解决目前我国农业不发达、农村不兴旺、农民不富裕的“三农”问题。深入践行创新、协调、绿色、开放、共享的新发展理念，达到生产、生活、生态的三生协调，促进农业、工业、现代服务业的三业融合发展，真正实现农业发展、农村变样、农民受惠，最终建成望得见山、看得见水、记得住乡愁、留得住人的美丽乡村。

2. 乡村振兴战略的服务对象。实施乡村振兴战略，主要解决的是农业、农村、农民三者之间的问题，因此，乡村振兴战略主要服务对象为农业、农村、农民，其中最为关键的应是农村产业发展和农民就业问题，必须通过农村产业发展，提升农民在产业发展中的参与度，才能促进农民增加收入、提升素质、改善环境，把乡村建设成为美丽宜居的家园。

3. 乡村振兴战略的发展方向。2017 年末，中央经济工作会议首次提出了走中国特色社会主义乡村振兴道路，并明确了今后的发展方向：一是重塑城乡关系，走城乡融合发展之路；二是巩固和完善农村基本经营制度，走共同富裕之路；三是深化农业供给侧结构性改革，走质量兴农之路；四是坚持人与自然和谐共生，走乡村绿色发展之路；五是传承发展提升农耕文明，走乡村文化兴

盛之路;六是创新乡村治理体系,走乡村善治之路;七是打好精准脱贫攻坚战,走中国特色减贫之路。

(二) 实施乡村振兴战略的主要措施

实施乡村振兴战略是一项系统性的工程,在推进过程中需要综合考虑农业发展、农民收入增加、基础设施建设、社会治理等多个方面因素,在实施层面要因地制宜,根据当地实际情况进行灵活调整,重点是综合考虑经济发展、社会治理、基础设施建设等方面,以提高农民收入、改善生活条件为核心目标,主要措施包括以下十个方面内容。

一是发展特色产业。根据当地资源和优势,培育和发展具有竞争力和市场需求的特色产业,如农产品加工、生态农业、乡村旅游等。通过提升产品品质、加强品牌建设和市场开拓,增加农民收入。

二是推进农业现代化。引进先进的科技和管理模式,提高农业生产效益和资源利用效率。推广节水灌溉技术、精准施肥技术等,提高土地利用率和农作物产量。

三是加强基础设施建设。改善交通、供水、电力等基础设施条件,提高乡村居民的生活品质。修建道路、桥梁、供水管网等,缩短城乡差距。

四是促进人才流动。吸引优秀人才到乡村创新创业,推动乡村经济发展。通过政策支持、人才培训等措施,吸引高素质人才到乡村从事农业、农村经济和社会管理等领域工作。

五是加强教育培训。提供职业技能培训和创业指导,提升农民的就业能力和创业意识。建立农村教育培训中心,开展农民专业技能培训和创业项目指导。

六是推行土地流转。鼓励土地流转,实现规模化经营和集约化管理。通过土地流转市场的建立和健全,促进土地资源的优化配置,提高农民的土地收益。

七是提升治理能力。加强基层党组织的建设,将党建引领作用转化为推动乡村社会治理体系的动能。进一步推动完善村民自治模式,健全村民代表大会制度、社区议事制度等机制建设,进一步增强群众对乡村事务民主议事的积极性,发挥好主体作用。

八是引入外部资源。积极引进政府资金、企业投资和社会组织力量,支持乡村振兴工作。与政府、企业合作开展产业项目、基础设施建设等,共同推动乡村发展。

九是加强宣传推广。通过多种渠道和方式,宣传乡村振兴的理念和成果,吸引更多的投资和人才到乡村。利用新媒体、农村电视台等宣传平台,展示乡村风貌、特色产业和成功案例。

十是建立监测评估机制。建立科学的指标体系和评估机制,及时跟踪乡村振兴工作的进展情况,并根据评估结果调整政策和措施,确保乡村振兴工作的有效推进。

总体看来,乡村振兴战略实施是一项具有长期性、持续性、艰巨性的社会任务,需要社会各界的关注,以及持续性的资源投入,从而充分激发乡村振兴的内驱动力,深化农业改革,促进人才、资本、技术、信息、数据等要素在城乡间良性流动,加快农业农村的现代化进程,最终实现农业强、农村美、农民富的美好愿景。

在推动乡村振兴战略实施的过程中,积极运用慈善信托这一创新型工具,能够在推动产业发展中提升资金投向的精准性,加强对基础设施建设、教育等民生保障领域的定向支持,促进农村人才培养,帮助乡村增强"造血"功能,为振兴乡村创造更大的价值。

二、慈善信托的定义及主要特征

慈善信托诞生于400多年前的英国,是一种特殊的法律实体,是以实现社会慈善事业为目的,并以全社会或部分社会公众为受益人的信托,旨在通过捐赠和管理资产来支持慈善事业。根据英美信托法理论的概括,慈善事业是指对社会有价值或有重要社会意义的事业,它包括发展济贫、教育、宗教、医疗、体育、科学研究、文化艺术、市政建设等各方面的事业。

(一) 慈善信托的定义和参与主体

根据我国银监会、民政部联合于2017年7月26日印发的《慈善信托管理办法》，慈善信托是指委托人基于慈善目的，依法将财产委托给受托人，由受托人按照委托人的意愿以受托人的名义进行管理和处分，开展慈善活动的行为。同时，明确了以开展下列慈善活动为目的而设立的信托，属于慈善信托：(1) 扶贫、济困；(2) 扶老、救孤、恤病、助残、优抚；(3) 救助自然灾害、事故灾难和公共卫生事件等突发事件造成的损害；(4) 促进教育、科学、文化、卫生、体育等事业的发展；(5) 防治污染和其他公害，保护和改善生态环境；(6) 符合《慈善法》规定的其他公益活动。

慈善信托一般涉及委托人、受托人和受益人三大核心主体，根据实际情况可自由增加“信托监察人”“保管人”和“事务执行人”三个主体，具体定义如下。

委托人：委托人是指将财产或资金交由受托人管理的个人、家族、企业或组织。委托人可以制定具体的慈善目标和条件，并决定信托资产的用途和受益对象。

受托人：受托人是指被委托管理和运作慈善信托的机构或个人，如信托公司、基金会等。受托人负责按照委托人的意愿管理信托资产，并根据约定向符合条件的受益对象提供帮助。

受益人：受益人是指符合委托人设定的条件和标准，有资格接受慈善信托资助或支持的个人、群体、社区或项目。受益对象可以是贫困人士、弱势群体、教育机构、医疗机构等。

信托监察人：信托监察人对受托人的行为进行监督，依法维护委托人和受益人的权益。一般是律师事务所、慈善组织。

保管人：保管人是慈善信托专用账户所在的商业银行或负责保管非资金信托财产的自然人、法人或组织。

事务执行人：事务执行人是信托协议中约定的慈善事物的具体执行方，一般是慈善组织。

（二） 慈善信托的主要特征

根据《中华人民共和国慈善法》规定，慈善信托属于公益信托，其核心目的是支持和促进慈善事业。相对于其他慈善工具和其他信托方式而言，慈善信托具有以下几方面的特征：

一是公益性。慈善信托具有明显而且绝对的公益性质，慈善信托资金和项目不可用于非公益目的。根据《中华人民共和国慈善法》和《慈善信托管理办法》，设立慈善信托，须由委托人与受托人签署信托文件，并对信托目的、资金运用等进行约定，可确保信托财产能依照委托人之意愿使用，任何人均不得主张使用该财产。慈善信托成立之前须向监管部门完成登记，项目运行过程中，须定期向社会公众公布年度管理报告，资金使用及项目运转情况须及时反馈委托人，此外，还有审计、监管机构定期进行监管，确保慈善信托资金和项目符合慈善目的和委托人意愿。

二是长期性。慈善信托既可以约定一定年限，也可以永久存续。慈善信托支出要求相对灵活，根据慈善信托合同约定，既可以运用本金，也可以不运用本金，只用收益做慈善；慈善信托资金可用于短期项目，也可用于中长期项目，这样的支出安排，使慈善信托长期性成为可能。此外，慈善信托可在委托人生前或遗嘱中设立，即使委托人不再存在，慈善信托仍然有效，并由受托人按照委托人的意愿管理和运作。这使得慈善信托能够跨越多代人，为后代提供长期的慈善支持。

三是专业性。慈善信托通常由专业机构（如信托公司、基金会）来担任受托人角色。这些机构具有专业知识和经验，能够有效地管理和运作信托资产，并根据委托人的意愿实现慈善目标。慈善信托项目实施过程中，可通过基金会等慈善组织与专业信托公司的合作，实现优势互补，发挥金融机构在资产管理方面的专业性，以及慈善组织在慈善项目的规划、分配等方面的专业优势，通过基金会、慈善信托、专项基金的通力合作，更有利于达成慈善使命和战略。

四是安全性。每单慈善信托应设立单独的信托专户，对于不同的慈善信托财产分别管理、分别记账；对于资金信托，需要委托商业银行担任托管人，依法开立慈善信托资金专户；对于非资金信托，委托人可以委托第三方进行保管。受托人依法解散、被依法撤销、被宣告破产而终止，信托财产不属于其清算财产，移交给新受托人继续管理，保障受益人不因委托人破产或发生债务而失去享有其对该信托财产的权利。因此，慈善信托财产更具安全性，更容易受到委托人或慈善家的信赖。

三、慈善信托在助力乡村振兴战略中的主要作用

慈善信托将慈善行为和金融手段相融合，是企业与社会公众助力乡村振兴的重要渠道，也是金融支持第三次分配的重要切入点与着力点，近年来，随着信托业务分类改革政策实施以来，监管机构也在积极引导信托公司将慈善信托作为转型方向加快培育进程，“慈善信托＋产业振兴”“慈善信托＋教育帮扶”“慈善信托＋救灾重建”“慈善信托＋生态保护”等新模式逐渐蓬勃发展，慈善信托在助力公益慈善事业高质量发展、助力乡村振兴战略全面推进中焕发出新生力量。

（一）慈善信托在促进乡村产业兴旺方面的主要作用

产业是发展的根基，产业振兴是乡村振兴的重中之重。全面推进乡村振兴，应加快农业农村现代化进程，促进农业高质高效低碳发展，创造更多就业增收机会，全面实现农民富裕富足。慈善信托可通过为产业兴旺提供项目资金支持的方式，促进乡村特定行业或领域的发展，并帮助其开展市场推广活动，通过投资市场营销、品牌建设等方面的项目，引领社会关注和参与到相关产业中来，以扩大项目及产品的社会影响力。

根据金融界门户网站 2021 年 4 月 16 日引用中诚信托《慈善信托助力乡村振兴的优势与路径展望》内容，在支持乡村产业振兴，尤其是发展壮大乡村特色产业方面，慈善信托可从多方面提供支持。

一是有助于降低乡村小微企业及农户融资成本，慈善信托的财产由于具有了慈善功能，可以投资、融资、投贷联动等方式，为乡村特色产业发展提供低息甚至无息的资金支持，可以帮助家庭农场、合作社等新型农业经营主体等乡村小微企业缓解融资难融资贵的问题，助力乡村特色产业的长期培育；也可与银行、小贷公司等小额信贷发放机构合作，发挥慈善信托的杠杆撬动作用，以风险补偿合作的方式，鼓励合作机构降低授信门槛，扩大授信客户范围，为更多农户和提供融资支持。

在土地流转信托中，县级政府可作为名义委托人，代理农户的土地承包经

营权，委托信托公司设立土地流转信托，由信托公司和服务商企业对农地进行整理、出租及运营。同时，信托公司以发行资金信托计划的方式解决土地整理开发过程中的资金短缺问题，从而使农户获得土地租金的基本收益和土地增值的浮动收益。

二是提供创新支持。慈善信托可以通过设立专项基金或与相关机构合作，慈善信托可以为乡村有创新意识和创业能力的个人或团队提供资金、培训和指导等支持，有助于促进创新型企业的成长和壮大，推动产业的技术进步和竞争力提升。

三是提升市场影响力。信托公司可以发挥资源优势，助力乡村特色产品、特色资源与外部市场对接，引入产品技术升级支持，为乡村新型经营主体的发展带来更多管理提升，增强乡村产业的市场化发展能力。

四是降低经营风险。慈善信托还可以作为各类金融工具参与乡村振兴的纽带，更好发挥金融工具的联合作用。如慈善信托引入保险、期货公司合作，探索农产品期货期权和农业保险联动，更加有效地进行风险对冲。

五是帮助农民增加收入。慈善信托资金运用创新，设计保底分红、股份合作、利润返还等多种形式，让农民合理分享乡村产业发展的增值收益。

（二） 慈善信托在促进乡村人才兴旺方面的主要作用

乡村振兴，教育先行。教育是人才培养的重要渠道，是乡村的重要支柱，承担着为乡村发展提供人才条件、文化条件等重要功能。通过加强农村教育投入，可以培养出更多高素质的乡村人才，提高农村人力资源素质，促进乡村振兴。慈善信托可以教育为切入点，多角度助力加强教育基础设施建设，提高教育水平，为乡村振兴培养更多的人才，不断提升乡村自我“造血”能力。

一是帮助改善乡村中小学教学设施。孩子是乡村的未来，慈善信托可将部分项目收入用于改善乡村学校办学条件、办学环境和教职工的生活条件；同时，可通过建设梦想教室，智慧教室、理化实验室等方式，为乡村教师和学生提供良好的生活和学习环境。

二是为各类专业人才提供职业培训。慈善信托可以支持农村职业培训项目，为生产经营、产业发展、乡村治理、农业科技等专业型人才，为区县、乡镇、村专业人才提供金融、电子商务、农业种养殖知识和技术等方面培训，帮助农民提升就业竞争力和创业能力，让各类人才在乡村振兴中大显身手。

三是提供为创业人才提供资金和项目支持：慈善信托可以为农村创业者提供资金支持、创业指导和资源对接。通过设立专项基金或与相关机构合作，慈善信托可以帮助有创业意愿和创新能力的农村人才实现创业梦想，推动农村经济的发展和乡村产业的兴旺。

（三） 慈善信托在促进乡村环境整治方面的主要作用

乡村要发展，环境是底色。农村人居环境整治是基层工作的一个重点，也是一个难点。农村人居环境的改善能营造一个舒适、整洁、干净的居住氛围，改善生活质量，减少疾病的发生，增强村民的幸福感。同时，可以减轻生态破坏，生活垃圾的有效回收，从而保护生态。改善农村人居环境、建设生态宜居美丽乡村是实施乡村振兴战略的一项重要任务。慈善信托在促进乡村环境整治方面可以发挥以下几方面的作用。

一是改善农村居民生活环境。慈善信托可以通过设立专项基金或与相关机构合作，投资于水源保护、生态修复、垃圾处理等环境保护项目，建设污水处理设施、推广垃圾分类系统等措施，减少污染物排放和垃圾产生，提高环境质量和居民健康水平。还可以改善农村环境质量，提升居民的生活品质。

二是加强农田整治和耕地保护。慈善信托可以通过投资农田水利设施建设、土壤修复等项目，支持农田整治和耕地保护，帮助改善农田生产条件，提高农业产出和农民收入。同时，还可以支持耕地保护政策的宣传和执行，促进可持续农业发展。

三是开展农村生态保护与修复。慈善信托可以通过投资森林保护、湿地恢复、植树造林等措施，支持乡村生态保护和修复项目，加强生态系统的恢复和保护，维护农村的自然景观和生物多样性。

四是扩大环境教育与宣传。慈善信托可以通过设立环境教育基地、开展环境科普活动等方式，支持乡村环境教育与宣传项目，提高乡村居民的环境意识和素养，推动整个社区形成良好的环保氛围。

（四） 慈善信托在促进乡村社会治理方面的主要作用

基层社会治理是乡村振兴的基础，只有通过加强基层社会治理，才能够为乡村经济社会发展提供稳定的社会环境。基层社会治理也是保障乡村居民权益的重要手段,有助于促进社会公平正义。基层社会治理也是提高乡村居民生活水平的重要途径,可以推动乡村基础设施建设,提高公共服务水平,为乡村居民提供更好的生活条件。慈善信托在促进乡村社会治理方面可以有所作为,通过支持社区建设与管理、村民自治能力培养、公共安全与法律援助、社会组织发展以及开展社会公益项目等方面的工作,改善乡村居民的生活条件,提升社区自治水平和居民参与度,推动乡村社会治理的有效性和民主化。

一是在社区建设与管理方面,慈善信托可以通过投资社区基础设施建设、提供社区服务等方式,支持乡村社区建设和管理项目,帮助改善农村社区的生活条件,提升居民的幸福感和满意度。

二是在村民自治能力培养方面,慈善信托可以通过开展培训课程、组织经验交流等活动,支持乡村村民自治能力培养项目,帮助农村居民提高自我管理和参与决策的能力,推动基层治理的有效性和民主化。

三是在公共安全与法律援助方面,慈善信托可以通过投资警务设施建设、开展安全教育宣传、提供法律咨询等措施,支持乡村公共安全和法律援助项目,增强乡村社会的安全感和法治意识,维护社会稳定和秩序。

四是在社会组织发展方面,慈善信托可以设立专项基金或与相关机构合作,慈善信托可以提供资金、培训和指导等,支持乡村社会组织的发展,帮助农村社会组织提升服务能力和影响力,促进社会治理的多元化和参与性。

五是在社会公益项目方面,慈善信托可以通过投资救助贫困家庭、改善留守儿童生活条件、推动残疾人融入社会等活动,支持乡村社会公益项目,促进社会公平和正义,增强乡村居民的凝聚力和向心力。

(五) 慈善信托在促进乡村文化旅游方面的主要作用

乡村振兴中,产业兴旺是核心。而发展乡村旅游是乡村振兴中产业支撑的最有力的手段,不仅可以培育观光农业、休闲农牧业等多种现代农业新业态,还可以有效改变农村发展单纯依靠第一产业的局面,促进农村经济结构调整和产业融合发展,带动农牧民增收致富。慈善信托可以通过支持文化遗产保护与修复、文化活动与节庆推广、旅游基础设施建设、乡村民宿和农家乐发展以及开展旅游教育与培训等方面的工作，推动保护和传承乡村独特的文化遗产，丰富乡村的旅游资源，提升乡村的吸引力和竞争力。

1. 在文化遗产保护与修复方面，慈善信托可以通过投资文物保护项目、修缮古建筑等措施，支持乡村文化遗产的保护和修复工作，帮助保护乡村独特的历史遗迹和传统文化，提升乡村的文化价值和吸引力。

2. 在文化活动与节庆推广方面，慈善信托可以通过资助艺术表演、展览、音乐会等活动，支持乡村丰富多样的文化活动和节庆推广，丰富乡村居民的精神生活，增加旅游者对乡村的兴趣和参与度。

3. 在旅游基础设施建设方面，慈善信托可以通过投资道路、桥梁、停车场等基础设施建设，支持乡村旅游基础设施的建设，改善交通条件，提升旅游服务质量，吸引更多游客前往乡村旅游。

4. 在乡村民宿、美丽乡村发展方面，慈善信托可以通过提供资金、培训和指导等帮助，支持乡村民宿和农家乐的发展，帮助农民转型升级，开设具有特色的民宿和农家乐，提供独特的住宿和餐饮体验，促进美丽乡村旅游发展。

5. 在旅游教育与培训方面，慈善信托可以通过开展培训课程、组织实地考察等活动，支持乡村旅游教育与培训项目，提高乡村居民对旅游业的认知和理解，增强他们的服务意识和专业素养，推动乡村旅游产业的可持续发展。

四、慈善信托在促进乡村振兴中存在的不足

当前，围绕乡村振兴的丰富内涵，慈善信托在支持特色产业发展、开展文化教育帮扶、推进生态文明建设等方面积极引入资金支持，取得了一定成效。但在推动乡村振兴过程中，慈善信托也反映出了一些不足之处，主要体现在以下四个方面。

一是规模仍有待提升。根据中国信托业协会组织编制的《中国信托业社会责任报告(2021—2022)》统计，截至2022年末，我国慈善信托累计备案数量达到1184单，累计备案规模达到51.66亿元。其中乡村振兴主题累计备案117单，规模合计11.53亿元，备案数量占总备案量的比重为9.88%，备案金额占总金额的比重为22.32%。2022年，新备案66单乡村振兴主题慈善信托，规

模合计 4.22 亿元，乡村振兴主题慈善信托备案单数占总单数的比重为 16.84%；规模总量占总规模的比重为 37.08%，仍有较大的提升空间。

二是缺乏综合长期规划与战略。首先，资金来源不稳定，慈善信托的资金来源通常依赖于捐赠者的意愿和捐赠规模，因此资金的稳定性难以保证，这可能导致在乡村振兴项目中出现断档或无法持续支持的情况。其次，缺乏整体规划，慈善信托在支持乡村振兴时往往只关注某一特定领域或项目，这可能导致各个领域之间协同不足，无法形成整体推动力。例如，由于资源有限和公众关注度的差异，慈善信托在选择项目时可能倾向于投资热点地区，而忽视了一些边远地区或经济欠发达地区的需求，可能加剧地区间的发展差距。同时，存在信托公司各自为战的情况，缺少对长期发展目标和策略的思考和实施。

三是慈善信托税收优惠政策落地细则仍待加快推进。《中华人民共和国慈善法》规定，受托人应当在慈善信托文件签订之日起七日内，将相关文件向受托人所在地县级以上人民政府民政部门备案，未按照规定将相关文件报民政部门备案的，不享受税收优惠。从以往信托产品的设计来看，作为慈善信托执行方的慈善组织，只能给作为受托人的信托机构开具票据，无法直接给委托人开具具有抵税功能的公益性事业捐赠票据，而信托机构也不具备向委托人开具公益性事业捐赠票据的资格，所以委托人虽然是实际的出资人，但无法享受税收抵扣政策。宁波市于 2022 年 3 月开展了慈善信托“穿透开票”试点，慈善信托项目执行方象山县人民教育基金会“穿过”慈善信托受托人昆仑信托有限责任公司，向委托人宁波君润创业投资管理有限公司开具了 30 万元公益性事业捐赠票据，该案例对后续慈善信托委托人享有税收优惠政策的落地执行具有良好的示范效应，各地政府主管部门对于该政策落地仍需加快推进。

四是社会公众对慈善信托认识不足。尽管慈善信托拥有多种优势，但相对于慈善机构，许多人对慈善信托的概念和运作方式并不了解。社会公众普遍将信托看作是投资理财的手段，将慈善信托误认为是富人利用避税手段或控制资产的工具。同时，一些慈善信托在资金使用、项目执行等方面缺乏透明度，无法向公众充分展示其工作成果和效益，这也加剧了公众的质疑心理。因此，加强对慈善信托业务的宣传和推广工作任重道远。

五、相关对策建议

慈善信托作为乡村振兴的重要渠道，应拓宽资金来源、强化项目支持、推动社会创新、加强组织能力建设、加强宣传推广，进一步发挥慈善信托在乡村振兴中的作用，促进农村经济发展、改善农民生活水平，并实现乡村振兴战略目标。相关建议如下：

1. 加强慈善信托的宣传力度。应加强对慈善信托的宣传推广，特别是向基层慈善机构积极宣传推广和参与慈善信托，对慈善信托的发展将产生巨大的推动作用。一是加强媒体宣传。通过各类媒体平台，包括电视、广播、报纸、杂志等，发布有关慈善信托在乡村振兴方面的成功案例和影响力。利用微博、微信、抖音等社交媒体平台，发布有关慈善信托在乡村振兴方面的信息和相关故事。可以通过图片、视频等形式展示项目进展和成果，并鼓励网友转发、评论，扩大宣传影响力。同时，邀请专家学者、项目受益者等进行访谈和报道，增加公众对于慈善信托的认知和理解。二是举办论坛与研讨会。组织慈善信托相关的论坛、研讨会，邀请政府代表、学者专家、企业界人士等参与讨论，并分享有关乡村振兴的最新研究成果和实践经验。这样可以促进各方合作与交流，并提高公众对于慈善信托在乡村振兴中的作用认知。三是开展教育培训活动。开展针对公众、志愿者、慈善从业人员等的教育培训活动，介绍慈善信托的基本知识和乡村振兴的相关政策。通过提高受众的专业素养和意识，增强他们对于慈善信托在乡村振兴中的重要性的认识。四是与媒体机构、社会组织、企业等建立合作伙伴关系，共同推动乡村振兴宣传工作。可以共同策划举办宣传活动、制作宣传资料等，提升宣传效果和影响力。

2. 扩大慈善信托资金来源。目前慈善信托支持乡村振兴存在规模不大的原因为：信托行业面临转型和生存压力，慈善信托短期内不太可能盈利。因此，如何扩大慈善信托支持乡村振兴的资金来源并做大规模，是一个需要考虑的问题。建议一是扩大社会捐赠规模。通过积极开展公益宣传和教育活动，提高公众对乡村振兴的关注度和认同感。同时，建立透明、可信的捐款渠道和机制，吸引更多的社会捐赠资金进入慈善信托支持乡村振兴发展领域。二是拓展合作伙伴。与企业、基金会、政府等组织建立合作伙伴关系，共同推动乡村振兴项目。可以通过合作共享资源、协同行动等方式获得更多资金支持。同时，探索引入社会投资机构参与乡村振兴项目，通过与社会投资者合作，将慈善信托的项目打造成有商业价值和可持续发展潜力的产业，吸引更多私人投资。三是创新筹款方式。如举办慈善义卖、募捐活动、线上众筹等，利用互联网和移动支付等技术手段，拓宽筹款渠道，并吸引更多年轻人和社会群体参与。四是探索金融创新。与金融机构合作，探索金融创新产品，如慈善信托基金、慈善债券等。通过将慈善资金与金融工具结合，吸引更多投资者参与乡村振兴项目。五是提高项目效益和影响力，确保项目的有效执行和成果展示。通过提高项目的效益和影响力，吸引更多资金投入，并提升慈善信托在乡村振兴中的影响力。

3. 加大慈善信托在支持乡村振兴领域的创新力度。目前我国慈善信托支持乡村振兴的具体实践大多是以点带面，通过慈善信托为乡村振兴项目引流资金，还应进一步加快慈善信托产品创新及模式创新力度。一是积极探索推广“慈善信托＋保险”“慈善信托＋期货”等新模式，围绕产业振兴过程中资金融通、风险防控、套期保值等需求，运用慈善信托撬动商业银行、保险、期货等金融资源，建立风险补偿机制，支持农户增产增收，促进乡村经济增长和就业机会的增加。二是设计以企业股权作为信托财产的创新产品，加快股权捐赠落地实践，推动企业经营与助力乡村振兴的均衡发展，使得“永续慈善”成为可能。三是将资金、资源更多引向支持社会福利事业领域。关注弱势群体，如留守儿童、老年人、残障人士等，在乡村地区开展社会福利项目，包括建设养老院、托幼机构、残疾人康复中心等，并提供社会福利服务。

4. 加强对慈善信托的监督和管理。加强对慈善信托项目的过程监督和管理，确保资金使用合规、效益最大化，并提高社会对慈善信托的信任度。一是完善法律法规。建立健全相关法律法规，制定具体的操作指南、实施细则，明确监督、管理主体及职责、资金使用范围和审批程序等。二是加强信息公开。要求慈善信托向社会公开项目信息、资金使用情况等相关数据。通过透明公开，提高社会对慈善信托支持乡村振兴的监督能力。三是强化内部控制。慈善信托机构应建立健全内部控制体系，包括财务管理、项目评估和监测等方面。加强对项目执行过程中的风险管控，确保资金使用合规和效益最大化。四是加强外部评估。可以委托第三方机构进行慈善信托支持乡村振兴项目的评估工作。通过独立的评估报告，及时发现问题并提出改进意见，促进项目质量和效果的提升。五是加强合作与协调。相关监管部门、慈善组织和乡村振兴工作机构之间应加强沟通与合作，形成监督和管理的合力。共同制定监督指标、评估标准，确保慈善信托支持乡村振兴的有效实施。六是加大惩处力度。对于具有违规行为和不当操作的慈善信托机构，要依法予以严肃处理，并公开曝光。同时，建立黑名单制度，限制其参与慈善信托项目。

参考文献

2018.中共中央国务院关于实施乡村振兴战略的意见[J].新湘评论(6)：4－13.

2023.慈善信托管理办法(银监发〔2017〕37号)[J].大社会(2)：58－61.

本书编写组，2022.党的二十大报告学习辅导百问[M].北京：党建读物出版社，学习出版社：76－78.

樊红敏.践行乡村振兴战略 信托探索多元化路径[N].中国经营报，2023－08－21(B03).

林立，2023.发展公益信托践行金融为民[J].中国金融(1)：52－54.

陆建强，2022.共同富裕、公益金融与企业家财富升维[J].浙江金融(4)：3－6.

童志锋，严米平，2023.慈善信托推动共同富裕的作用与机制[J].治理研究(02)：80－93.

王永刚，2022.信托支持乡村振兴的实践与思考[J].北大金融评论(2)：63－66.

薛云，邹范卿，2023.共同富裕背景下的慈善信托发展思考[C]//江苏省慈善总会，南京大学江苏慈善研究院.第三次分配与共同富裕论文集.南京：南京大学出版社：148－163.

张逸龙，徐敏，2023.宁波慈善信托崛起势正劲[J].宁波通讯(5)：53－55.

郑妍，金晶，2018.慈善信托参与脱贫攻坚的发展与思考[J].中国银行业(09)：48－51.

商业银行金融市场业务支持乡村振兴的研究与探讨

张　莅[①]　陈晓迅[②]　郭黎宁[③]

（中国建设银行江苏省分行）

摘　要：党的二十大报告提出全面推进乡村振兴。乡村振兴在助力我国经济高质量发展方面具备全局性和历史性的意义，是全党工作的重中之重。商业银行服务乡村振兴是坚持党的领导，贯彻落实国家战略、践行社会责任、彰显金融担当的必然选择。金融市场作为商业银行转型发展的重要领域，与传统信贷业务在功能和产品上有所不同，但在支持粮食和重要农产品稳产保供等六个方面同样可以发挥重要的作用。本文以J行为例进行了重点阐述，并给出了商业银行金融市场业务支持乡村振兴的五点政策建议。

关键词：商业银行；金融市场；金融服务；乡村振兴

2023年1月2日，中共中央、国务院发布了备受关注的《中共中央 国务院关于做好2023年全面推进乡村振兴重点工作的意见》，要求必须坚持不懈把解决好"三农"问题作为全党工作的重中之重，举全党全社会之力全面推进乡村振兴。金融业作为中国式现代化的重要组成，理应在服务乡村振兴的过程中发挥重要作用，而商业银行作为其中的重要支柱，金融市场作为商业银行转型发展的重要领域，可以在支持乡村振兴领域发挥重要作用，以金融"活水"浇灌广袤的农村大地。

---

① 张莅，中国建设银行江苏省分行金融市场业务部总经理。

② 陈晓迅，中国建设银行江苏省分行金融市场业务部副总经理。

③ 郭黎宁，中国建设银行江苏省分行金融市场业务部资金交易科科长。

一、商业银行支持乡村振兴的作用和优势

习近平总书记高度重视“三农”工作，党的十九大首次提出乡村振兴战略，党的二十大报告提出全面推进乡村振兴，在中央经济工作会议、中央农村工作会议等多个场合，习近平总书记多次对优先发展农业农村、全面推进乡村振兴作出重要部署，足见乡村振兴对助力高质量发展的全局性和历史性意义。而坚持党的领导是中国共产党百年奋斗取得辉煌成就的宝贵经验，是中国金融业不断发展壮大的根本保证，商业银行支持乡村振兴，积极发挥好自身对乡村振兴的重要作用，正是坚决贯彻落实国家战略、践行社会责任、彰显金融担当的必然选择。

（一） 商业银行的定义与职能

根据《中华人民共和国商业银行法》，商业银行是指法人银行。商业银行可以经营下列部分或全部业务：吸收公众存款；发放短期、中期和长期贷款；办理境内外结算；办理票据承兑、贴现；发行金融债券；从事同业拆借；代理买卖外汇；从事银行卡业务；提供信用证服务及保函；代收代付及保险业务；提供安全保管箱业务。其他业务的经营范围由商业银行章程规定，并报国务院银行业监督管理机构批准。经中国人民银行批准，商业银行可以经营结售汇业务。风险自负，盈亏自律，商业银行依法开展业务，不受任何单位和个人的干涉，商业银行以其全部法人财产独立承担民事责任。根据上述内容，商业银行是指一家合法注册的金融机构，依法成立并经营存款、贷款、支付结算等业务，是连接储户和借款人之间的桥梁。具有开展各类银行业务的资格，通过接受储户存款，向借款人提供贷款，并进行支付结算等业务活动，为社会经济发展提供了必要的金融支持。商业银行通常由国家或地方政府监管，并受到法律法规的制约和约束。

商业银行的主要职能包括：存款业务、贷款业务、支付结算业务、外汇业务、理财业务和金融市场业务。首先，存款业务是商业银行最基本的职能之一。商业银行接受个人和企业的存款，并根据储户的需求提供不同类型的存

款产品，如活期存款、定期存款等。通过存款业务，商业银行为储户提供了安全可靠的资金保管和管理服务，并为储户支付一定的利息。其次，贷款业务是商业银行的核心职能之一。商业银行通过向个人和企业提供贷款，满足其资金需求，促进经济的发展。商业银行根据借款人的信用状况和还款能力，制定贷款利率和还款方式，并对贷款进行风险评估和管理，确保资金的安全性和合理性。再次，支付结算业务是商业银行的另一个重要职能。商业银行通过开展支付结算业务，为个人和企业提供资金划转和结算服务。商业银行通过电子支付、支票、汇票等方式，实现了资金的快速、安全和便捷的转移和结算。此外，外汇业务是商业银行的国际化业务之一。商业银行通过外汇业务，为客户提供外汇买卖、跨境支付和外汇风险管理等服务。商业银行在外汇市场上扮演着重要的角色，为国内外经济交流和贸易提供了金融支持。同时，理财业务是商业银行的创新业务之一。商业银行通过推出各类理财产品，为客户提供投资和理财的机会。商业银行通过理财业务，帮助客户实现资产增值，并提供专业的投资咨询和风险管理服务。最后，金融市场业务是商业银行的重要业务之一。商业银行通过参与金融市场，进行证券投资、股票交易和债券发行等活动。商业银行在金融市场上发挥着资金调剂和风险管理的作用，为经济发展提供了必要的金融支持。

综上所述，商业银行作为金融体系的重要组成部分，具有开展存款、贷款、支付结算、外汇、理财和金融市场等多种业务的职能。商业银行通过各项业务活动，为个人和企业提供了全方位的金融服务，促进了经济的发展和社会的进步。在未来，商业银行将继续发挥其重要作用，适应金融创新和发展的需求，为经济社会的繁荣做出更大的贡献。

（二）商业银行在经济发展中的作用

商业银行作为金融体系的核心组成部分，在经济发展中扮演着重要的角色。首先，商业银行作为金融体系的主要组成部分，提供了重要的金融服务，为各类企业和个人提供资金储蓄、贷款融资、支付结算等各种金融产品和服务。商业银行通过吸收存款和发放贷款，调节资金供求关系，为实体经济提供了必要的资金支持。这种资金的流动和配置，有助于促进经济活动的开展，推动投资和消费的增长，从而带动经济的发展。

其次，商业银行在金融中介的过程中，发挥了风险管理和风险分散的重要作用。商业银行通过严格的风险评估和控制机制，合理配置资金，降低金融风险，保障金融系统的稳定运行。商业银行通过分散风险的方式，将资金投向不同行业和地区，减少了个别企业和地区的风险集中，从而增强了整个经济体系的抗风险能力。

再次，商业银行在经济发展中还扮演着促进创新和科技进步的角色。商业银行通过不断创新金融产品和服务，满足市场需求，推动经济的结构调整和转型升级。同时，商业银行也积极应用信息技术和互联网技术，提升金融服务的效率和便利性，推动金融科技的发展。这些创新和科技进步的努力，有助于提高经济的竞争力和创造力，推动经济的可持续发展。

最后，商业银行还承担着社会责任，积极参与社会公益事业。商业银行作为社会资源的重要管理者，通过开展慈善捐赠、扶贫帮困等活动，回报社会，推动社会的和谐发展。商业银行还积极响应国家政策，支持环保产业和绿色金融发展，推动经济可持续发展和生态文明建设。

总之，商业银行在经济发展中发挥着不可替代的作用。通过提供金融服务、管理风险、促进创新和参与社会公益，商业银行为经济的稳定和增长做出了积极贡献。然而，商业银行也面临着诸多挑战，如资本充足性、金融监管等方面的问题。因此，商业银行需要不断加强自身的风险管理能力和创新能力，适应经济发展的新形势，为经济的可持续发展提供更好的金融支持。

（三） 商业银行支持乡村振兴的作用和优势

商业银行要服务好乡村振兴，首先要了解中国的农村。只有读懂城乡中国，知晓“三农”问题、理解振兴政策，才能找到新金融的用武之地。而相比于其他金融机构，商业银行在支持乡村振兴方面具备三个不可替代的重要优势。

第一，商业银行金融产品总量多、结构丰富，可以满足乡村广泛性、多样化的金融服务需求。一方面，现阶段我国金融行业的发展仍处于初级阶段，商业银行通过间接融资助力实体经济投入的规模和资源更丰富。相比于券商等非银机构每年直接融资规模 4.5 万亿的水平，商业银行等机构每年投放的人民币贷款规模约为20万亿,服务乡村振兴的力度更大。另一方面,国内农业企业众多,金融服务需求较为多样。根据农业农村部统计,目前全国农业产业链上有近13万家产业化龙头企业,包括1200多家国家级重点企业和1万余家省级企业。它们联结产业链的上下游,涵盖产品、加工和销售各环节,资金需求量大,需要流动资金贷款、固定资产贷款、结算与现金管理等各类金融服务。商业银行具有的金融和资源优势,可以针对符合条件的乡村振兴领域,给予期限长、价格低、规模有保障的信贷支持。此外,面对干旱、洪灾等自然灾害带来的负面影响,商业银行更方便为受灾的农业企业定制特殊利率优惠,最大限度降低困难企业融资成本,帮助企业恢复生产,解决农民群众最关心、最直接、最现实的利益问题。

第二,商业银行员工众多、分布广泛,可以结对共建安排驻村干部,让员工真正融入当地的农村农业发展。现阶段,"三农"客户广泛分布,要求金融机构持续扎根一线,培养乡村振兴金融人才,做好乡村振兴服务推广。当前全国性、股份制和城市/农村商业银行超过150家,员工超过250万人,且大型银行和股份制商业银行普遍成立了普惠金融事业部,组建了专门的"三农"金融服务机构或专业管理团队,为乡村振兴提供人才保障。同时,商业银行拥有这些既懂农业农村又懂金融的人才,可以通过选派优秀人才、业务骨干分赴各级行政村挂职,做好党建引领,架起银行服务地方经济、服务"三农"的桥梁和纽带,为农户出谋划策、为乡村振兴融资融智。

第三,商业银行的数字金融走在前列,可以投入资源创新农村金融服务模式,进一步助力乡村振兴。农村地区普遍交通不便、居住区域范围大,互联网和智能手机等工具的普及率也并不高,对网上银行、手机银行等灵活便利的终端的需要相对迫切。近年来,商业银行将自身科技优势与乡村发展现状相对接,起步早、跑得快,初步摆脱了单纯依靠物理网点的传统理念,着力优化线上服务渠道、共建线下服务点,持续开发适合农村的网络金融产品,拓展网上银行、在线融资、涉农电子供应链等多元化金融服务。以J银行为例,不断根据"三农"客户的特点,简化贷款环节和办理贷款的要素,提高审批效率,其近年来推出的"裕农通"平台,以应用软件和智能终端的形式将一站式金融服务下沉村镇,通过与地方供销社达成业务合作关系,创新推出"移动金融+乡村供销合作"的农村金融服务模式。同时,还上线"金智惠农"系列课程,提高了贫困群众脱贫致富的信心和能力,蹚出了一条新金融服务百姓脱贫致富的新路子。

综上所述,商业银行支持乡村振兴,有助于农业农村的全面发展。商业银行具有雄厚的金融资源、人才资源、科技资源、财务资源等,能够围绕中央的决策部署,在多个维度协同发力支持乡村振兴。一是通过加大对粮食主产区的金融支持,支持国内粮食和重要农产品的全产业链发展,支持粮食安全;二是深化富民乡村产业的金融支持,纵深推进农业产业链生态场景,通过产业富民链接精准扶贫与乡村振兴的纽带;三是加大对农业科技、农业基础设施的金融支持,推动高标准农田建设和农地整治修复项目,实现传统农业工程的提质增效;四是加大宜居宜业和美乡村建设的金融支持;五是支持农民增收致富;六是推动金融服务与乡村治理融合互促。

二、商业银行金融市场业务的种类及特点

商业银行的金融市场业务,是指在国内外各类有形或无形的交易场所,从事货币资金拆借、外汇买卖、有价证券的发行和交易、贵金属买卖等业务。在国内,受《商业银行法》等法律法规、政策和制度的规定,商业银行的金融市场业务主要包括货币资金拆借、外汇买卖、债券投资和贵金属买卖等。

(一) 商业银行金融市场业务的分类

金融市场业务是商业银行的新兴业务,横跨境内外多个市场、连接本外币多个币种、包含商品债券外汇等多种工具,承担着资产管理、资金营运以及为客户提供多元化金融服务的重要职责。(1) 按地域范围划分:可以分成国内金融市场和国际金融市场。(2) 按产品类型划分,可分成货币市场、资本市场、外汇市场、黄金市场等部分。(3) 按市场功能划分,可分为发行市场和交易市场。(4) 按交易场所划分,可分为有形市场和无形市场。(5) 按所交易的金融产品的交割时间划分,可分为现货市场和期货(远期)市场。

(二) 商业银行金融市场业务的产品与服务

以J行为例,金融市场业务包含本外币债券产品、本外币货币市场产品、

汇率产品、利率产品、贵金属及大宗商品产品和服务。主要是:

1. 本外币债券投资,是指将商业银行通过运用自有资金投资于各类境内外市场发行的有价债券,包括国债、财政部代付的地方政府债券、央行票据、政策性金融债、企业短期融资券、中期票据等。

2. 本外币货币市场产品,亦称短期资金市场,是指商业银行开展一年期以下短期融资性资金交易活动的市场,是金融市场的重要组成部分。货币市场主要由市场参与者通过电话、传真或电子网络连接而成,交易一般通过专用的电子交易系统达成,全球各主要货币支持每天 24 小时不间断交易。货币市场的交易品种以同业拆借和债券回购为主,也包括商业票据市场、银行承兑汇票市场、短期政府债券市场、大额可转让存单(也称大额存单)市场等。

3. 外汇业务。外汇是指以外币表示的可以用作国际清偿的支付手段和资产,如果将外汇当作一种商品,那么换汇实际上就是买卖外汇的过程。外汇业务的基本交易要素包括:货币对、金额、方向、日期和价格,具体可分为即期交易、远期交易、掉期交易、期权交易。汇率业务的交易达成的过程就是要逐步确定各项交易要素的过程。例如,外汇业务的询价和报价中需明确币种的买入和卖出方向,用美元或者其他币种表示的金额,根据不同的交易品种,还需明确即期价格、掉期点,或期权费,以及起息日、到期日等各项要素。

4. 利率业务,主要包括与利率相关的远期利率协议、利率掉期、货币利率掉期、利率期权及其他结构性产品等市场。利率业务作为一种衍生产品,相较普通的金融工具更加灵活、更加具有创新性,对于解决日益复杂的金融、财务问题有着重要的意义。以利率掉期为例,该产品是指交易双方之间达成的在将来某段特定时间内交换一系列现金流的合约,这些现金流基于相同币种而产生。通过利率掉期,原需支付浮动利率的一方可将其浮动利率支付转换为固定利率支付,原需支付固定利率的一方可将其固定利率支付转换为浮动利率支付。

5. 大宗商品产品。大宗商品是指可进入流通领域(非零售环节),广泛用于工农业生产与消费,为大批量买卖的物质商品,对国计民生有巨大影响。在金融市场中,场内交易的大宗商品通常是同质化、可交易、被广泛作为基础原材料的商品。按照不同的维度,大宗商品市场可进行不同的分类,包括按商品种类、市场结构以及国内国外市场分类等。而商业银行基于大宗商品提供的主要产品是套期保值交易，主要是指为满足客户规避大宗商品价格波动风险需求，接受客户委托，通过场外市场为客户办理商品衍生品交易，从而实现对商品价格波动风险对冲和规避。其中，若客户存在融资背景，可为客户办理贸易融资项下大宗商品套期保值交易，即针对客户在商业银行办理的大宗商品进出口贸易融资，为客户提供相应商品套期保值交易。

（三） 商业银行金融市场业务的特点

在商业银行内部，金融市场业务的客户群体多以同业机构和大中型企业为主、产品线相对复杂、营销层级较高，表面上与乡村振兴的相关性并不大。然而，金融市场业务普遍与客户的经营紧密联系，具备价值发现、反映市场信息等鲜明特点，使其可以与乡村振兴具有更强的关联。

1. 金融市场业务与客户经营紧密联系。商业银行的金融市场业务可以简单划分为同业拆借、债券投资和对客交易。其中，同业拆借主要为其他金融机构提供资金融通，债券投资则可以类比于传统信贷，满足客户的资金需求，而对客交易一般服务对公企业，频率、笔数一般都最大，且要求具有真实的贸易背景，每笔交易都可以直接与客户的日常经营、交易决策、市场动态等关联，使得金融市场业务与企业经营之间的关系紧密且高频。同时，相比证券交易所等市场，商业银行要求客户申请的金融市场业务均须有套期保值的真实需求，市场噪声也因此更少。

2. 金融市场业务能覆盖的客户类型更加丰富。根据《中华人民共和国商业银行法》的要求，商业银行的金融市场除股票市场交易不能经营，已经涵盖了国内外交易里的各个类别，因此金融市场业务能够满足不同客户、在不同时期、不同场合的各类需求。例如，生产苹果等粮农产品的企业、运用大豆榨油副产品的饲料企业、从事畜牧行业的养殖企业、从事国际贸易的农业企业等，均可找到合适的金融市场标的开展大宗商品套期保值业务。而生产农机需要资金周转的企业、打造生态农业园的建设主体、从事农业研发的相关机构，也可以通过金融市场业务中的债券投资业务获取资金。相对于传统的商业银行业务，金融市场业务能覆盖的客户类型要更加丰富。

3. 金融市场业务具备与客户深入合作的契机。商业银行的传统信贷业务，普遍是被动的、经验主义的，与客户交互活动也不多。而金融市场业务则会涉及各方面的信息，包括国内外宏观经济，货币市场、外汇市场和商品市场等各类有形无形市场的实时报价、客户自身的经营模式等，需要客户的决策层根据实际情况快速判断。而商业银行可以凭借其专业的市场研究水平，为客户的决策层提供基于事实、详尽及时的操作建议和交易建议。因此，商业银行与客户在金融市场业务方面开展合作，一般可以被认为是与客户展开全面业务合作、往来更加频繁的重要标志。

三、商业银行金融市场业务在乡村振兴中的作用

《中共中央　国务院关于做好 2023 年全面推进乡村振兴重点工作的意见》中，"金融"一词出现了 6 次，包括加大帮扶项目的金融支持、设立乡村振兴基金、增加乡村振兴领域贷款投放、重点保证粮食安全资金需求、做好农民工金融服务等。而商业银行的金融市场业务基于其不同于传统业务的特征，可以在乡村振兴领域发挥更加重要的作用。以下以 J 行为例，重点阐述商业银行金融市场业务在乡村振兴中的作用。

1. 支持粮食和重要农产品稳产保供。商业银行应协助推动农产品进口多元化策略的深入实施，与商务部门、海关、外汇管理部门等协同，深度调查参与国际贸易的农业企业经营情况，并通过结售汇价格补贴、国际结算费用减免等金融资源倾斜的方式，不断提高相关企业的农产品贸易利润率，以此增加稻谷、玉米、大豆等进口来源，缓解我国农业资源压力，保证粮食和重点农产品的供给。2023 年，J 行在江苏地区便开展了"外汇节·谷雨专场"，为农业外贸企业办理结售汇业务提供补贴，减免国内外结算产品费用，增加企业经营利润。

2. 成为农业基础设施建设、农业科技和装备的支撑等。商业银行可以提前做好涉农行业、企业的筛选，通过降低准入门槛倾斜金融资源，给予符合条件的企业更多、更充足的金融支持。例如，商业银行的金融市场部门可以通过企业信用债券投资业务，支持满足政策导向的农业企业资金融通需求，包括高标准农田新建和改造、种业振兴行动相关、先进农机研发等，也可通过优先投资农

业主产区省份，或资金用于水利基础设施建设等乡村振兴领域的地方政府专项债，将金融资源优先向致力于乡村振兴发展、但经济欠发达的地区倾斜。同时，国有大型商业银行的资金实力较为雄厚，但在部分中西部地区的渗透覆盖率不如当地的村镇银行，因此可以通过同业拆借等货币市场业务，为专业专注在粮食主产区开展信贷业务的地方性金融机构，提供短期流动性资金的支持。

3. 推动乡村产业高质量发展。商业银行可以结合乡村地区的地域特点和产业分布，通过对农产品生产、加工、流通等全链条数据采集、溯源追踪和智能分析，提供更多针对性强、匹配度高的金融产品与服务，助力“三农”客户切实落实高质量发展的决策部署。以J行为例，在深入分析连云港东海县域“三农”产业发展趋势的背景下，联合当地的外汇监管机构、外汇综合服务平台，向平台服务的农业企业、农民专业合作社、农户等涉农主体开展深入合作，为其在从事跨境电子商务行业时，提供完善的汇率咨询服务和结售汇价格补贴，通过协助相关主体优化业务流程、完善服务体系等，持续提高市场竞争实力。同时，通过远期、期权等衍生业务，为相关主体规避汇率波动、农产品价格波动带来的经营风险。

4. 健全党组织领导的乡村治理体系。商业银行金融市场业务往往是人力资源集中的高地，可以发挥其专业专注特长以及职能优势，通过“党员联学、组织联建、资源联享、服务联抓、发展联促”等方式，与农村基层党组织或“两新”（新经济组织、新社会组织）党组织、社区党组织建立常态化结对共建机制，以“党建资源＋新金融资源”为服务国家乡村振兴战略贡献建行智慧、建行力量，解决乡村振兴中群众所求、企业所盼的难点痛点。一是要选准切口，沿着金融市场与乡村振兴的结合点，借力实施“五级书记抓乡村振兴”；二是要关注村委，将金融市场业务下沉至最基层，进一步完善普惠金融服务点的建设；三是要因地制宜，充分发挥先进典型示范引领作用；四是要深入基层，通过调研培训提升工作效能。

5. 巩固拓展脱贫攻坚成果。商业银行可以进一步加大资源配置力度，联合信托、基金、期货、保险、租赁、咨询、养老金等金融机构为巩固脱贫攻坚成果提供全方面金融支持。一是可结合当地资源禀赋与产业规划，优化银行网点的布局，适当增加脱贫攻坚重点帮扶县的分支机构，加大“金智慧民”等教育资源投入，形成持续支持当地特色种养业、农产品加工业的滩头阵地；二是可创设政府、银行、企业、公益组织等多主体带动贫困户增收的“N＋建档立卡贫困户”精准扶贫模式，对相关领域给予适当倾斜的信贷政策，保障乡村振兴金融业务高质量可持续发展；三是可利用债券投资业务，向具有乡村、扶贫等特色标签的企业债券或金融债发行提供流动性支持，为相关企业或金融机构提供资金。

6. 强化政策保障和体制机制创新。商业银行可以充分发挥信贷资源、多牌照优势，为家庭农场、农户、涉农企业小微企业等“三农”主体，提供“银行＋保险＋期货”等创新业务模式，将银行信贷资源、交易能力和保险公司相关服务相结合，向经营规模有限、缺乏合格抵押物等有效还款来源的涉农客群，在农业生产经营主体购买保险、期货、“农保通”等金融市场产品后，银行利用业务数据、保单抵押等方式增信，为农户农企给予信贷支持。通过深化金融市场各种要素合作，引导金融资源配置到农业农村发展的薄弱领域，在一定程度上破解涉农主体融资难、融资贵等问题，丰富农村金融产品供给，助力乡村振兴高质量发展。

四、商业银行金融市场业务支持乡村振兴的政策建议

银行是经济的血脉，实施乡村振兴离不开商业银行的支持，乡村振兴战略是党和国家服务“三农”的重大决策部署，商业银行作为农村金融主力军，必须发挥好在乡村振兴中的关键作用，同时抓住契机实现自身转型发展。为了深入贯彻乡村振兴要求，建议进一步统筹农业农村金融资源，深化农村金融体制机制改革，构建更加完善有效的金融支农服务体系，引导金融机构更好地服务农业农村现代化发展。

1. 建议差异化支持金融市场业务向乡村振兴倾斜。金融市场业务应成为商业银行助力乡村振兴领域重要的金融服务管道之一，建议监管机构可进一步突出差异化的政策导向。例如，央行可以将银行以金融市场业务服务乡村振兴的完成情况纳入宏观审慎评估（MPA）框架，进行分类考核。此项措施能够使商业银行向乡村振兴项目提供的金融市场服务获得显著低于同期其他项

目的成本，包括更低的法定准备金率、更低的资金占用等。同时，央行也可以通过创设专用的乡村振兴项目支持工具向通过金融市场业务服务乡村振兴的商业银行提供政策倾斜，确保金融市场资源的精准滴灌，直接增大银行针对乡村振兴项目的支持。

2. 持续引导农村金融资源协调发展。金融行业是典型的资源密集型产业，而金融资源在发达地区的不断沉积，造成了农村金融发展的不平衡不充分，制约了金融市场业务支持乡村振兴的发展。针对各地金融资源分配不均的现状，支持乡村产业均衡发展，促进社会公平正义，让更多普通农民、小微主体享受改革成果。一方面，建议可通过行政手段，如通过制定更积极的财政政策，支持欠发达地区乡村金融发展的比例，提高农户小额信贷利息补贴，加大对欠发达地区信贷补偿基金的奖补力度等手段，引导更多金融供给流向欠发达地区。另一方面，建议可通过市场方式，通过采取更积极的货币政策，加大涉农金融服务的宏观审慎考核权重、提升非对称降准降息比例等方式，为不同区域“三农”金融需求，构建符合区域发展需要的差别化的农村金融市场。

3. 加大农村金融创新支持力度。目前，广袤的农村土地上沉淀着庞大的金融资源，尤其是农村土地资源及附着其上的各类农业品类资源，由于分布广泛，种类繁多，估值定价其经济价值和融资需求。建议商业银行基于农业农村需求升级创新金融产品，通过加大云计算、大数据等轻资本、轻资产技术的研发应用，提升农村重资产、重资本业务的附加价值，实现与农业农村发展的深度融合。一是实施农村资产标准化流转，协助农村合作社、供销社、家庭农场、龙头企业等各类新型农业经营主体，提升自身金融服务获取能力；二是引导更多社会力量参与，采用政府订购、奖励、补助、定向委托和招投标等方式，引导各类经营主体和社会组织参与服务规模化经营，积极开展便捷有效的各类服务；三是针对目前欠发达地区农业经济运营以小户经济为主的特征，增强基层金融机构服务网点的服务能力，进一步提升金融服务与欠发达地区农业农村的契合度。

4. 完善农业保险的保障体系。针对农业“靠天吃饭”的风险特殊性，依托金融市场定价估值的价格发展功能，通过天气期货、商品期货等金融产品，探索与商业银行、保险公司、担保公司等多方合作新模式，妥善解决目前保险费率过高、保障程度不足,难以有效保障农民收入稳定,农业保险发展有待高质量升级的问题。建议进一步优化农业保险,实现农业保险补贴有效率、产业有保障、农民得实惠和机构可持续。一是完善保费补贴机制和再保险体系,推动农业保险费率有效降低;二是推动农业保险产品体系转型升级,支持农业保险从保成本向保产量、保收入转变,经营模式由个体保险模式向区域保险模式过渡;三是鼓励保险公司创新和推广农业保险,帮助农户了解保险的优势、加深对保险的认知,增强购买积极性,加大农业保险的保障力度、广度和深度。

5. 鼓励建设农业农村数字化征信平台。一方面,针对当前我国农村信贷产品单一、放贷门槛较高等现状,充分发挥普惠金融发展风险补偿基金等引导作用,鼓励农村金融机构探索灵活有效的创新信贷模式,推出更多免抵押、免担保、低利率、可持续的普惠金融产品,发展规模适度的消费信贷和商业信贷。另一方面,针对农村信用体系建设滞后、信用信息不对称等问题,鼓励具有实力的银行牵头建设农业农村数字化征信平台,通过采集完善信用数据,提升农业农村信用水平和获贷能力。

6. 加强提升农户金融素养。农村金融供给侧的完善和健全固然重要,但要从根本改变农户依赖非正规信贷、数字信贷参与率低、金融资产单一等金融排斥状态,还需要重视需求端的协同发力。对此,政府部门和金融机构应当沟通协作、形成合力,强化农村金融知识和互联网的普及教育,提升农户金融素养以及对互联网的认知,减少自我排斥的出现。在线下,积极开展金融和互联网知识下乡活动,通过现场演示、现场操作等方式,提高农户对数字金融的认知,让其真正了解和切身体会到数字金融所带来的便捷和高效。在线上,搭建数字金融培训服务平台,为农户提供获取金融知识的途径,引导其合理选择金融产品和服务,进而全面提高农户的金融知识水平、信用观念以及风险意识等。通过打破"数字鸿沟",使农村地区和农户能够真正享受到"数字红利"。

参考文献

笱丰明,陈东旭,2021.乡村振兴战略下的农村金融服务深化与创新:以农村金融市场高质量发展为中心[J].经济视角,40(04):55-64.

郭世静，2020.苏北地区农业产业化金融支持存在问题研究[J].甘肃农业(07)：54－57.

雷洪博，王佳琦，张宇飞等，2023.农村金融高质量发展对乡村振兴的影响[J].金融经济(8)：43－54.

李海涛，傅琳琳，黄祖辉等，2021.农业适度规模经营的多种形式与展望[J].浙江农业学报，33(1)：161－169.

李霞，2022.乡村振兴战略背景下金融支持农村产业发展路径探析[J].智慧农业导刊，2(22)：77－79.

刘连哲，2023.辽宁省朝阳市建设银行“裕农通”金融产品市场推广现状与对策[D].大连：大连海洋大学.

邱慧，李轩，魏子明等，2022.乡村振兴的金融需求及实现路径研究[J].时代金融(05)：58－59＋72.

宋春婕，2019.新常态下商业银行金融市场业务发展策略探讨[J].现代经济信息(1)：329.

宋志秀，周尊荣，葛翔宇，2022.乡村振兴进程中的金融体系创新[J].宏观经济管理(11)：66－74＋82.

孙贺乾，2023.乡村振兴金融服务研究[D].长春：吉林大学.

陶志宇，2016.农村中小金融机构金融市场业务经营管理模式探索[J].时代金融(14)：69＋83.

王后军，2023.金融创新助推乡村振兴的对策思考——以达州市为例[J].四川农业与农机(4)：17－18＋40.

吴勇，2017.创新商业银行金融市场业务发展思路研究[J].金融经济(20)：46－47.

肖杰，谢洁华，陈泽鹏等，2019.商业银行有效支持乡村振兴战略的实践思考[J].中国城市金融(05)：42－45.

肖育明，2023.完善乡村振兴的金融政策与创新金融服务[J].中国乡村发现(2)：70－73.

张峭，王克，李越等，2021.我国农业保险保障水平提升路径研究[J].保险理论与实践(2)：1－14.

张思宇，2022.金融服务乡村振兴战略的实现路径研究[J].南方农机，53(23)：128－130＋143.

朱艳红，2020.金融市场业务助力综合金融服务[J].中国金融(24)：63－64.

乡村振兴视域下的公益助农实践模式探究：以直播助农为例

李　梅[①]

摘　要：数字乡村建设是乡村振兴的重要战略方向，是我国"三农"工作的重点，对促进农业高质量发展和提升农业农村现代化水平具有重要的现实意义。近年来伴随着数字社会与互联网技术的发展，以直播带货为典型的公益助农实践被视为促进农产品销售、提升农民收入、推动乡村社会经济发展的有效手段。本研究围绕乡村振兴视域下的公益助农实践模式的现状、存在问题、产生的价值与社会影响以及优化建议进行探讨。当前我国的公益助农实践面临着农民数字化素养不足、农业核心技术产业化风险以及助农产业的可持续性困境等问题。要通过加强政策支持与引导，完善相关法律法规，动员社会企业参与以及拓展多元化营销路径等多维度入手，充分把握数字乡村建设与现代农业发展的窗口期，全面推进我国乡村振兴战略的发展，早日实现全体人民的共同富裕。

关键词：乡村振兴；数字乡村；直播带货；公益实践

一、研究背景

习近平总书记在党的十九大报告中首次提出了"乡村振兴战略"，将农业农村农民问题置于关系国计民生的根本性问题的高度，要求必须始终把解决好"三农"问题作为全党工作重中之重。坚持农业农村优先发展，按照产业兴

---

① 李梅，南京大学社会学院博士研究生，主要研究方向为人口社会学。

旺、生态宜居、乡风文明、治理有效、生活富裕的总要求，建立健全城乡融合发展体制机制和政策体系，加快推进农业农村现代化(索晓霞,2018)。这一战略的实施将会为我国农业农村农民的发展注入强大的动力。自乡村振兴战略实施以来,虽然取得了一系列成功经验,但由于乡村产业发展面临资源短缺、交通不便等客观条件,产业振兴仍然面临诸多难点和困境。如何把握乡村振兴的战略机遇期,助力农村产业振兴仍然是当前乡村振兴战略实施的难点与要点。

数字乡村建设是乡村振兴的重要战略方向,是我国“三农”工作的重点,对促进农业高质量发展和提升农业农村现代化水平具有重要的现实意义。2019年5月,中共中央办公厅、国务院办公厅印发《数字乡村发展战略纲要》,提出“立足新时代国情农情,要将数字乡村作为数字中国建设的重要方面,加快信息化发展,整体带动和提升农业农村现代化发展”;2022年1月,中央网信办等十部门联合印发《数字乡村发展行动计划(2022—2025年)》,围绕“到2025年,数字乡村发展取得重要进展”的阶段性目标,提出“数字基础设施升级行动”“智慧农业创新发展行动”“新业态新模式发展行动”等8项行动26项重点任务。在建设数字乡村战略背景下,我国农村网络信息基础不断完善,数字信息技术向“三农”领域不断渗透,与农业农村现代化呈深度融合的发展趋势,数字乡村建设必将带动现代农业转型升级。因此,如何通过数字乡村建设有效赋能农村产业发展,助力农村产业振兴,缩小城乡发展差距,早日实现全体人民的共同富裕是当下我国探索数字乡村背景下公益助农的主要任务。本研究也将围绕乡村振兴视域下的公益助农实践模式的现状、存在问题、产生的价值与社会影响以及优化建议进行探讨。

二、数字乡村视域下的公益助农实践现状

(一) 公益助农的有益实践：直播带货

“直播带货”是一种现代电子商务模式,它依托于互联网直播平台,通过主播[也称为“网红”或“KOL”(关键意见领袖)]在直播过程中展示、推荐并销售

商品或服务。这种模式使得消费者可以实时观看产品的展示，并在直播界面直接进行购买（张艳荣、闫晓彤，2021）。

直播带货的起源可以追溯到2010年代后期，随着移动互联网和社交媒体的普及，以及电商平台逐渐成熟。最初，这一模式主要在时尚、化妆品和电子产品等领域得到应用。然而，随着技术的进一步发展和电商平台的多元化，直播带货逐渐进入了更多的行业和领域，包括农业。

在农业方面，直播带货作为一种新兴的销售渠道，因其低成本、高效率和广泛的覆盖面，逐渐受到农民、政府和公益组织的关注（李晓夏、赵秀凤，2020）。特别是在中国政府提出乡村振兴战略的背景下，直播带货被视为一种有潜力促进农产品销售、提升农民收入、推动乡村社会经济发展的有效手段。通过直播带货，农民能够跳过传统的销售渠道，直接将农产品展示给全国乃至全球的消费者，极大地提高了农产品的市场曝光率和销售潜力。同时，这也为消费者提供了一个更加直观、更加便捷的购买平台，使他们能够更容易地购买到优质、新鲜的农产品。2019年以来在政府推动和平台带动下，直播带货的形式也逐步渗透到农产品销售领域，成为电商助农的新形态（郭红东、曲江，2020）。

（二）直播带货在助农产业中的实践

近年来，直播带货模式逐渐进入农业领域，成为一种新兴的农产品销售方式（傅泽，2021）。这一模式通过网络直播的形式，使农产品能够直接展示给消费者，从而实现从田间到餐桌的全程透明化。研究回顾并梳理了直播带货在助农产业中的有效实践模式与案例。

首先，国家政策引导，高度关注电商助农消费扶贫。近五年的“中央一号文件”中均提及通过互联网带动农业产业升级和农产品销售，在决战决胜脱贫攻坚座谈会上，习近平总书记也指出：“要切实解决扶贫农畜牧产品滞销问题，组织好产销对接，开展消费扶贫行动，利用互联网拓宽销售渠道，多渠道解决农产品卖难问题。”农业农村部自2018年起牵头发起“农货产销对接”活动，从种地的农民、农产品企业主，到“网红”“大V”、直播明星以及一些大胆尝试的地方官员纷纷开始借助各类直播平台销售农产品，收获了不错的效果。

其次，各类平台纷纷用直播形式推动农产品上行。2019年1月，淘宝直播上线了“县长来了”村播项目，邀请一个县的县长或基层干部上直播，帮当地村民销售农产品。同年3月淘宝直播与来自河南、山西等11个省市的代表共同启动了“村播计划”，宣布与全国100个县域建立长期直播合作，培育农民主播，助力农产品出村进城，“村播计划”的多场直播均实现了销售额超过千万元的业绩。据淘宝数据显示，截至2020年第一季度，农产品相关直播已达140多万场，覆盖31个省、自治区、直辖市，2000多个县，引导60000多新农人加入。短视频平台“快手”的数据显示，在2019年，有超过1900万人从“快手”平台获得了收入，有500多万人来自国家级贫困县。其中，国家级贫困县在“快手”卖货人数约115万人，年销售总额达到193亿。2020年2月10日起，拼多多开启“政企合作，直播助农”系列活动，探索“市县长当主播，农户多卖货”的助农电商新模式，在浙江、广东、广西、重庆等地组织了多场直播助农活动，各地市长、县长纷纷化身主播，协助农民网络卖货。仅最初的半个月，累计帮扶各类农户超过8600户，协助开设的农民新网店最近一周平均单店销售额达23万元。

最后，县长市长直播上阵带动地方特色农产品销售高潮迭起，成为直播带货的新主力军。在公共卫生危机期间，面对各个地区普遍出现的农产品销售困境，往日较少出现在公众视线中的县长市长们开始陆续组团登台为本地的特色产品站台，引起了广大网民的关注，促成了不错的销售业绩。其中，湖北省“政务直播带货”成为助农产业的典型实践（邓喆，2020）。为了帮助湖北经济的全方位复苏，4月以来，一位位来自湖北的市县长相继转换角色，走进网络直播间。在市县长推荐下，网友们纷纷购买洪湖莲藕、嘉鱼藕带、秭归脐橙等应季农产品，为湖北加油。淘宝网宣布在4月至6月期间，举办超过100场针对湖北农货的销售活动；在抖音应用软件内搜索“助力湖北”，可以看到“湖北重启，抖来助力”援鄂复苏计划专题页面；京东启动“买光湖北货”活动，通过平台帮助湖北农产品外销，并推出了价值1亿元的补贴政策；拼多多与湖北省农业农村厅签署《“乡村振兴及抗疫助农”战略合作协议》，上线“湖北优品馆”。这一串串漂亮的销售数据是给大胆尝试直播的县长和市长们最有力的回馈。商务大数据监测显示，一季度100多位县长、市长走进直播间为当地产品“代言”。直播带货成为推动农产品上行及助农脱贫的营销新形态。

综上所述，直播带货不仅是一种全新的商业模式，也是一种有力的社会经济创新，特别是在乡村振兴的大背景下，其意义尤为重大。不仅有助于农产品的销售，也在推动农业现代化、提升农民收入、促进乡村振兴等方面发挥着重要作用。随着技术的不断进步和社会的不断发展，预计这一模式将在未来得到更广泛的应用和推广。

（三）公益力量赋能助农产业

伴随着数字经济的发展，以信息通信技术为核心的技术手段正在对社会经济的各个方面起着前所未有的促进作用。我国的公益慈善事业也在进行积极的数字转型与实践。近年来，公益组织和社会企业也开始注重利用直播带货作为一种扶持农民和推动乡村振兴的工具。这种参与不仅在商业层面帮助农民实现更有效的农产品销售，还在社会责任和持续发展方面具有显著意义。

1. 农民层面

通过直播产业来带动公益助农，能够显著提高农民的知识与能力，拓宽农民的视野和认知。

很多农民由于缺乏必要的市场营销和数字基础素养，难以有效地推广和销售自己的农产品。公益组织和社会企业在这里起到了“桥梁”和“催化剂”的作用。公益组织和平台能够提供必要的培训和资源，例如如何使用直播设备，如何进行有效的产品展示，以及如何与观众进行互动等，从而赋能农民更好地利用直播平台。此外，除了销售农产品，农民通过参与直播也有机会接触到更广泛的信息和知识，包括但不限于农业技术、市场趋势、消费者需求等，这对于提高农民的综合素质和适应现代农业发展的需求具有积极意义。

2. 农业层面

通过直播产业来带动公益助农，有助于展示农产品的丰富多样性，助力于农产品全产业链的降本增效。

传统的农产品销售渠道往往受限于地理位置和市场规模，难以全面展示农产品的多样性。然而，通过直播平台，农民或主播可以展示各种各样的农产品，包括但不限于水果、蔬菜、肉类、水产等，甚至包括一些特色和地域性强的农产品；直播带货模式允许农民或主播在销售过程中对农产品进行详细的介绍，包括生长过程、营养价值、独特口感等，这不仅增加了农产品的附加值，也提高了消费者的购买意愿；通过直播带货，农产品能够实现“短链销售”，即直接从生产者到消费者，跳过中间多个环节，从而大大提高销售效率和降低成本。这对于农民来说，意味着更高的收入；对于消费者来说，意味着更低的价格和更高的产品质量。

3. 社会层面

通过直播产业来带动公益助农，有助于维持农业产业的可持续发展，提高全社会的社会责任感(李修远，2021)。

通过公益组织和社会企业的参与，直播带货活动通常能够得到更广泛的社会关注。这不仅可以增加农产品的销售量，还可以提高整个社会对农业和乡村振兴问题的认知和重视；不同于一般的商业活动，公益组织和社会企业参与的直播带货更加注重持续性和可持续发展。他们可能会进行长期的跟踪和支持，包括但不限于持续的培训、资金支持，以及与其他组织和政府部门的合作等；公益组织和社会企业通常更加注重社会责任和可持续发展。他们在推广农产品的同时，也会关注农业的可持续发展问题，例如环境保护、生态农业等，并尽可能地将这些因素纳入直播内容中，以提高公众的环境意识和社会责任感。

综上所述，公益组织和社会企业参与直播带货，不仅有助于提高农民的综合素质与适应现代农业发展的需求，也有助于促进农产品的销售和农民的经济提升，促进农业产业的可持续发展。这也使得直播带货模式在乡村振兴中的应用具有更加丰富和深刻的内涵。

三、乡村振兴视域下公益助农实践面临的挑战

（一） 农民数字素养的不足

农民面临的技术门槛是首要难题，农民群众的数字素养亟待提升。虽然直播带货模式在农业领域有着巨大的潜力，但实施过程中也面临一些挑战和

问题。农民普遍缺乏直播技术和网络营销知识是一个无法忽视的关键因素。主要体现在以下几个方面：

第一，缺乏基础设施和技术支持。在许多农村地区，尤其是相对偏远和贫困的地方，基础设施通常不完善，包括网络覆盖不广、带宽不足等。这些因素限制了农民进行高质量直播的可能性。即使有网络，农民也通常缺乏必要的硬件设备，如高清摄像头、专业麦克风等。

第二，农民自身的知识和技能不足。农民普遍缺乏有关直播技术和网络营销的基础知识和技能。例如，如何设置和操作直播软件、如何吸引和维护观众、如何进行有效的产品展示和推广等。这些因素都增加了直播带货模式在农业应用中的复杂性和难度。

第三，信息不对称和培训不足。尽管有一些公益组织和政府部门试图通过培训和支持来解决这一问题，但目前的培训机会还远远不足，且通常集中在较大或较发达的农村地区。这导致在一些较小或较贫困的农村地区，农民对直播带货仍然存在较大的信息不对称和技术障碍。

第四，对新技术的接受度和心理障碍。除了硬性的技术和知识门槛外，一些农民对新技术和新模式也存在心理障碍。他们可能会觉得直播带货是一种“年轻人的玩意儿”，并不适合自己，或者担心自己因为缺乏相关知识和技能而难以成功。

（二） 农业核心技术的产业化风险

数字乡村建设与现代农业融合发展过程中，农业核心技术的数字化、产业化仍然有较大的发展空间(戴心怡 等，2022)。根据我国农业农村部发布的数据显示，2022 年我国农业的科技进步贡献率是 62.4%，仍有提升空间，而我国农业传感器、农业模型和核心算法等关键技术仍落后先进国家 10 至 15 年。全球一些精准农业技术平台能够对农作物生长模型、生产控制提供系统性的智能种植方案，且因为技术壁垒的加强这些平台在相关细分领域的垄断地位愈发坚固。另外，农业生物育种关键核心技术对现代农业的贡献同样有很大提升空间。《数字农业农村发展规划》明确指出，数字农业农村的“发展基础薄弱，数据资源分散，天空地一体化数据获取能力较弱、覆盖率低，重要农产品全产业链大数据、农业农村基础数据资源体系建设刚刚起步。创新能力不足，关键核心技术研发滞后，农业专用传感器缺乏，农业机器人、智能农机装备适应性较差”。尽管一些公益组织和政府部门提供免费的培训和技术支持，但这些通常都是项目性质的，持续时间和覆盖范围有限。因此，农民可能还需要自己投入资金进行持续的学习和提升。

因此，对于数字乡村建设与现代农业的融合发展而言，数字化转型在一定程度上制约了农业农村的生产增产增收效益，不利于我国乡村振兴的发展。

（三） 助农产业的可持续性困境

可持续性是影响公益助农实践成功与否的一个关键因素。要实现这一模式的长期可持续发展，需要解决观众关注度的持续性问题，这可能涉及多方面的努力，包括但不限于产品和内容的多样化、观众互动和社群建设，以及与其他平台和组织的合作等。

1. 观众流失和短期效应风险。直播带货模式在农业领域的应用需要考虑其长期可持续性。一个关键因素是观众的持续关注，这不仅影响到单次直播的销售效果，也关乎整个模式是否能够长期有效运作。在直播带货的初期，由于新颖性和推广活动，可能会吸引大量观众。然而，随着时间的推移，观众可能会因为各种原因（如内容重复、产品单一等）而流失。这种观众流失和短期效应会影响直播带货模式的可持续性。

2. 直播内容和互动疲劳问题。持续吸引观众不仅需要多样化、高质量的产品，还需要有吸引人的直播内容和互动方式。但在农业领域，由于产品种类和生产周期的限制，以及农民自身在表达和互动方面的局限，可能会出现内容单一或者互动疲劳的问题。

3. 竞争压力和市场饱和显著。随着直播带货模式在农业领域越来越受到关注，竞争也越来越激烈。新的主播、产品和平台不断涌现，如果不能持续获得观众的关注和支持，很容易被市场淘汰。许多农民和公益组织参与直播带货，其首要目标通常是提高农产品的销售和农民的收入。如果不能实现这一目标，或者经济回报低于预期，可能会导致参与者失去动力，进而影响整个模式的可持续性。

4. 质量控制与行业监管风险。直播带货作为一种相对新兴的销售模式，在农业领域的应用也带来了质量控制方面的挑战。由于缺乏专业的监管和标准，产品质量的确保成为一个值得关注的问题。在传统的农产品销售渠道，通常有一系列成熟的质量控制流程和标准，如农药残留检测、品质分级等。然而，在直播带货模式下，这些标准化和认证流程往往缺失或不完善，导致产品质量难以得到有效保证。由于直播带货是一种相对封闭和个人化的销售模式，信息的透明度相对较低。这可能导致一些不负责任的主播或农民利用信息不对称进行欺诈或误导，例如通过美化或篡改产品图片、夸大产品效果等。

要解决这一问题，需要多方面的合作和努力。建立健全专业的质量监管机制、提高信息透明度、加强法规制定和执行，以及提升农民和主播的责任意识和专业水平。这不仅有助于保证产品质量，也是实现整个模式长期可持续发展的关键。

四、乡村振兴视域下公益助农的可能性探索

党的二十大报告提出要“加快建设农业强国，扎实推动乡村产业、人才、文化、生态、组织振兴”。数字乡村建设是农业强国建设的重要内容。数字乡村建设与现代农业的融合发展作为其中关键环节，首先是通过数字要素贯穿全过程，以数字驱动和数字支持为特征，将农村数字化基础设施应用到融合发展中；其次是数字赋能农业产业及其相关的资源，加快农业产业数字化转型，同时推动数字化生态农业发展，发展生态化、绿色化的现代农业；最后是培育融合发展过程中具有数字化素养的农业专业人才和新型农业经营主体。以直播带货为主的助农实践模式广泛促进了数字乡村建设与现代农业融合发展，不断推进农民致富创收，助力推进数字信息技术在农业中的发展，改变传统落后农业发展模式，优化升级农业产业结构，促使农业农村更快实现现代化发展，最终实现更高的发展阶段，建设农业强国。当前我国的乡村振兴事业发展正处于机遇期，要从多维度入手，充分把握数字乡村与现代农业发展的窗口期，全面推进我国乡村振兴战略的发展，早日实现全体人民的共同富裕。

（一） 加强政策支持与引导，降低公益助农门槛

为了解决乡村振兴视域下的助农实践模式遇到的问题，政府支持起到至关重要的作用。具体来说，政府可以通过出台相关优惠政策、投资基础设施建设、加强技术培训与指导等多重举措助力直播助农产业的发展（邓喆，2020），降低农民参与直播带货的门槛。

政府可以设立专项资金，用于购买或补贴直播所需的硬件设备，如摄像头、麦克风和照明设备等。此外，也可以为参与直播带货的农民提供税收优惠或其他财政支持，以降低他们的经济负担；由于农民普遍缺乏直播技术和网络营销的专业知识，政府可以组织专门的培训课程或工作室，内容包括基础的直播操作、网络营销策略、产品展示技巧等。这不仅能提高农民的技术水平，也有助于他们更有效地进行直播销售；在一些网络不畅或地理位置偏远的农村地区，政府可以投资建设必要的网络基础设施，包括提升网络速度和带宽，或者设立公共 Wi-Fi 点等；政府可以与各大直播和电商平台进行合作，为农民提供更多的展示和销售机会。例如，可以组织专门针对农产品的直播活动，或者在平台上为农产品设立专区，以提高其曝光度和知名度。通过提供政策惠农、资金支持、培训、基础设施建设等多方面的政府支持，可以有效降低农民参与直播带货的门槛，进而促进“直播＋公益”助农新模式在更广泛的范围内得到应用和推广。这不仅有助于提高农产品的销售和农民的收入，也是推动乡村振兴和农业现代化的重要手段。

（二） 健全相关法律法规，打造可持续营商环境

在公益助农实践的过程中，完善的法律法规是保障其健康、有序和可持续发展的重要基石。针对直播带货这一相对新兴的模式，需要制定或完善一系列的法律法规，以规范相关行为、确保消费者权益和维护市场秩序（苏海雨，2021）。

为了确保直播带货的公正和透明，法律法规应明确规定相关的行为规范（赵树梅、梁波，2021）。例如禁止虚假宣传、误导消费者、恶意竞争等不正当行为。同时，也应明确直播平台、主播和农民在直播过程中的权利和责任；产品质量是直接关系到消费者权益的关键因素。法律法规应明确规定农产品的生

产、加工、储存、运输和销售等环节的质量标准和检测方法。对于不合格的产品，应明确处罚措施和责任追究方式；消费者是直播带货模式的核心参与者，其权益的保护关系到整个模式的公信力和长期发展。法律法规应明确规定消费者的权利，如知情权、选择权、安全权、退换货权等。同时，也应建立有效的消费者投诉和维权机制；要强化监管和执法，具备强有力的监管和执法。对于违法行为，应及时查处并公开曝光，以维护市场秩序和公众利益(宫春子、徐芳兰，2021)。通过明确的行为规范、产品质量标准、消费者权益保护和有效的监管机制，可以为农民、消费者和整个市场创造一个公平、公正和可持续的营商环境。

（三） 动员社会企业参与，深度整合社会资源

社会企业具有商业运作和社会目标双重属性，其参与可以为公益直播助农实践带来多方面的优势，有效弥补助农产业相关专业人才不足的缺陷，深度整合与链接社会资源。

社会企业通常具有更多的资源和专业知识，能够为农民提供一系列专业化的直播服务。例如直播内容策划、视觉设计、产品展示技巧等。通过这些专业服务，农民可以更有效地吸引观众，提高产品的销售转化率；社会企业注重长期合作和持续发展，也通常有更好的资金和资源整合能力，可以更为有效地利用各种资金和资源，包括政府补贴、社会捐赠、投资和贷款等，充分开展与其他组织、政府部门、市场部门等进行合作，广泛支持公益助农产业的发展，能够最大化地推动乡村振兴和农业的可持续发展。此外，社会企业的介入也有助于新模式、新经验的成功提取与可复制，能够实现更广泛地域和农村产业的推广与振兴。

（四） 拓展多元化营销路径，提高助农产业竞争力

多元化营销是公益直播助农实践中不可或缺的一环。通过与电商平台的合作，不仅可以拓宽销售渠道，还能借助平台的多种资源和优势，提高农产品的市场竞争力。

依赖单一的销售渠道通常意味着较高的商业风险。为了更有效地推广农产品和提高农民收入，多元化营销成为一个必要的策略。除了直播带货，与电

商平台的合作可以作为一个有效的补充，实现多渠道销售和收入增长（傅泽，2021）。电商平台通常具有庞大的用户基础和成熟的运营模式，能够为农产品提供更广泛的展示和销售机会。通过电商平台，农民可以接触到更多的潜在消费者，也能更方便地进行价格调整、库存管理等；电商平台通常具有强大的数据分析能力，能够提供关于用户行为、购买习惯等方面的深入洞见。通过这些数据，农民可以更精准地进行产品定位和营销策略，从而提高销售效率；更为重要的是，在互联网时代，物流和配送支持是助农产业中非常关键的一环。多数电商平台都有完善的物流和配送网络，这可以解决农产品销售中常见的物流问题，减少农民的经营风险，有利于维持长期稳定的合作。

参考文献

戴心怡，梅茹雪，郑冰洁，2022.新农村建设背景下直播营销助农模式的研究与应用[J].湖北经济学院学报（人文社会科学版），19(2)：56－58.

邓喆，2020.政府官员直播“带货”：政务直播＋助农的创新发展、风险挑战与长效机制[J].中国行政管理(10)：80－85.

傅泽，2021.数字经济背景下电商直播农产品带货研究[J].农业经济(1)：137－139.

宫春子，徐芳兰，2021.电商“直播带货”中的问题解析与规制建议[J].商业经济研究(6)：83－86.

郭红东，曲江，2020.直播带货助农的可持续发展研究[J].人民论坛(20)：74－76.

李晓夏，赵秀凤，2020.直播助农：乡村振兴和网络扶贫融合发展的农村电商新模式[J].商业经济研究(19)：131－134.

李修远，2021.公益助农直播的实践路径与价值分析——以三大央媒携手淘宝直播公益带货为例[J].传媒(10)：37－38＋40.

苏海雨，2021.网络直播带货的法律规制[J].中国流通经济，35(1)：97－104.

索晓霞，2018.乡村振兴战略下的乡土文化价值再认识[J].贵州社会科学(1)：4－10.

张艳荣，闫晓彤，2021.论“电商＋直播”营销新模式[J].学术交流(4)：100－110.

赵树梅，梁波，2021.直播带货的特点、挑战及发展趋势[J].中国流通经济，35(8)：61－71.

龙头公益组织为何难以在乡村社区中大显身手
——基于互动关系的分析

邵明彩[①]

(河海大学公共管理学院)

摘　要:公益组织是乡村治理的重要主体,也是乡村振兴的重要推动力量。但公益组织介入乡村社区时存在专业性难以发挥的问题,并且以往研究中较少从双方互动关系的角度进行分析。本文以一个龙头性公益组织参与乡村社区治理的项目为例,研究社区与公益组织之间的关系状态对公益组织专业性发挥的影响。研究表明,农村社区与龙头公益组织之间可能存在一种"权力拉扯关系",即乡村社区可能在资源和资金上反向依赖于公益组织,但公益组织并不能在项目方案制定和执行过程中保有话语权。这样一种关系,使得公益组织的专业伦理和价值观受到冲击,专业服务技巧也难以施展。

关键词:公益组织;乡村治理;权力拉扯关系;专业性

一、引言

近年来,随着服务型政府的建设,政府开始购买公共服务,并最终定位在向社会组织购买,其目的在于为社区居民提供专业性的服务,弥补基层政府在提供服务方面的短板。非社区自身培育、由外部导入的外源型社会组织,在参与乡村社区治理时,面临着专业性如何有效发挥的问题。

学界多用"悬浮"来描述专业性发挥的困难,主要表现在场域悬浮、对象悬浮、角色悬浮、内容悬浮、功能悬浮以及自身发展悬浮等方面。对专业性难以

---

① 邵明彩,山东临沂人,河海大学社会工作系硕士研究生,研究方向为公益慈善与社会组织。

发挥的解释，主要包括项目制的购买方式、社会组织自身发展以及外部环境影响三个方面。一方面，政府以项目制的方式向社会组织购买服务，通过单向度的权力控制，使社会组织被行政化管理，以参与行政事务的方式依附于政府发展。[①] 另一方面，社会组织为了争取有限的发展资源，表现出明显的“逐利倾向”，违背了社会组织的价值目标。[②] 此外，社区是“社会行动与互动的场域”[③]，外源型社会组织在进入乡村社区时，面临着“地方性知识之网”[④]的阻隔，被隔离在本土的“属地圈层”之外。

但是学界从社区与社会组织关系的层面进行分析研究的较少。然而，双方的关系状态可能是专业性发挥的重要影响因素。关于社区与社会组织关系的研究中，西方研究起步较早，史蒂文·J.克尔曼(Steven J. Kelman)认为“买方与卖方是委托—代理关系，即政府部门是委托人，承包者是代理人”[⑤]。与代理人关系不同，范斯莱克基于管家理论，提出了社会组织的“管家”角色，双方之间是委托人—管家的关系。库珀认为“买方主体与卖方主体是伙伴关系，作为买家的政府与作为卖家的社会组织、非营利机构或企业之间是相互依赖的”[⑥]。基于伙伴关系的基础上，库珀又提出来“盟友关系”。上海大学范明林教授将社区建设中政府与社会组织的关系划分为自主性关系和依附关系。其中，在自主互动关系下，双方地位平等、友好合作，与伙伴、盟友关系较为相似；而依附关系下，公益组织在资源、资金方面单向依附政府。

然而，笔者在实践中发现社区和公益组织可能存在一种新的关系状态，与前文中的单向依附关系和伙伴关系状态存在区别。在这种关系下，社区在资源上反向依附于公益组织，但双方在沟通协商等方面并不平等。本文将这种关系界定为“权力拉扯关系”，并试图以一个案例说明这种关系状态对社会组

---

① 王向民:《中国社会组织的项目制治理》,《经济社会体制比较》2014 年第 5 期。

② 白志华:《社会组织“悬浮”社区的治理进路:从脱嵌到嵌入》,《青海社会科学》2023 年第 1 期。

③ 范会芳:《社区理论研究:桑德斯的三种模式》,《社会》2001 年第 10 期。

④ 薛美琴、马超峰:《在地性整合:社会组织立体式参与乡村振兴的路径》,《学习与实践》2023 年第 6 期。

⑤ Steven J. Kelman, *Contracting in The Tools of Government: A Guide to the New Governance* (New York: Oxford University Press, 2002).

⑥ 菲利普·库珀:《合同制治理——公共管理者面临的挑战与机遇》,竺乾威、卢毅、陈卓霞译,复旦大学出版社,2007。

织专业性发挥的影响。

二、文献综述

现有研究中,关于外源型社会组织介入乡村治理的研究,多从“悬浮”入手,分析为何专业性难以发挥。所谓专业性,最早在学界提出的是弗莱克斯纳(1915)[①]。之后,格林伍德(1957)提出了专业性五要素:系统的理论体系、专业权威、社会认可、道德规范、专业文化。国内关于专业性的研究也多从以上几个方面进行,其中就社会工作如何在乡村社区发挥专业性而言,有几个方面不能忽略,比如专业伦理和价值观与专业方法技巧。[②] 专业伦理和价值观注重村社的各种内部关系,强调居民的高度参与,体现当地的“原乡价值”[③];专业方法技巧采用综合干预、整合的方法介入乡村治理,既注重当下需求的回应,又立足于乡村的可持续性发展。

现有研究中对于专业性难以发挥的分析主要从购买方、服务方、外部环境三方面进行了解释。

首先,在以单向度权力控制为特征的政府发包体制下,政府购买模式多是非竞争性的“定向”购买,即购买行为的“内部化”[④]和“竞标前合作”的虚假竞标。这种“定向”的政府购买形式使得服务方和购买方在招标之前就达成了“合作共识”,竞标过程也成了“走过场”,也出现了社会组织之间互相“陪标”的现象。[⑤] 这种情况下,社会组织往往会采用“寄居蟹的艺术”[⑥]的方式建立和巩固与购买方之间的信任关系,参与基层政府下派给社区的各类行政性事务,使原本专业性的服务被行政化。

---

① Abraham Flexner, *Is social work a profession?* (Chicago: National Conference of Charities and Corrections, 1915).

② 夏学銮:《社会工作的三维性质》,《北京大学学报(哲学社会科学版)》2000 年第 1 期。

③ 陈涛:《再谈透彻理解乡村振兴社会工作服务的专业性》,《中国社会工作》2022 年第 2 期。

④ 王浦劬、莱斯特·M.萨拉蒙:《政府向社会组织购买公共服务研究》,北京大学出版社,2010。

⑤ 王向民:《中国社会组织的项目制治理》,《经济社会体制比较》2014 年第 5 期。

⑥ 邓宁华:《“寄居蟹的艺术”:体制内社会组织的环境适应策略——对天津市两个省级组织的个案研究》,《公共管理学报》2011 年第 3 期。

其次，社会组织为了使自身拥有更大的发展空间、获取更多的发展资源，表现出明显的“分利倾向和谋利行为”[①]；为了迎合政府“异购同治”、碎片化管理的方式[②]，催生出“文本化”评估的问题，将工作重心转移到了“美化”服务次数、服务时长等方面，用“复写”和“拼装”各类服务要素掩盖服务质量低下的事实[③]，严重背离社会组织发展的价值目标和服务目标。

最后，在外部环境方面，中国的乡村社区具有明显的“差序格局”[④]特征，外源型社会组织进入乡村社区是“不确定的场域”[⑤]，还面临着“地方性知识之网”[⑥]的阻隔，特有的地方价值与文化特性影响着社会组织支持性网络的建立，为社会组织与购买方以及服务对象建立联系设置了天然屏障。

以上原因分析表明，外源型社会组织进入乡村社区时，难以达到政府所期望的“公共服务的提供者、社会价值的捍卫者、公共政策的倡导者”[⑦]的角色。对于外源型社会组织自身而言，赋能服务对象的目标无法达到，自身具备的专业方法技巧难以在服务过程中运用，助人自助的专业伦理和价值观也遭到冲击。

然而，购买方与社会组织之间的关系如何影响专业性的发挥也值得关注。关于双方关系的研究，早在20世纪80年代，西方的一些学者就做了相关的解释，例如戴维·奥斯本和特德·盖布勒提出政府应该是“掌舵者”而非“划桨者”[⑧]，珍妮特·登哈特和罗伯特·登哈特认为要让公民参与公共服务的提供[⑨]，两者之

---

① 白志华：《社会组织“悬浮”社区的治理进路：从脱嵌到嵌入》，《青海社会科学》2023年第1期。

② 白吕芳：《“异构同治”与基层政府购买服务的困境——以S街道的政府购买服务项目为例》，《管理世界》2021年第9期。

③ 王诗宗、宋程成：《独立抑或自主：中国社会组织特征问题重思》，《中国社会科学》2013年第5期。

④ 费孝通：《乡土中国》，人民出版社，2000。

⑤ 郑观蕾、蓝煜昕：《渐进式嵌入：不确定性视角下社会组织介入乡村振兴的策略选择——以S基金会为例》，《公共管理学报》2021年第1期。

⑥ 薛美琴、马超峰：《在地性整合：社会组织立体式参与乡村振兴的路径》，《学习与实践》2023年第6期。

⑦ 于健慧：《社会组织参与乡村治理：功能、挑战、路径》，《上海师范大学学报（哲学社会科学版）》2020年第6期。

⑧ 戴维·奥斯本、特德·盖布勒：《改革政府：企业家精神如何改革着公共部门》，周敦仁等译，上海译文出版社，2006。

⑨ 珍妮特·登哈特、罗伯特·登哈特：《新公共服务：服务，而不是掌舵》，丁煌译，中国人民大学出版社，2004。

间应演变为“契约合作模式”[①]。随着公共服务购买实践的进一步发展，学者开始将政府与提供服务的第三方划分成“买方”与“卖方”，并发展出了委托—代理、委托—管家、伙伴、盟友等关系类型。[②] 北京大学句华教授根据购买方式的竞争程度和政府与社会组织的平等程度，将这四种关系类型进行了四维划分。其中，购买方式竞争程度高且平等程度也高时，双方之间是伙伴关系；购买方式竞争程度高且平等程度低时，双方是委托—代理关系；购买方式竞争程度低且平等程度亦低时，双方是委托—管家关系；购买方式竞争程度低且平等程度高时，双方是盟友关系。[③]

此外，清华大学的王名教授，根据社会组织是否具有独立性，对双方的关系进行了二维划分，即独立性关系和依赖性关系。[④] 而鉴于当前项目制的购买方式，竞争性购买演变成非竞争性的“定向”购买，范明林教授将其进一步划分为单向依附关系和自主互动关系。[⑤]

但是，笔者根据实践观察，发现社区与社会组织之间或许存在另一种关系模式，这种关系模式会影响社会组织专业性的发挥。那么，本文以龙头性社会组织参与乡村治理的项目作为案例，分析参与乡村社区治理时，双方的关系状态如何影响专业性的发挥。

三、研究方法

本文的资料主要于 2023 年 2 月至 8 月以参与式观察和半结构访谈的方式收集。案例中的购买方为南京市 W 村村两委。该村属于城郊村，面积 5.6

---

① E. S. 萨瓦斯：《民营化与公私部门的伙伴关系》，中国人民大学出版社，2002 年。

② David M. Van Slyke, “Agents or Stewards: Using Theory to Understand the Government-nonprofit Social Service Contracting Relationship,” *Journal of Public Administration Research and Theory* 17, no.2(2007):157—187；菲利普·库珀：《合同制治理——公共管理者面临的挑战与机遇》，竺乾威、卢毅、陈卓霞译，复旦大学出版社，2007。

③ 句华：《社会组织在政府购买服务中的角色：政社关系视角》，《行政论坛》2017 年第 2 期。

④ 王名、乐园：《中国民间组织参与公共服务购买的模式分析》，《中共浙江省委党校学报》2008 年第 4 期。

⑤ 范明林、程金：《城市社区建设中政府与非政府组织互动关系的建立和演变——对华爱社和尚思社区中心的个案研究》，《社会》2005 年第 5 期。

平方公里，户籍人口3253人，其中外来人口近328人，拥有“文明村”“五好村”等荣誉称号。目前该村已形成伏秋芦蒿、菊花叶、马兰头等特色农作物田地，村民经济收入以务工为主。自2018年，该村开始打造“阿婆”品牌，培育“阿婆”特色队伍，输出“阿婆”文化，推动乡村治理。

案例中的服务方为A公益组织，是由一家具有公募资格的全国性基金会发起的5A级公益组织，主要从事社会组织培育发展、社区建设和治理、社区公益慈善等。A公益组织成立发展到现在，在多个城市设立分支机构，并且在南京市各个行政区内均有项目点，拥有庞大的资源网络，多次承接城市社区建设、社区治理、社工站、未保站等多领域的一线服务项目，在业界享有盛誉，为南京市龙头性公益组织。

笔者深入参与了A公益组织承接的W村社区治理项目，进行了参与式观察，将参与过程中自身的感悟写成工作日志，并对一起共事的一线社工的工作过程、工作态度以及感悟进行了记录。笔者多次实地参与服务活动，撰写过该项目的部分方案、新闻稿，拥有一手的文字资料。

另外，笔者还以半结构访谈的方式，对负责W乡村治理项目的项目主管兼一线社工大亮(化名)进行了3次正式访谈，每次时长2.5小时。通过社工大亮的牵线，笔者还对W村负责对接该项目的网格员木木(化名)进行了2次正式访谈，每次时长2小时。通过网格员木木的牵线，笔者对服务对象进行了焦点小组访谈。在正式访谈中均得到了访谈对象的允许，将访谈内容进行录音，并整理成逐字稿。除正式访谈之外，笔者还在日常工作中，以口头聊天和线上咨询的方式向社工大亮询问了相关事宜，并逐一记录成文字稿。

四、研究发现

(一) 既是“资源库”又是“外人”的社会组织

2019年，该村村两委委托“熟人”介绍A公益组织承接本村乡村治理项目，经过“牵线搭桥”和协商洽谈，双方达成合作。达成合作之初，W村村委向A公益组织表示，主要诉求为“链接资源，打造特色文化品牌，赋能阿婆，促进乡村发展”。

在合作之前，W 村认为 A 公益组织是一家拥有丰富资源、具有专业能力的组织，对与 A 公益组织的合作十分向往，甚至是“慕名而来”，而与 W 村的合作，也符合 A 公益组织拓展乡村振兴领域服务的发展规划。

“当时通过唐主任的介绍，接触到 W 村，然后我们当时也正想有一个乡村振兴领域的抓手，使自己的发展更加‘面面俱到’。”（社工大亮）

在达成合作意向后，双方经过协商，确定服务内容主要包括：赋能阿婆，促进阿婆技能提升和参与社区自治；培育“阿婆”团队、打造“阿婆”品牌、弘扬“阿婆”文化；美化乡村环境、建设数字化社区。但是，在项目执行过程中，双方的互动并不像开始协商时那般顺利。W 村村两委对 A 公益组织的态度发生了变化，认为 A 公益组织是侧重于实践性的，将其看作一个“资源库”而非专业组织和专业社会工作人员，这与合作之前对 A 公益组织的定位是不同的。此外，W 村村两委还将 A 公益组织看作“外人”，服务的内容仅为链接活动资源，其他服务不允许 A 公益组织插手。

“之前村委和阿婆们发生了一点矛盾，村委那边没有告知我们这件事，也没有让我们来进行调解。他们认为这是自己的‘家事’，村子有很多的荣誉在，这种事情不好外传，‘家丑不可外扬’，哪怕是我们也不让介入。”（社工大亮）

正是由于 W 村村两委将 A 公益组织看作“资源库”和“外人”，在整个服务过程中，村委强势地占据主导权，并将自身放在主体地位上，认为 A 公益组织应根据“吩咐”办事，这使得双方在沟通上的地位并不平等，双方处于政治权力和专业权力的拉锯战中，与前文中所说的关系状态存在区别。

W 村将 A 公益组织看作“资源库”，在资源上反向依赖于 A 公益组织。而 A 作为一家龙头性的公益组织，自身运营资金充足，甚至在服务过程中出现“垫钱做活动”的情况，在资金上不存在依附 W 村的情况。在这样的情况下，W 村在资源和资金方面可以说反向依附于 A 公益组织，处于“弱势”地位。但是，W 村在服务过程中用自身“甲方”的身份，强势干涉服务过程，并拒绝提供平等沟通的机会，站点政治权力的高点来制衡 A 公益组织。

然而，W 村认为 A 公益组织是“外人”，其工作只是资源链接，不需要“操心”其他的内容。同时，在具体服务的实施上，W 村也将自己放在了主体地位上，其中服务对象的选取、反馈收集以及活动开展，均是由 W 村村两委出面，用自己的政治地位压制了 A 公益组织的专业地位。

在这种情况下，A 公益组织虽然拥有丰富的资源和实务经验，但是缺少平等沟通的机会，专业性的发挥也受限制，只是购买方的“执行工具”[①]。A 公益组织的专业伦理和价值观受到冲击，专业方法和技巧也难以体现。

（二） 权力拉扯关系对社会组织专业伦理和价值观的影响

在权力拉扯关系下，A 公益组织的专业伦理和价值观受到冲击，“服务于谁”的问题变得不清晰，甚至与社工专业价值观相悖，具体表现在服务目标、服务的主体性和项目社工的职业道德方面。

一方面，A 公益组织在介入乡村治理时，秉承“助人自助”的价值理念，旨在实现服务对象的自我赋能，强调服务的利他性。在合作之初，A 公益组织根据前任社会组织所做的需求调研，以及与村委和阿婆代表的沟通，明确了服务目标为“赋能阿婆团队，丰富阿婆文化的内涵，发挥乡村文化的‘引擎’效力，推动乡村振兴”。但在项目执行过程中，W 村村两委更加看重村民与村委之间的联系，提升村民对村委的信任。这样一来，服务目标由培育本土团队、推动乡村振兴，变成微观层面的“人际关系”维护。再加上 W 村村两委的“权威”，A 公益组织所开展的服务由服务村中的阿婆们，变成了服务村委和阿婆，甚至说是先村委后阿婆。这样的服务目标与 A 公益组织自身的期望不符，根据服务目标设计的服务内容也无法展开实现。

另一方面，W 村认为 A 公益组织是“资源库”，其作用在于用丰富的活动链接村委和村民，促进村委和村民的联系。而且，W 村还认为 A 公益组织是“外人”，那么村民和 A 公益组织的联系并不重要。笔者在与村中阿婆们进行焦点小组访谈时，阿婆们也表现出对 A 公益组织不熟悉，听说过 A 公益组织也是因为它的名气比较大。A 公益组织与在召集服务对象等方面丧失了主体性，与服务对象的联系是非常缺乏的，难以获得服务对象的认可。

“他们把活动方案给到我们之后，村民（服务对象）的招募肯定是要我们来做的呀。在活动中，主体是我们村委，这个活动是由我们村委来做的，A 公益

---

① 吕纳、张佩国：《共服务购买中政社关系的策略性建构》，《社会科学家》2012 年第 6 期。

组织不过是链接了资源。”(网格员木木)

“每一次的活动招募,招募信息都是我这边编辑好之后发给村委,然后他们转发到群里。虽然我也在群里面,但是这个工作还是由他们来做。因为之前我有转发一个获奖的链接到群里,村委没有任何的互动,隐晦地表示我越俎代庖了。”(社工大亮)

以上,在服务目标和服务主体地位的矛盾也冲击了项目社工的专业伦理和价值观。由于服务目标、服务内容需迎合 W 村村两委的要求,使得所开展的服务内容形式单一。项目社工经过专业思考和精心设计的服务方案得不到认可,所做的努力不被看见,甚至被认为是“多余的”。

“根据他们的要求每次开展的活动都是比较类似的,也没有什么技术含量。顶着这么大的名头(指 A 公益组织在业界内的名气),做出来的东西没有创新性和独特性,在工作时就会很矛盾,有很大的愧疚感。但是,也无力改变这种情况,解释了很多次村委还是按照自己的想法来,就这样‘膈应’地工作着。前面说到的那个小程序,我是很想做起来的,这对乡村发展很有帮助,村委拒绝后,我也还是去公益筹款筹到了资金,但还是被砍掉了,这种打击太多,后面对这个项目也就不怎么上心了。”(社工大亮)

这种矛盾,使得项目社工在工作中难以获得成就感,影响了项目社工的工作热情,进而导致后续服务内容的“敷衍”,服务的提供与专业性脱钩,逐渐形式化。

(三)“权力拉扯关系”对公益组织专业方法和技巧的影响

W 村和 A 公益组织在政治权力和专业权力上的拉锯,不仅影响了 A 公益组织的专业伦理和价值观,也影响了专业方法技巧的运用,“如何服务”也变成了一个问题,主要表现在服务方式和服务内容方面。

首先,在服务方式上,单场次的活动和连贯的系列活动对于村两委来说区别不大,并且相较于同类型的连续活动,村两委更喜欢单场次各不相同的活动。但是,A 公益组织根据其自身对服务目标的理解,活动的开展是有层次递进的,开展的活动有整体性和逻辑性,要有综合性的干预。并且 A 公益组织期望通过活动的开展能够培育出一位或者几位“领头羊”角色的阿婆,并针对这些“领头羊”进行更加丰富的资源链接。

“村里的阿婆们在送完孙子孙女(上学)后,就闲下来了。我们这边有活动,参加完活动还能带走自己做的东西,阿婆们一起来玩一玩多好,也能让她们更加了解村委。”(网格员木木)

“我们开展手工坊的活动,不是单纯地今天做口金包明天做手工皂,是基于阿婆们的文化水平和接受能力,以及产品体现特色文化等方面的考虑,目的是先用简单的活动把阿婆们聚集起来,有团队的意识,后面再一步步增强她们的能力,由先带动团队的阿婆带动村子里面其他的人员,就像‘先富带动后富’,这样来达成我们的服务目标。”(社工大亮)

在服务方式选择上的“被动性”,导致A公益组织所提供的服务更多地满足村两委的要求和喜好,不仅达不到赋能服务对象、推动乡村振兴的目标,也达不到自身开拓乡村振兴领域服务抓手的期望。

其次,政府向社会组织购买公共服务,本质上是政府结构资源与社会组织专业能力之间的互换,服务内容的设置应是社会组织的“主场”,也能够最大限度发挥自身专业性,但是A公益组织缺少该方面的话语权。

在该服务项目中,有一部分服务内容为“美化社区环境,建设数字化社区”。A公益组织考虑到手工坊之后,阿婆团队能够自己制作一些有乡村特色的文创产品,并且这个团队也需要进一步的宣传,因此希望可以搭建一个线上小程序平台。该平台用于公益售卖阿婆们手工制作的文创产品,宣传“阿婆”文化,并且吸引其他乡村资源入驻,达到“阿婆”团队赋能发展的目标。这部分内容提出后被村委直接否决,认为小程序平台需要投入较多的资金,并且还需专人负责运营,增加了村委的工作负担,村委将服务内容改为了为全村更换摄像头。

“当时这个小程序的内容提出来后,村委那边直接否决了。我当时是特别想去做成这个小程序,这对于后续的乡村发展都非常有帮助,也符合建设数字化社区的需求。我还跟村委说这部分的资金可以通过‘99公益日’众筹,不会占用村委的资金。但是,村委那边还是觉得不行,就是想更换摄像头。”(社工大亮)

A公益组织在服务内容设置方面的被动地位,进一步使得自身期望的服务成效无法达成。

“有一件非常搞笑的事情，为了结项考核，在服务快要结束的那段时间，村委让我们一天开了四个活动，就为完成任务。”（社工大亮）

A公益组织在项目执行过程中，与W村村两委之间采用的是“提交—审核—驳回—修改”的沟通模式。尽管A公益组织在提交服务方案后，会向W村村两委解释设置该内容的考虑，但W村村委依旧会将自己认为“没必要”的内容删除，并强势地确定最终活动方案。如此一来，A公益组织被动修改服务内容，对村委和服务对象了解得不深入，被隔离在整个乡村之外，经过专业思考的服务安排被打乱，所提供的服务更多的是文体娱乐活动，缺少综合性和整体性的干预。

五、结论与讨论

本文以一个龙头性公益组织如何参与乡村社区治理为例，研究社区与公益组织之间的关系状态对社会组织专业性发挥的影响。研究发现，A公益组织与W村村两委之间是一种“权力拉扯关系”，在这种关系下，公益组织虽然拥有丰富的资源网络以及协商制定服务合同的权力，但在服务过程中被社区“排外”，缺少向上和向下沟通的机会，被隔离在社区和居民之外。同时，公益组织的伦理和价值观受到冲击，在服务方式、服务内容等方面也丧失了话语权，“妥协”式地提供服务。

首先，本研究提出的“权力拉扯关系”可能是社区和公益组织之间存在的一种新的关系类型。这种关系不同于单向依附关系和伙伴关系。这种关系下，作为购买方的社区在资源和资金上甚至会依赖于作为服务方的社会组织。同时，双方地位不平等，社区以政治权力压制社会组织的专业权力，并缺少对社会组织的信任。

其次，“权力拉扯关系”或许可以为社会组织在社区治理中为何难以发挥专业性提供一个新的视角。首先，在项目制的购买方式下，社会组织忙于社区纷繁复杂的行政事务中，“行政性消解专业性”，导致社会组织服务行政化，陷入“专业化陷阱”。[①] 本文研究的A公益组织，被社区看作“外人”，并没有参与社区行政事务的机会。但A公益组织在政治权力上仍处于“弱势”，成为社区的“下级人员”，影响了自己的专业权力。再者，对于社会组织自身而言，A公益组织在资源和资金方面占据优势，并且在业界享有盛名，不存在依附于W村发展的情况。但是，在“权力拉扯关系”下，双方依旧没有平等沟通的机会，甚至说A公益组织被“反压”。另外，虽然乡村社区具有“圈层属性”，为社会组织进入乡村社区设置了障碍，但是，在服务过程中购买方村委对服务方的态度，可能是影响社会组织专业性发挥的更重要的因素。

再次，社会组织是乡村治理的重要主体，也是推动乡村振兴的重要力量，本文的研究或许可以为社会组织如何在乡村社区发挥专业性提供一定的启发。社会组织进而能够更好地承担基层政府的非必要职能，充当基层政府和群众之间的联络枢纽，减轻基层政府公共事务的负担，改变单一主体为村民提供公共服务的现状，满足居民多样化的需求。

最后，在乡村社区治理中，不少人认为乡村社区的“差序格局”属性，以及村中领导和德高望重的长者在处理村中事务上的话语权[②]、社会组织“外人”的角色，是社会组织提供专业服务时缺少“引路人”的重要原因。笔者在参与城市社区治理项目时发现，该现象在城市社区中也存在。城市社区治理中，购买方与社会组织之间的“权力拉扯关系”是否会呈现与乡村社区不同的特点，以及是否有新的关系状态，这是需要我们进一步探讨的。同时，社区与社会组织之间的“权力拉扯关系”如何向“伙伴关系”转化，也值得探究。

---

① 张春叶、朱宇馨：《社区治理中的“社区全能”与“社会组织全能”倾向》，《学术交流》2022年第3期；刘蕾、董欣静、蓝煜昕：《社会组织参与乡村社会治理的合法性获取策略研究》，《河海大学学报（哲学社会科学版）》2020年第3期。

② 费孝通：《江村经济》，内蒙古人民出版社，2010。

振兴中回望：乡村短视频公益传播研究

宗　昊①

（南京大学社会学院）

摘　要：近年来，乡村地区用户自发拍摄并上传大量展示家乡自然风光、生产生活等方面的短视频，为乡村振兴带来了新的机遇。本研究通过观察短视频平台上或带有一定公益性质的乡村短视频进行内容分析：乡村短视频的主体用户是被赋权的乡村地区用户；内容紧紧围绕着当地的劳动工作与日常生活；其背景画面则为原生态的美丽乡村图景。随着数字化技术赋权时代的到来，乡村短视频正从"人""事""景"三个层面积极"构境"，带来了美丽乡村的反景观呈现，但与此同时，亦需要警惕乡村文化的自我呈现被市场挪用。对此，本文提出相关建议，以期激发村民内部的内生性动力并推动乡村振兴战略全面实施以及我国公益慈善事业的蓬勃发展。

关键词：乡村短视频；乡村振兴；公益传播；反景观；内生性动力

一、引言

据第52次《中国互联网络发展状况统计报告》统计，截至2023年6月，我国短视频用户规模达10.26亿，用户使用率高达95.2%。实际上，短视频自2016年起便呈井喷式发展，在走进大众日常生活的同时，通过媒介渗透进当下视觉主导的时代，不断占有人们的注意力，却也正悄无声息地改变着人们的消费观念，进而逐渐成为生活的景观。

---

① 宗昊，男，南京大学社会学院博士研究生，主要研究方向是传播社会学。

“在现代生产条件无所不在的社会，生活本身展现为景观的庞大堆聚。直接存在的一切全都转化为一个表象。”（德波，2006）景观社会基于视觉传播的统治形式在如今的短视频时代显得愈加明显。短视频制造出的景观通过各种方式与我们相遇，潜移默化地影响着我们的视野与心境，人们的消费观念正不自知地被景观所俘获，图像塑造着消费的世界。

对于如何反叛并重构景观社会，德波提出“构境”的方式：“由一个统一的环境和事件的游戏的集体性组织所具体精心建构的艺术性生活瞬间”，简单来说，即呼吁民众投入于日常生活每一时刻的重构。数字化时代的到来，由于技术的赋权，情境主义国际运动所提倡的“将景观生活颠倒为艺术”（姚继冰、张一兵，2003），可以找寻到更多有生的反抗力量实例。例如，短视频领域内生出的乡村短视频则是通过对于美丽乡村的呈现，弥补了长期以来农民群体以及乡村“被矮化”“被代言”“被消费”的尴尬，一定程度上又辅以公益的助力，反叛并重构现今短视频以视觉、消费为主导的景观社会，实现着乡村振兴与公益传播的另类可持续发展之路。

二、文献回顾：短视频、乡村振兴与公益慈善

（一）短视频与乡村振兴

伴随着媒介技术的发展，世界正变成麦克卢汉所述的“地球村”，却也越来越远离真正的农村。短视频的出现则为乡村地区人民赋能，将散落的“乡村”重新连接在了一起。展示乡村自然风光、生产生活等方面的短视频，在推动当地经济效益发展的同时，也逐渐演变成传播乡村影像与展现乡村文化的重要媒介载体。可以说，乡村短视频的繁荣已经对乡村经济和文化建设产生了实际建设性的影响，成为推动乡村振兴的重要载体。乡村短视频可以被理解为由乡村地区人民自发拍摄并上传，展示家乡自然风光、生产生活等方面的短视频。

根据不同的分类标准，涌现出不同的研究视域。可以将已有研究分为两大类：一类从短视频推动乡村经济入手，主要分析乡村数字文化产业的意义。

总体来说，数字文化产业可以直接纳入现代乡村经济体系，成为一种可拓展的新产业类型，带动乡村其他经济领域发展（李翔、宗祖盼，2020）。就不同平台，不同学者对抖音（张天姿，2019）、快手（何诗弦，2019）等短视频平台乡村短视频前景的研究，也有对报业传媒集团（尹永栓，2020）宣传的短视频研究；就内容的不同来看，多是分析乡村短视频取得的成就以及困境（左琳，2019），亦有部分文章结合脱贫攻坚的时代背景，将短视频与扶贫报道的实践（王庋，2019）或是纪实类纪录片的创作价值（高川淋、高川云，2020）相结合。

另一类则关注于短视频对乡村文化的影响。“文化”指一个民族或是群体共有的生活方式与观念体系总称。而在农村长期共同生活中形成的独特、相对稳定的生活方式和观念体系则构成了“乡村文化”（胡映兰，2013）。主流观点认为乡村社会是无法在现代化浪潮中保持真空的（芮德菲尔德，2013），也即预言的现代化、市场化和城镇化背景下的“后乡土社会”理论（陆益龙，2017）。乡村短视频作为农村社会的“新农具”，形成了自身的题材类型、美学风格和生产模式，为实现乡村文化振兴，发挥积极的作用（王颖吉、时伟，2021）。考虑到短视频自身具备的资本属性与流量追求，对此，有学者持有消极的观点，认为短视频“改造”的乡村文化虽然加强了乡村部落凝聚力，但作为一种与主流对照的亚文化最终无法逃脱被资本以及主流文化收编的命运（刘娜，2018），即便底层群体使出了浑身解数，他们的“底层物语”往往也并没有为他们带来向上流动的积极后果（刘涛，2018）。另一类学者则抱有乐观的态度，乡村用户毕竟通过短视频进行了自我表达，从日常生活情境着手，拥有打破旧有的景观意识形态和话语霸权以反抗主流消费景观的机会（段鹏等，2019）。以上研究往往关注到短视频中乡村文化振兴过程中与资本的交融、对话与磨合，具有极强的批判意义。不过可以安心的是，在相对落后的乡村地区，村民收入尚且无法保证的情况下，市场与短视频助力乡村振兴并不是一件坏事。乡村文化在与资本的对话中，并非完全处于被动，也并非处于收编与对抗“非此即彼”的两极，而是在“夹缝中具有生命力地蓬勃生存”，有着“觉醒”与“异化”的双重面向，因此本研究希望在短视频助力乡村振兴的过程中，有所反思与回望，这也是本文标题蕴含的意旨所在。

乡村短视频中还暗含着乡村文化与都市主流文化的对话。一类学者从权力视域出发，关注文化霸权的打破。短视频营造的“媒介瞬间”利用个人的力量打破了一些通过“媒介事件”和“媒介故事”中所形成的城市对于乡村的文化霸权（刘星铄、吴靖，2017）；另一类学者则较为缓和，关注城乡边界的消解与融合的过程，短视频中的城乡文化呈现出都市和乡村线上空间和线下空间交叠的情景，网络时代下城乡文化正并存，短视频平台成为城乡边界消解、城乡文化拼接的舞台（姬广绪，2018）；农村用户正以“新农人”的主体性身份与认同，去积极构建城乡之间的互动性，进而生成新的交往空间（陈瑞华，2019）。不过，在消费主义与福利主义的框架下，农民这一身份常常被作为城市文化的接受者和消费者，这是文化单向流动的模式，农村缺乏作为主体的参与性（赵月枝、沙垚，2018）。同时，乡村短视频究竟构建了怎样的新型“乡村—都市”互动话语场，这不仅仅局限于短视频中的乡村文化为乡村人民带来的改变，也需要思考城市居民在这场媒介“漂移”中是否被带入乡村“纯净”的某一隅，而这一点在已有的研究中常常被忽视，只关注具有乡土属性的创作者，忽略了受众。

需要反思的是，乡村文化并非只有与资本或都市主流文化两个主流对照组的对话，乡村文化与自身亦是一个对照组。有着短视频浸润、传递的乡村文化与之前的传统乡村文化相比，有何异同？不应忽略短视频中乡村文化与自身的对话，即现代乡村文化与传统乡村文化的对话。在短视频的应用过程中，媒介是加强了乡村的“文化自觉”（费孝通，2010），抑或是在现代话语下乡村越发缺少认同，也是亟需厘清的问题。

此外，短视频助力乡村振兴的同时，对村民的日常生活是否产生了真实的影响？有学者就短视频这一媒介方式，对华北村庄的日常生活进行探究（何志武、董红兵，2021），对此进行引申，信息传播技术在生活器物层面、文本内容层面以及空间场景层面都对村民的实际生活产生了巨大影响。生活器物与文本内容分别指向的是物质生活、精神生活，而空间场景则包括家庭空间、私人空间以及公共空间（冯强、马志浩，2019）。例如，关于家庭空间与私人空间，有学者发现“群聊”是受访者使用最多的社交媒体功能（张媛，2009），基于同学、同事、战友关系组建的同龄“群”，是使用者在社交媒体上最主要的联系对象，血缘、趣缘和业缘的延续在虚拟空间中使个体之间的联系和沟通得到加强。而关于公共空间，有学者专门研究信息传播技术对村民生活中的网络公共空间的重构，村民在移动互联网实践中逐渐形成媒介自组织，同时借助移动网络使得村庄不同群体构建了“媒介化合作网络”（牛耀红，2018），随着媒介自组织逐渐介入村庄公共事务，必然影响村庄权力结构。

总之，近年来学界和业界越发重视短视频在乡村振兴中的作用，但又意识到其发展面临诸多瓶颈，因此，众多学者提出针对性建议与对策。如从主体性出发，应发挥乡村人民的主观能动性，挖掘乡村内生力，建构乡村文化传播新生态，真正助力乡村振兴战略（刘楠、周小普，2019）；又如从外部性出发，乡村原创短视频传播有赖于从外部环境、网络平台、媒介素养、社会合作等多方面进行优化、引导与提升（韩春秒，2019）……无论如何，乡村短视频作为乡村振兴背景下的一种新型视听文化传播现象，预测在未来一段时间内将会持续助力乡村经济和文化发展，而其背后带来的各式各样的问题也会接踵而来，值得进一步探讨与反思。

（二） 短视频与公益慈善

互联网空间通过对现实的重构形成了以“离场介入”为特征的在线公益传播机制（徐凤兰，2020），即“非直接利益相关者以及直接相关者中间介入事件”（王金红、林海彬，2014）。

互联网公益传播机制和模式可以通过拆分公益信息的流动去划分。例如，网络公益传播的模式按传播主体的不同可分为媒介主导型、个人主导型、公益组织主导型和政府主导型（赵华，2012）。具体看场域之间的交错，可以借鉴“微公益沟通传播三角模型”（曾庆香，2014），即公益组织处于轴心位置形成与个人、政府、媒介三方形成密切联系。

同理，借鉴互联网公益传播机制，短视频平台在“以用户为中心”的理念基础上，由于拥有低技术门槛的制作优势和高效率贴合的传播优势，因此公益组织常依托于短视频平台，与个体用户形成传播主体的三足鼎立态势（王灵玲，2018），旨在助力公益慈善事业发展，为其注入新活力。

“短视频＋公益慈善”的模式经历了从兴起到发展的传播历程阶段（侯雅静，2020）。从 2014 年新浪联合微博发起“渐冻人”特殊疾病的公益活动“冰桶挑战”开始，很多公益组织开始入驻短视频平台，用户可以参与更多的公益活动，不过这个阶段的用户仍主要以表达与记录为中心。直至发展阶段，用户得以以社交关系为中心，用内容连接个体，找到志同道合的伙伴，增强对公益慈善事业的关注，传递情感，不断延伸构建公益社区。

公益项目虽利用了平台，通过共意构建、共意扩散和共意提升的阶段策略实现了共意，但仍存在动员止于意识、集聚效应不足等动员阻碍（刘蕾等，2021），如何进一步增强移动短视频平台的公益动员效力值得进一步思考。与此同时，平台虽提供了强大动员能力的便捷途径，其公益“纯净”的属性也会受到部分侵蚀，例如公益短视频常会出现视频内容同质化、低俗化、娱乐化等现象，需规范行业秩序，加强产品开发，创新合作模式。

聚焦到乡村短视频这一主题，有学者曾对乡村振兴公益短视频内容进行分类分析，可以分为乡村农副特产、乡村自然风景、乡村基础教育、乡村非遗文化四大类（张明等，2020）。以“快手”的公益行动及社会责任部门“快手行动”为研究案例，短视频的公益慈善项目聚焦农村、赋权为用户带来传受角色的双重性（侯伊琳，2019）。以抖音短视频平台公益传播效果为案例，公益传播的创作者和公益传播内容则是衡量并判断公益传播是否具备良好效果的最主要因素（杨晨馨，2020）。

其实，即使不依托公益组织的赋能，由于乡村短视频自身便携带着的公益属性，创作者自身出名成为网红后，也往往会积极投入公益慈善事业，回馈所在乡村。以“乡村小乔”视频号为例，其主要创作者原名王晨晨，1992 年 7 月出生于江苏东海县双店镇。“小乔”能够收获众多粉丝离不开其热心公益、真诚质朴的美好品质，“小乔工作室”自成立以来多次参加全国农产品推介展示会，帮助家乡拍摄制作网络公益视频，免费帮助各地农民在网上售卖农产品，积极组织和参加社会公益活动。“小乔”通过直播和短视频帮助内蒙古贫困县、云南贫困山区、陕西合阳、万全区等多个地区售卖农产品，也应山西省农业厅、陕西省杨凌示范区等多地的邀请参加农民丰收节活动，帮助当地宣传民俗文化和农产品（张卓青，2022），类似于“小乔”等乡村网红，他们需要公益活动的能量加持为其自身赋予更大的声誉，形成传播的良性循环。

短视频的出圈，也会为创作者带来机遇，使其拓展业务，迈向直播带货的领域，从而获取更多收益与知名度。由于直播带货行为主体身份的不同，造就了涉农网络直播带货的多种实践形式，使其成为涉农传播、公益传播、政治传播、商业传播等多种传播行为的结合体，这一行为从经济、社会、文化等多个方面促进了脱贫攻坚战略与乡村振兴战略有效衔接（梁伟、马梅，2021）。针对乡村振兴视域下的“公益＋直播带货”现象，传播学界也已有一系列研究，主要包括：(1) 从工具视角展开的对直播平台助力脱贫攻坚的实践描述、策略总结和模式探索；(2) 从媒体融合视角对主流媒体直播带货进行背景分析和效果评价；(3) 从媒介景观、互动仪式链等理论视角对主流媒体直播带货、地方官员直播带货等媒介现象的反思与批判（陈笑春、唐瑞蔓，2021），以上也可为思考乡村短视频的公益传播研究提供可借鉴的思考方向。

不仅仅是创作者自身需要公益慈善的助力，从企业的长远发展战略来看，社会公益的参与可以帮助企业减轻市场竞争压力，企业积极参加社会公益也是双向互利的行为。企业公益行为可以概括为企业“善意推定资本”的积累（王炎龙等，2009）。当企业面临社会舆论危机以及陷入发展瓶颈时，用户启动对企业社会形象的认知框架，替企业的行为找到合理理由以抚慰自己心理需求，从侧面帮助企业解决社会形象危机。例如滴滴出行有限公司推出“结对帮扶”活动，捐款金额高达 100 万，有利于企业创建良性企业文化，增强内部员工归属感与荣誉感。

总之，目前快手、抖音、西瓜视频等典型的短视频平台纷纷加入公益信息内容传播活动，个体以及大量专业公益组织入驻短视频平台。短视频与乡村振兴、公益慈善结合的新模式，吸引了大量用户的关注，为乡村振兴贡献努力的同时，亦为公益慈善事业注入了新鲜血液。

三、乡村短视频内容呈现主题分布

乡村短视频的内容紧紧围绕着家乡自然风光、生产生活等方面展开，是其乡村日常生活的参与式还原；乡村短视频呈现的背景画面不同于城市生活中的建筑布局，为原生态的美丽乡村。于此刻，列斐弗尔的“使日常生活成为艺术”不再是一句空洞的口号，乡村短视频正从“人”“事”“景”（详见表 1）三个层面进行积极的乡村图景呈现。

表1　乡村短视频内容呈现主题分布

一级主题	二级主题	关键词汇总
人	劳动工作	下地、耕种、挖虫草、劳动、工作……
事	日常生活	食物、土味、野菜、农产品、生活……
景	环境风景	悬崖村、雪地、雪山、农田、美丽乡村……

乡村短视频的主体用户是乡村地区用户，其内在致富的动力由于媒介技术与公益慈善的赋权而被激发，进而有着自主宣传家乡、推广产品的欲望。本研究选取抖音短视频平台极具影响力的代表性村民用户（详见表2），对其作品进行文本描述、角色定位以及主题归纳。

表2　代表性村民用户作品描述

代表性村民用户	用户作品描述	用户定位	二级主题
迷藏卓玛	人物：用户本人、朋友和家人 场所：虫草山、雪山、农家 叙事：挖虫草、采松茸	分享藏族特色农产品、普通的乡村人	劳动工作 日常生活 环境风景
悬崖村～吴达	人物：用户本人 场所：悬崖、钢管云梯 叙事：记录上下山的日常生活	展示悬崖村风光、普通的乡村人	劳动工作 日常生活 环境风景
乡野丽江 娇子	人物：用户本人、其女儿 场所：农家 叙事：记录女儿在乡村生活的成长与变迁，记录每一次美食制作	乡村美食推广、普通的乡村人	日常生活
山村里的味道	人物：用户本人、其母亲 场所：农家、乡村自然环境 叙事：日常生活琐事	分享山区风景、分享山区美食、普通的乡村人	日常生活 环境风景
泥巴哥（腾哥）	人物：用户本人为主、朋友和家人 场所：农家、泥巴租赁公司、乡村自然环境 叙事：以泥巴作品为中心呈现的有剧情式的创作	手工领域创作、非遗保护传承与创新、普通的乡村人	劳动工作

四、美丽乡村的反景观呈现

（一）"人"：村民用户的农民形象呈现

乡村短视频中用户所属的村民群体需要代表村民用户的真实形象，从而使得外界更好地了解其所在家乡地区的真实状况。村民用户随着视频的传播以及粉丝体量的增长，其影响力逐渐冲破圈层，成为被当地政府认可的新型网红。

乡村短视频主体作为草根、村民等反精英阶层群体，本身对颠覆占统治地位的视觉映像就有着较大的积极意义。以短视频为代表的新传播技术使得底层获得了建构主体性的基本条件，更提升了底层群体拥有更多基于平等和尊严的主体自信（郑雯等，2021），他们有的甚至成为网红，在乡村短视频中，他们并不会羞于表达展现自身阶级身份或是社会地位的生活环境与场所，相反的是，他们的视频画面尽是呈现类似于自己简陋的农家等乡村自然环境，如虫草山、雪山、泥巴租赁公司等（详见表2"用户作品描述"中"场所"）。

在城市本位的价值语系中，农村一直被当作城市的附属品，一些村民形象也是作为"他者的想象"出现在研究者视野中（沙垚，2016），而乡村短视频主体却通过展现"普通的乡村人"身份（详见表2"用户自我定位"），表现其不卑不亢和带动全村致富的志向，以及彰显自己所处家乡和所属群体的文化。可以说他们不自觉地运用着"异轨"的策略，即"揭露暗藏的操纵或抑制的逻辑对资产阶级社会的影像进行解构，或者说是利用意识形态本身的物相颠倒地自我反叛"（德波，2006），主动地参与着对生活每一时刻的重新建构。

以"悬崖村"为例，自从信息普惠的福利到达"悬崖村"，村里的年轻人得以通过短视频展示村庄风景、田间地头的一切，成为"快手"网红。在山间世世代代封闭的村民，正在通过互联网与短视频再次与时代接轨。2018年6月18日央视《新闻联播》"牢记嘱托打赢脱贫攻坚战"专项报道中，24岁的小伙拉博正向外界介绍着自己劳动工作所需要上下攀爬钢管云梯以及家乡的点滴改变，三年前的拉博甚至还不太会说普通话，而现今已成为"关键意见领袖"，不仅自己增收，还带动了周边村庄的村民致富。通过短视频拍摄自己家乡的生活风貌，在介绍与宣传时都会洋溢着满满的幸福感与自豪感，自发式地呈现能更大限度地保障相对落后地区人们的尊严，激发相对贫困地区用户内在的创造性潜能。

快手平台曾推出"幸福乡村战略"，计划发掘至少100位有能力的乡村快手用户，通过一系列培训，乡村地区用户自发生成短视频内容，促进乡村经济发展，他们通过自身积极主动地创造美好生活，从而获得由内而外的幸福感、尊严感与自豪感，这样的情感能量反之又推动作为创作主体的乡村地区用户积极地参与短视频对生活每一时刻的重新建构的行动，他们不卑不亢地重构着景观。

（二）"事"：日常生活的参与式还原

"演员使剧本形象化，但不能把戏变成现实。"（齐美尔，1991）齐美尔的言论呼吁大众重回日常生活之中。短视频由于网络虚拟空间的搭建，致使创作者主体与观看者之间往往处于一种不真实的看与被看的关系，在这种虚拟的相互观看中，正如镜像理论所言，短视频创作者主体通过看客赋予自我一个完美的他者形象，处在一种象征的预想模式（张斌、吴焱文，2017）。

除此之外，受资本力量的影响，短视频创作用户大火之后，往往成为偶像式的网红："在充斥着媒体奇观的时代，名人也成为被制造和掌控的对象，他们成为媒体文化的偶像式符码和日常生活中的众神。"（凯尔纳，2003）商家自然明白网红带来的社群效益，通过粉丝流量变现、包装人设等方式进行商业布局，是供人注视的货币（齐美尔，2002）。

在商业布局的背后，作为观看者明显地应该意识到，我们所观看的往往并不是真实的，或者说在短视频中"呈现的东西都是好的，只有好的才会被呈现"（德波，2006）。作为观看者，应反思自己所处环境的真实性。而作为被观看者即创作主体而言，需要采纳列斐伏尔的建议，"把注意力放在生活的喜悦上"，"让日常生活成为艺术品"，进行日常生活的参与式还原。

对原生态田园生活的渴望与乡村居民再造日常生活的创意化表演构成其主要的叙事内容（曹钺、曹刚，2021）。所幸，乡村短视频在视频内容呈现上是日常生活的尽可能的参与式还原(详见表 2 所示“用户作品描述”中“叙事”)。“悬崖村～吴达”记录自己上下山攀爬钢梯的日常生活、“乡野丽江娇子”记录着自己与女儿的农家时光、“山村里的味道”记录着自己与母亲的琐碎生活……他们拥有着大量的粉丝,但他们呈现出的画面是极尽真实的,而不是扮演着观众希望呈现的角色。碎片化、真实性的参与式日常生活情境建构是对美丽乡村日常生活最纯净的还原。

乡村短视频呈现方式是去修辞化的,在内容创作上,由于技术的推进、视频制作模板的普及,降低了乡村地区用户拍摄并制作短视频的准入门槛,同时这也意味着创作者视频的呈现多是不经“过度”修饰与美化的。

乡村短视频呈现的日常话语是通俗化的,“找虫草要多翻翻泥土,说不定石头下面就会有一颗虫草”。2020 年 6 月的一天,“迷藏卓玛”边辛苦地动手挖着虫草,边用通俗易懂的话语给屏幕另一端的受众讲解着挖虫草的一些小秘诀,接地气地向大家叙述当地居民的日常生活与风土人情,以淳朴的“口语”进行生产和传播,乡村地区用户通过自己的眼睛和话语,分享着属于自己的乡村日常生活经验和知识,在与外界交流的同时,不断丰富着短视频信息传播的内容,也向外传递着乡村文化。

在“情境主义国际”学者的眼里,艺术与诗意是对抗景观的最好方法,生活的喜悦是最好的乐趣。而在乡村短视频中,受众观看短视频带来的体验农村生活的真实感觉,也是其在城市生活里最为弥足珍贵的体验。

(三)“景”:美丽乡村的原生态行走

除却“异轨”,“漂移”是另一种“构境”方式,即“对物化城市生活特别是建筑空间布展的凝固性的否定”(德波,2006)。

对于生产乡村短视频的用户来说,他们积极生产的景观是自己长此以往生活的家乡以及以他们的村庄为中心不断向外扩散的场所。这些乡村的原生态景观环境与主流的城市化地标或是灯红柳绿的消费场所有着无比巨大的建筑空间布展差异,一定程度上打消了“城市化毁灭了城市并重建了一种伪乡村”(德波,2006)的顾虑。

如“迷藏卓玛”挖虫草的短视频背景画面是当地的虫草雪山,海拔有 4800

米，其展示的大山里的自然风光深深吸引着受众，短视频下的热评“圣域高原，民风朴实，景色壮丽”道出了观看者的心声。“悬崖村～吴达”的视频背景画面多是陡峭的“悬崖村”，村民走向外面世界，需要攀爬落差 800 米的悬崖、越过 13 级 218 步钢梯，而故事正是从这些钢梯上展开。

抖音曾于 2018 年 11 月 29 日在四川稻城启动了“山里 DOU 是好风光”文旅项目。截止至 2023 年 2 月，这一话题共收获到 1549.5 万点赞量。“山里 DOU 是好风光”官方抖音号发起的话题“＃奇景栾川抖起来”更是累计播放了 12.9 亿次。据《抖音县域景点数据报告》显示：抖音上最热门的十个县，有四个曾经是贫困县，其中就包括稻城县。其通过乡村短视频的创新形式，助力打造特色旅游景区，带火了一大批原本“冷门”的景点，让很多人意识到，原来不远处还有这样美如幻境之地。用本土特色打造乡村文化品牌，凸显乡村文化的“乡气”，增强乡村文化的“土气”，因地制宜地培育、保养一批文化名镇、名村、名园（门献敏，2020）等自然环境。

在乡村短视频中，跟随着乡村用户体验着城市所不具备的“本真”，城市用户漫游在与城市喧嚣不同的环境中，达到不自觉地反抗主流商业景观的效果，打破对城市生存环境的习惯性认知，完成一场原生态行走。

五、反景观下潜藏的再景观危机

（一） 反景观与被资本收编的可能

乡村地区用户从对拍摄的工具性使用发展，到获益满足物质的要求，再到精神世界上寻求自我认同与乡村文化，乡村身份合法性、正当性的承认，使得他们获得了自我价值肯定，也传播了属于自己的家乡文化。

马克思说过，人在劳动中改造世界，从而证明人的存在。这一活动既包括如动物一样为满足自身肉体需求的物质生产活动，也包括为提升人的精神品质的非物质生产活动。劳动的过程是人类生活的过程，是实现人的本质的过程。起初，乡村地区用户通过短视频的载体形式，尝试着将乡村日常生活自然地呈现出来，并且带着城市用户完成了一场美丽乡村的原生态行走，的确实现了乡村文化的分享与传播。但在追求“流量为王”的短视频平台大背景下,短视频的异化劳动有可能将生活变成维持物质富足的手段。

主流关照缺失,流量与金钱至上,乡村文化需要下一步反思的是:迷失在互联网语境中,狂欢潜移默化地影响着原本乡村的审美趋向。首先是“内容的异化”,为了实现博取关注与商业宣传的目的,村民甚至化身“大胃王”,借此宣传自家产品的天然无污染。大量同质化内容出现,“猎奇”“审丑”出现在乡村短视频的圈子中,而作为反景观的乡村文化、作为亚文化本身的抵抗内涵与符号元素则往往在“网红孵化”机构的逐利逻辑中淹没,他们最开始的出现,被视作是打破景观的“反叛军”,却可能在后续过程中会被资本“招安”,即自身无法逃脱被资本以及主流文化收编的命运,毕竟短视频的收益仍旧以虚拟货币作为考量,最终使得人们线上的交往专注于对货币以及“流量”的追逐(齐美尔,2002)。

马克思、卢卡奇、齐美尔皆曾预言,资本主义社会的发展最终走向一个去主体性、非人格化的理性的世界,而人也只是这个世界中的一个环节而已(余鸿飞,2021)。资本收编后,即是对“人的异化”。“演员”在舞台上面对观众会根据自身“角色”需要塑造形象,而回到后台才会显露真正的面目(戈夫曼,1989)。当下网络与短视频平台成为“前台”与“后台”的天然分割,自我形象的主观性、虚假性被放大,受众更难以抵达真正的“后台”。乡村短视频主体原本是作为草根、村民等反精英阶层群体,极力营造村民的真实形象,但越来越多的乡村用户为了点赞、打赏、带货而被“大染缸”所浸染。乡村短视频尽管呈现了一定程度上不卑不亢的村民形象,但诉诸关注度和浏览流量来转化经济获益,最终会使得作者以及观众都对视频本身的内容与产生了偏差,进而导致乡村文化的崩塌。马克思的“异化”是以“劳动”作为基础,指原属于人的东西或人劳动的结果,在人对象化的活动过程中,最终有着自己的独立性,并且反过来影响人,制约人以及统治人(马克思,1979)。在资本主义社会中,或者说在如今的短视频年代,不是肯定自己,而是否定自己。因此当村民将劳动外化为自身之外的东西时,他也将自我外化出去了,是“自我异化”。村民原本是短视频劳动成果的创作者,却会桎梏于点赞量、评论量、购买量等一切量化的数据,反过来影响其主题的创作。在马尔库塞看来,归根结底,技术是这一切的基础，它使得单向度的社会以及思想成为可能。在资本主义社会中，技术是无所不能的。在满足基本需求的同时，还可以创造出虚假的需要。而正是这些虚假的需要，使得人们对社会的反抗逐渐变成了反抗自身。

最后，韦伯作为“悲怆的先知”，分享了他的现代世界预言，理性社会的极度扩张与自由张力的难以维持。自由是推动理性化的力量，但是理性化成为一个普遍的命题，自由就被装进了秩序的钢铁化的牢笼。资本主义的理性扩展，社会原子化、去伦理化与权力的集中和非人格化相并行（韦伯，1998），是否会使得原本充满本真的农村与村民，成为“无心的享乐人”或是“空无者”（nothingness），我们无从知晓。

（二） 社会交换理论下公益慈善的两面性

社会交换理论以特定的人性假设为基础，兴起于 20 世纪 60 年代的西方社会学界，其基本观点是：行动者是理性的；理性行动者为求动机的满足与他者进行交换性互动；满足需求的一切都是社会交换的内容，即“报酬”。国内研究近些年进一步延伸，将社会交换理论广泛应用于中国农村老年人长期照护、慈善组织与公益事业等领域。

经济学研究认为，公益活动可以具体体现为以付出时间为主的志愿服务和以付出金钱为主的捐赠活动（Handy & Mook，2011）。但实际上，仅仅出于信念、道义、良知等因素去定义公益慈善，未免太过理想化。除却自觉自愿的利他奉献性质，不排除做着公益慈善的人们自身需要精神层面回馈的需求，现代公益慈善活动更加强调主体动机、自我反思性和自治等能动性要素（Spires，2018），即需考虑利己动机。无论是行善事的公益人，还是被救助的对象都面临着为实现目标而走在同一条道路的情境，这与霍曼斯以及布劳等人的现代社会交换论理念不谋而合。公益慈善的内涵在社会交换理论的视角下由先前的社会规范主导逐步丰富为理性选择与社会规范共存（宗昊、陈友华，2021）。

涂尔干认为，人存在“神圣”与“凡俗”两个方面：一方面作为社会存在是神圣的，另一方面作为有机纯粹个体来说又是凡俗的。因此，全部事物分也可为“神圣事物”与“凡俗事物”两大类，并且不存在高低之分。社会交换理论也认可人类神圣与凡俗的两面性。文化人类学中的交换思想认为道德与规范在社会交换过程中产生,并约束着人们的社会交换,遵守道德规范的人们有其神圣性的一面;此外,社会交换理论认为一个人不可能在公益行为代价很高的情况下仍然付诸实践,因此人亦是凡俗的。

可见,公益慈善行为不仅受到文化规范的制约,也出于人的理性选择。并非说有利己因素的考量或是市场的扶持与辅助就不再是公益慈善了,这是我们首先需要克服的偏见,也为我们理解“短视频+公益慈善”的平台模式奠定基础。

具体而言,2018 年以来,“抖音”与国家级贫困县河南省栾川县、河北省涞源县、山西省永和县、贵州省荔波县等达成合作,推出了“山货上头条”“山里DOU 是好风光”“助力扶贫,青年上头条”“非遗合伙人”等扶贫与乡村振兴项目,在抖音发起话题,吸引更多游客“打卡”,购买当地农副产品,实现当地特色产业全面发展,进而实现真正意义上的乡村经济振兴与乡村文化振兴。类似的活动还有 2019 年 9 月推出的“音符挑战”等,旨在为乡村孩子建音乐教室,关注乡村教育,培育下一代,其爱心救助呼吁公众主题作品量达 29 万个;主题播放量累计 3685 万次;集齐超过 130 万个音符;活动曝光达两亿次。

快手平台则于 2017 年设立社会责任部门——“快手行动”,由幸福成长、幸福乡村、幸福伙伴三大公益项目组成,其中“幸福成长”关注残疾儿童的成长,“幸福乡村”关注乡村振兴公益,“幸福伙伴”主要聚焦于捐赠个人的记录,以“努力传递有温度的科技观给用户”作为平台发展宗旨(郑伊琳,2019)。其次快手平台官方还创立了“快手扶贫”账号,直至 2020 年 12 月份更名“快手乡村”,致力于乡村振兴公益助农活动和有趣的乡村人物故事,粉丝量高达百万,获取点赞数量高达 400 万,引起社会广泛关注,激发用户对乡村文化产生浓厚兴趣,推动乡村文化传播与扩散,而且也在累积自身社会资本,扩大品牌影响力,进一步履行社会责任。

相较于以盈利为目的的纯市场行为,公益慈善组织始终是我国公益事业的指导性力量,是求助群体和社会群体之间的沟通桥梁。随着媒介技术的快速发展以及对真实世界的“再造”,公益慈善组织也正不断寻找新的传播路径,在短视频领域精耕细作,使公益信息更大范围扩散。例如,绿盟公益基金会是其中的一个典型代表,它是由广东梅州乡贤李钜镇联合东鹏控股、金意陶、碧丽饮水等 30 多家富有社会责任感的企业发起的一家专注乡村环境保护、推动美丽乡村建设的非公募基金会。该组织以公益推动的创新模式，帮助广大乡村建设统筹，同时不断提升自身资源整合的能力。自 2015 年 1 月成立以来，“绿盟”在全国范围内推广“中国美丽乡村计划”，覆盖了乡村、乡镇和县域 3 个层面，致力于解决当地乡村的“垃圾围村，人才流失，无序建设、乡村文化衰落”等问题（庞彩霞，2015）。“绿盟”利用新旧媒介，搭建乡建公益传播“舆论场”，创办公益学院，培养模范慈善家，运用“互联网＋公益”的方式，创新性地发明了“绿币（公益积分）”，以解决受众参与公益的便利痛点（赵泓、刘子莹，2018）。

在乡村振兴战略推动下，从事短视频的相关自媒体组织与党媒，由于其社会责任与宏观政策要求，对乡村公益的传播内容与形式不断创新，专业的摄像和制作团队为用户提供更好的观看体验。例如，央视在快手平台创立“主播说‘三农’”，一条关于农村留守儿童基础教育短视频观看量高达 26 余万。“华夏文明导报”上传一条有关兰州美食的短视频内容至快手平台，播放量为 69 余万。央视农业频道制作团队打造“中国‘三农’”，一条关于乡村法律科普的短视频播放量达到 500 余万，这类现象级传播引发全民关注。

在乡村公益中，我们也能看到中国企业的身影。例如，“乡村振兴 · 重庆专场”公益活动，是腾讯公司支持举办的中国首个区域性助力乡村振兴活动，94 家慈善机构、社会组织和志愿服务组织，紧紧围绕重庆乡村振兴实际，聚焦群众急难愁盼问题，利用融媒体数字技术，开展公益帮扶。在数字化技术加持下，拓展“可视化”扶持项目的基础上，腾讯公益格外重视数据信息，普惠共享可持续，并增强传播互动性，做到矩阵联动全方位（辛旭东，2023）。

但需要注意的是，并非有着公益慈善助力乡村振兴，看似“淳朴”的“短视频＋乡村振兴”模式就可以高枕无忧，完全“洁净”市场中的一些“肮脏”行为，实际上还是需要相关部门监管。舆论监督有利于构筑笼子，可以让权利入笼，也可以出笼。

例如，2016 年 9 月，快手红人主播“杰哥”在快手平台上直播捐赠现金给四川凉山贫困家庭的全过程，实时记录自己分发现金的场景。他的团队实时跟踪拍摄发放善款的整个过程，在直播间给公众呈现凉山的真实环境，留守儿童站成一排等待，“杰哥”一张一张现金发放到留守儿童的手里，整个直播过程主播上传 1197 条视频，刷礼物提现共为 19 万元。另一位主播将直播后续曝光，“杰哥”团队拍摄结束后，又将钞票收回来，引起社会舆论关注。央视也对“杰哥”的虚假公益行为点名批评，把社会边缘群体当作自己赚取钱财与获取流量的一枚棋子，粉丝爱心成为他违背道德与法律的行为背书，这导致最终用户丧失对公益慈善的信任（谭幼龄，2022），“盆栽式”的乡村公益慈善传播并不可取，而这终将沦为表演以及供人注视的“景观”。

六、授人以鱼不如授人以渔：村民的数字实践何以可能

（一） 新媒体技术为村民赋权

“赋权”被看作“个人获得对自我生活和民主参与的控制权的过程”（Zimmerman & Rappaport，1988），帮助弱势群体提高人际交往的技能，更好地发挥其所扮演社会角色的价值（Solomon，1976）。弱势群体是赋权理论面向的主要对象，“弱势”主要是指一种能力和资源缺乏的相对状态，表现为缺乏参与社会交换、获取自我发展资源的能力，以及表达自我诉求和追求利益能力的缺乏等（范斌，2004）。而由于农民的收入低，缺乏金融资本；农民受教育程度偏低，缺乏知识资本；农民户均实际占有耕地少，缺乏土地资本等原因，常被人们视为弱势群体。

通过新的信息传播技术获取信息和公共空间、实现自我增权的过程就是技术赋权的过程。技术赋权可以分为个体与集体两个层面，信息传播技术对村民的赋权，既有其个体性的一面，也有集体性的一面。媒介技术对村民个体层面的赋权主要体现在对其生理、心理、社会资源状况的改变；媒介技术赋权的集体层面则是强调社会关系的互动与激发，使分散的个人集合成团体、组织，以改变社区生活、社会规范和资源分配（Quan-Haase，Martin & Schreurs，2016）。

对于相对贫困乡村的村民来说，新媒体技术提供了一条培育农村低收入人口内生动力、助力农村低收入人口成为乡村共同富裕的新路径（李红艳，2021）。关注“媒介技术赋能与赋权”，体现了村民自主参与的权力与权利，也

有助于其村庄数字内生性建构。

但当村庄内部一部分群体由于乡村短视频与公益慈善的赋权搭上信息化快车时,总会有剩余的部分群体,仍然面临着信息传播技术使用的困境,新时代城乡信息发展差异鸿沟逐渐加大,信息资源不均衡,跨越乡村间存在的“数字鸿沟”是实现乡村文化振兴的重要突破口。

(二) 数字鸿沟与“精神接入”的内涵

如何帮助部分村民跨越数字鸿沟,坚持“授之以渔”而并非“授之以鱼”的方式,激发其内生性动力,值得思考。

实际上,数字鸿沟最先指的是信息富人与信息穷人之间的差距,涵盖国家、社会与个体不同的层次,处于不同社会经济水平的个人、家庭、企业和地区之间在获得信息通信技术的机会上,以及在互联网的使用上均存在差距。数字鸿沟从内容上包含三个层面,人们在电脑和互联网接入上存在的差距称为“第一道数字鸿沟”,即“接入沟”,人们通常把数字鸿沟中的“接入”简单理解为设备的接入,但实际上有学者分析接入至少可以分为四种(Dijk & Hacker, 2003):(1)“精神接入”:由于缺乏兴趣、电脑焦虑和新技术缺乏吸引力而导致的基本的数字经验的缺乏;(2)“物质接入”:电脑和网络连接的缺乏;(3)“技能接入”:由于技术界面不够友好,教育和社会支持不足而导致的数字技能的缺乏;(4)“使用接入”:明显使用机会的缺乏,其贡献在于提出了“精神接入”这一角度。人们在电脑和互联网使用上存在的差距则被视为“第二道数字鸿沟”,即“使用沟”。进而,第三道沟即为“知识沟”(数字技术接入和使用的差异带来的社会后果)。

在国家政策不断关怀乡村的今天,关于城乡“接入沟”的物质层面,打通“最后一公里”,城乡差距正在进一步缩小,但背后存在的“精神接入”问题反而更值得关注,因为人们实际上在这方面仍有许多误区。“精神接入”也可以被称为心理接入。让·凡·迪克(Jan van Dijk)把“精神接入”的意愿程度称为“心理接入能力”(mental accessibility),也就是说人们只有对信息传播技术持有正面的态度,才可能进一步接触并使用;而一旦持有负面的态度,则可能抵触信息传播技术,甚至对所有新技术都会产生恐惧心理。在区分“精神接入”

与“物质接入”之前，影响互联网使用因素的分析大多并未涉及使用心理（如使用动机和使用意愿等）以及使用者对网络依赖程度等的测量，而自“精神接入”概念被提出后，个人对信息传播技术的态度才渐而被数字鸿沟领域所关照。

从实证测量的维度来看，德·哈恩（De Haan）在此后把心理接入模型引入他的分析框架中，并指出社会资本对心理接入的影响（Haan，2004）。换句话说，除了自身的意愿，人们也会因为希望得到他们认为重要的人或是所属群体的认同，而采纳新技术。郑周永等则进一步发现互联网使用者之间的差别更多表现在使用者对网络的依赖程度上（Jung，2005）。周翔等人强调社会资本和心理接入能力的重要性，从人际关系和个人对信息技术的态度等角度测量数字鸿沟指数（周翔、彭珍梅，2010）。刘骏等在研究城乡数字鸿沟时提出网络技术意识与网络技术环境对居民使用互联网的影响作用（刘骏、薛伟贤，2014）。陈怡希认为反映精神接入的变量有网络感知风险和感知流行程度，并着重考虑学习意愿与家庭中的精神互动（陈怡希，2020）。可以发现，在现有的研究中，关于“精神接入”测量的主要影响变量包括自身意愿、人际关系等社会资本以及所处的外部数字环境。

由于实证层面测量的困难，因而多数学者着重于理论层面上论述了“精神接入”对数字鸿沟的影响。“精神接入”这种主观上阻碍个体使用信息传播技术的因素更像是数字思维与传统思维的碰撞，数字生活方式对传统生活方式的挑战（周裕琼，2018），潜台词是造成“精神接入”困境的原因是其传统生活方式下的学习习惯和学习意愿等因素。自身的主观能动性是融入数字社会的前提，可称之为“动机沟”（石晋阳，2020）。既有研究无一不表明，心理接入的困境在很大程度上阻碍了信息传播技术接入日常生活。

在数字化交往实践中，人理应处于主导地位，使用各种媒介技术是作为主体的人的一种能动的策略性实践（潘忠党，2014）。“精神接入”的困境表面上是数字意愿不强与数字环境隔阂造成的，实际上反映的是现代数字生活方式对传统乡村生活方式的挑战，即深层次的解决路径是提升日常生活中已经建立起来的学习意愿，使其不断适应时代发展（陈友华、宗昊，2023）。

（三） 压力下学习意愿的激发

环境与压力发挥着催化人们使用信息传播技术的作用。以新型冠状病毒感染期间为例，一方面，疾病传播防控催生了一系列新技术的开发与应用；另一方面，某些防控要求又迫使人们不断学习和使用新技术（唐文浩等，2022）。新型冠状病毒感染带来的信息传播技术使用压力，对于不会使用手机的群体而言是最真实，也是最显而易见的。为了提高生活质量以及生活便捷度，他们比任何时候都更为“不得已”地探索互联网世界。

聚焦到村民，菜农们现今凭借二维码可以称重，然后换一个新的二维码就可以收款，凭借一个二维码就能实现在蔬菜市场的全程交易。“物联网＋互联网＋客户＋菜农”相结合的方式，串联起了不同群体的数据需求，提高了交易效率，村民们卖菜有了“一本明白账”。“码”上交易，流程更便利，当绝大多数人都开始使用手机支付结算时，如果村民们仍使用传统的线下交易手段，便会被时代抛弃，导致其客户量大大降低，因而菜农们比任何时刻都渴望学习信息传播技术。

当看到身边的家人、好友乃至许多村民，都通过新媒体技术的赋权，通过短视频、直播带货等方式改变自己的不利处境，获得权力与能力时，他们的数字意愿便会被周遭环境压力激发，从而营造出改变整个社会权力结构的社会实践状态（黄月琴，2015）。在新媒介赋权的背景下，个体的自我意识和能力被激发、被释放，社会结构和社会关系被颠覆、被重构，多元主体在动态博弈平衡中共同参与到乡村振兴中来，乡村逐渐呈现出重新部落化的特征（师曾志等，2019）。

但我们也需要知道在信息传播技术使用上，媒介环境仍旧存在一些客观困境，可能会伤害到刚接触到信息传播技术的村民们。以往农村与村民常以落后、贫困的形象出现，被大众媒介“标签化”和“污名化”。媒介中若缺乏村民健康阳光、积极向上的正面形象，对于其群体的形象以及数字环境建构是不利的。

此外，“落后”的村民通常被人们下意识地当作“数字难民”（digital refugees）。“数字难民”是对那些因经济、社会和文化等原因而远离数字技术的人的比喻（杨建宇，2013）。“数字土著”与“数字移民”概念的提出引发了“数字化生存究竟会对人产生怎样的影响”的思考，但“数字难民”的比喻真的合适吗？实际上用“数字难民”来指代与信息传播技术脱节的人群容易引起歧义，且缺乏学术严谨性。第一，从概念本身来看，在牛津词典中，“难民”（refugees）被理解为因战争或政治、宗教或社会原因而被迫离开国家或家园的人。广义上说，“难民”是指遭受灾难而被迫流离失所的人。那对于“落后”的村民来说，他们本就从未属于网络，又何谈离开呢？第二，从人道主义立场出发，“数字难民”意味着把这部分被数字社会排斥的村民当做是问题群体，而学者、年轻世代乃至全社会，此时便会化身社会问题的救赎者，但居高临下地拯救多少令人不适，也极易伤害落后地区村民的自尊。

媒介环境的改善并非一朝一夕，随着短视频的兴起与信息传播技术的不断发展，越来越多的村民愿意借助社交媒体记录自己的乡村生活。乡村用户在短视频平台的异军突起，也打破了媒体曾经无意识建构的村民负面的刻板印象，逐渐建构起积极、健康的新村民形象，我们也希望通过短视频这一类主体性的媒介实践，逐渐渲染成为一场根植于乡村社会内部的文化治理实践。

七、余论

（一） 如何评判乡村文化受到侵蚀

乡村短视频将散落的“乡村”重新连接在了一起，在赛博空间形成了一个乡村网络聚落，展现着乡村生活状态，回溯着乡土价值观念，以新的方式呈现着乡村现实，重塑了乡村文化行为习惯与精神归宿（刘娜，2018）。但当前关于乡村短视频的研究，大多数站在村民的角度去思考乡村短视频为他们的精神和经济生活带去了什么好处，但是乡村短视频给予的美丽乡村的呈现，在传播着乡村文化，实现着乡村文化振兴的同时，有着不可忽视的精神作用与负面问题。

经济相对稳定的城市用户并不需要经济上的回馈，但是，其构建的真实农村生活却给了城市用户回望的空间与余地，消解景观社会下人们心灵的空洞与贫困。作为普通的城市用户，在观赏乡村短视频的过程中，感受到乡村地区村民不卑不亢的心境、体验了当地的琐碎日常生活，并且欣赏到原生态的乡村自然风光，让自己的心灵在某一刻“漂移”至纯净的某一隅。而那些有着一定影响力，能带来社会正能量的、社会回响的乡村短视频能够真正去推动更多人去帮助那些需要帮助的人。俗话说，认知层面的信息触达与心理认同都是为了最后行为层面的实际参与，但将用户公益参与行为具化为通过平台进行的线上线下公益实践行为，会发现用户多还只停留在对短视频公益传播浅层认知层面，如何进一步推动用户产生对乡村短视频公益传播的正面行为，进而产生参加短视频公益活动的实质性行为是下一步需要努力的方向。

作为乡村文化振兴中的新兴力量，乡村短视频也会有着极大的隐忧。短视频平台中的乡村地区用户在积极"构境"的过程中也面临资本的渗透与收编。例如村民用户在直播的过程中，推销着具有当地特色的农产品；村民主播呼吁平台用户赠送虚拟礼物让他们上热门……不过，在收入尚且无法保证的情况下，电商助力乡村其实并不是坏事。

警惕市场对乡村文化的挪用，是下一步应该思考的严峻问题，如何防止反景观的农村原生态生活场景再次呈现商业场景化，值得人们深思。这也揭示出原先人与人的交换关系以及人与物的关系都异化成了物与物的关系，就连村民与城市用户、创作者与受众都可能成为一块手机屏幕背后的商品。

（二）乡村文化振兴何以迈向世界——从此前李子柒的成功谈起

"全球乡村"的概念是由多重的、不断转移的、有活力的、错综复杂的网络组成的乡村区域(Woods，2007)。在巩固拓展脱贫攻坚成果的基础上，接续推进乡村全面振兴是党中央作出的重大决策部署，是关系全面建设社会主义现代化国家的全局性、历史性任务。而向世界讲好中国乡村故事，传播中国声音，亦是加强我国国际传播能力建设的重要任务。所以，乡村振兴进一步包含了现代化与全球化的双重嵌入，赋予了数字乡村新的空间意义。

此前，李子柒的视频内容质量高，侧重于表现中国的传统文化与地方美食，例如蜀绣、造纸、木活字等极具民族感的手工艺，以及烟火气十足的特色小吃。悠扬的曲风，配合轻缓的节奏、干净的画面，李子柒把山林田园中的恬静生活通过短视频传递给全世界的网民。也正因如此，李子柒能从一众同质化、营销痕迹明显、急功近利的网络红人中脱颖而出，视频的播放量甚至达到千万级的水平，获得了来自国内外的好评与超高人气。

随着李子柒的视频在境外迅速蹿红，国内对于李子柒及其作品的争议接踵而至。有舆论指出在作品内容方面，虽然李子柒将农耕生活作为视频的主体收获了海外的关注，但从某种程度上而言，视频的主题迎合了不了解中国发展情况的外国人的“刻板印象”，缺乏对国内科技、时尚的展现，认为李子柒在文化输出方面起到了相反的作用；也有不少人认为李子柒呈现的乡土感太理想主义，不符合真实的农村风貌。

面对舆论的质疑，以人民日报为首的权威主流媒体纷纷发声，支持李子柒。人民日报评论微信公众号发布文章《文化走出去，期待更多“李子柒”》，指出“那些试图让一个视频博主来承担“文化输出”重任的声音，听起来不仅有点苛责，也不现实。中华文化是一条澎湃向前的大河，不同的河段都有着丰富内涵和不同面向，既有五千年文明累积出的肥沃土壤，也有现代化发展带来的日新月异变化。把这样一个博大精深而复杂多样的中国故事讲好，并不容易，需要尊重传播规律、用符合现代人接受的方式进行。客观来说，当前我国在国际传播能力上还存在一些短板，文化走出去的方式还相对单一。迫切需要发挥多种力量，实现多点开花、多路进发，也迫切需要更多打动人心的优质作品，让传统文化借助新兴传播手段焕发光彩、赢得世界掌声”。评论文章发布后 3 天阅读量就突破了 10 万，成为当周阅读量最高的一篇文章。

除了人民日报之外，其他央媒也集体发声，从“中国故事”、“对外传播”等角度引导舆论。在媒体表明支持立场的同时，国内网民也积极参与了讨论，此时讨论的主要阵地集中在新浪微博与微信公众号。不少社交媒体也积极参与进来，推动网友与网友、网友与意见领袖之间的互动。在媒体表达了对李子柒的认可之后，民间的舆论侧重于对官方媒体的“点名表扬”予以高度的认同，多数网友呈现出对李子柒视频质量的赞叹，以及对于李子柒真正扎根于农村的情况表示欣赏和喜欢；还有不少网友从对外传播的角度，认可了李子柒的视频是实打实的“文化输出”，并鼓励更多元的文化输出形式。

李子柒此次在主流权威媒体和有影响力的意见领袖的大力支持下，让更多人了解了她的“田园乌托邦”、收获了更高的关注度。但是在此之前，李子柒曾因为其摆拍严重被质疑有团队，遭受到不少网友的攻击，譬如知乎平台上就有类似的“扒皮帖”。但随着李子柒在境外视频网站上的影响力日益扩大，提升了别有韵味的东方形象，越来越多的网友倾向于“即使李子柒有团队，能有如此成就也值得被赞赏”的观点，可以看出，网友对李子柒“是否有团队”呈现出宽容的态度。不少网友结合自己的观点，参与到微博相关话题的投票当中，展示自己的态度和立场。例如“中国新闻周刊”和“微天下”分别发布的关于“李子柒是不是文化输出”投票活动，参与人数达到了上万人，且从投票结果可以看出多数网民认可李子柒的视频属于文化输出。很多爆红的视频都是专业团队在背后操作，通过专业运营、拍摄剪辑、话题打造等制作出抖音爆款。可即使存在团队又何妨？李子柒团队更是助力乡村非遗美食，与柳州市商务局达成战略产业合作关系，传承与发扬乡村文化，推动“网红”柳州螺蛳粉工业化进程，帮助广大农民实现稳定脱贫增收。

把视角投向当下同质化严重的网络大环境，可以发现，凭借优质的内容和良好的口碑出彩的李子柒，其成功并非偶然。从国内的角度而言，当下信息化高度发展，生活节奏加快，科技水平不断进步的同时，乡村逐步实现城市化。李子柒以“东方美食家”自居，将自己的日常生活置于视频中，其本身就是一个有烟火气的“山居姑娘”形象。在她的短视频中，农耕生活中习以为常但是都市生活中无处可见的各种技能成为展示的焦点，让生活在城市里的人产生了新鲜感，并产生了对“慢生活”的向往；也让生活在农村的人既看到了一丝熟悉感，又看到了强烈的反差感。

从海外的角度来看，其他国家的粉丝对李子柒的喜爱，实际上源自其他国家尤其是西方国家看待中国乡村文化所抱有的他者视野。无论是李子柒在制作美食的过程中所塑造的桃园仙境，还是饱含中华传统文化符号的织染、造纸，在某种程度上都是对传统文化的一次重演和呈现。而这些对于海外的受众而言是陌生新奇的，是带有东方美感的。用自媒体“歪果仁研究协会”的成员高佑思的话来说便是，李子柒所传递的内容，是脱离了所有欧美人生活边界所能接触到的，由科技与发达的社会所构建起来的“工业化”语境。相比于官方在海外发布的能够展示中国科技与创新发展现状的视频，例如5G、高铁等内容，虽然也很震撼，但是这些内容是在他们认知边界以内的，以至于中国的快速发展带来的那些看似震撼的视觉体验，总是少了一些动人的地方。而李子柒以一个勤劳肯干、心灵手巧、照顾家中奶奶的中华古代年轻女子的美好形象，在视频中描绘她憧憬的农村生活，对于海外的受众而言，是独特且值得被祝福的，也因如此，越来越多国家的人关注李子柒，并成为她的忠实观众。

中国乡村日益成为全球社会与经济网络的一个组成部分，政治、经济与文化方面均不断增加的开放性将中国的乡村地区置于全球化过程中。有学者发现，越来越多的返乡青年通过借助境外社交媒体平台上的短视频传播实践传递乡村文化，例如阿爽则是将桃子、苹果等优质水果销售至海外，同时也将樱桃、车厘子、山竹、榴莲、葡萄等其他小众化水果产品引进国内。麦壳团队也逐步与广州、上海经销商，以及海外水果供应商建立紧密连接。这也让以鹿头镇为代表的传统乡村获得新的文化融合与思想变革，激活乡村振兴的内生动力（周孟杰，2023）。

所以，从"李子柒"的成长可以看出（尽管现在"李子柒"已淡化在互联网与人们的视野中，但乡村文化振兴迈向世界的输出过程中总会有新的"李子柒"出现），相比于将传统中国与现代中国割裂开来去展示进步的方式，多维度地展示更立体中国的方式更加值得思考，而全方位、多角度的中国形象，则需要千千万万个"李子柒"共同去创造，而借助于短视频与乡村振兴、公益慈善的结合，我们有理由相信那一天会尽早到来。

参考文献

曹钺，曹刚，2021.作为"中间景观"的农村短视频：数字平台如何形塑城乡新交往[J].新闻记者(3)：15－26.

陈瑞华，2019."地方再造"：农村青年媒介行为的文化隐喻[J].中国青年研究，0(2)：94－101.

陈笑春，唐瑞蔓，2021.乡村振兴语境中公益直播带货的叙事意义考察[J].西南民族大学学报(人文社会科学版)，42(11)：156－161.

陈怡希，2020.成人初显期群体的数字家庭关系研究——以微信为例[D].深圳：深圳大学.

陈友华，宗昊，2023.数字反哺：年长世代的"精神接入"何以可能？[J].西安交通大学学报(社会科学版)，43(3)：98－109.

道格拉斯·凯尔纳，2003.媒体奇观——当代美国社会文化透视[M].史安斌，译.北京：清华大学出版社.

段鹏，李嘉琪，明蔚，2019.情境建构和资本收编：中国短视频平台的景观社会形塑——以对乡村用户的研究为例[J].新闻与传播评论，72(4)：18－27.

范斌，2004.弱势群体的增权及其模式选择[J].学术研究(12)：73－78.

费孝通，2008.乡土中国[M]. 北京：人民出版社.

费孝通，2012.文化与文化自觉[M]. 北京：群言出版社.

冯强，马志浩，2019.科技物品、符号文本与空间场景的三重勾连：对一个鲁中村庄移动网络实践的民族志研究[J].国际新闻界，41(11)：24－45.

高川淋，高川云，2020."精准扶贫"背景下"三农"题材纪实短视频的创作价值[J].西部广播电视，41(6)：108－109＋112.

格奥尔格·齐美尔，1991.桥与门[M].涯鸿，宇声，译.上海：三联出版社.

格奥尔格·齐美尔，2002.货币哲学[M].北京：华夏出版社.

韩春秒，2019.乡音 乡情 乡土气——管窥乡村原创短视频传播动向[J].电视研究，0(3)：21－24.

何诗弦，2019.基于快手平台的"短视频＋扶贫"初探[J].新媒体研究，5(7)：35－36＋40.

何志武，董红兵，2021.短视频"下乡"与老年群体的日常生活重构——基于一个华北村庄的田野调查[J].新闻与传播评论，74(3)：14－23.

侯雅静，2020.短视频公益传播的现状、问题及对策研究[D].泉州：华侨大学.

侯伊琳，2019.短视频中的公益项目——以"快手行动"为例[J].新闻传播(6)：21－22.

胡映兰，2013.论乡土文化的变迁[J].中国社会科学院研究生院学报(6)：94－101.

黄月琴，2015."弱者"与新媒介赋权研究——基于关系维度的述评[J].新闻记者(7)：28－35.

姬广绪，2018.城乡文化拼接视域下的"快手"——基于青海土族青年移动互联网实践的考察[J].民族研究(4)：81－88＋125.

季中扬，2012.乡土文化认同危机与现代性焦虑[J].求索(4)：162－164.

居伊·德波，2006.景观社会[M].王昭凤，译.南京：南京大学出版社.

卡尔·马克思，1979.1844年经济学哲学手稿[C]//中共中央马克思恩格斯列宁斯大林著作编译局译.马克思恩格斯全集(第42卷).北京：人民出版社.

李红艳，2021.新媒体技术助力乡村治理[J].人民论坛(1)：69－71.

李翔，宗祖盼，2020.数字文化产业：一种乡村经济振兴的产业模式与路径[J].深圳大学学报(人文社会科学版),37(2):74-81.

梁伟,马梅,2021.乡村振兴视域下网络直播带货的实践形式与深层意涵[J].新闻知识(5):17-26.

刘骏,薛伟贤,2014.中国城乡数字鸿沟的测度[J].统计与决策,30(14):48-50.

刘蕾,史钰莹,马亮,2021."公益"与"共意":依托移动短视频平台的公益动员策略研究——以"快手行动"为例[J].电子政务(3):112-124.

刘娜,2018.重塑与角力:网络短视频中的乡村文化研究——以快手 APP 为例[J].湖北大学学报(哲学社会科学版),45(6):161-168.

刘楠,周小普,2019.自我、异化与行动者网络:农民自媒体视觉生产的文化主体性[J].现代传播(中国传媒大学学报),41(7):105-111.

刘涛,2018.短视频、乡村空间生产与艰难的阶层流动[J].教育传媒研究(6):13-16.

刘星铄,吴靖,2017.从"快手"短视频社交软件中分析城乡文化认同[J].现代信息科技,1(3):111-113+116.

陆益龙,2017.后乡土中国[M].北京:商务印书馆.

罗伯特·芮德菲尔德,2013.农民社会与文化:人类学对文明的一种诠释[M].王莹,译.北京:中国社会科学出版社.

马克斯·韦伯,1998.经济与社会[M]. 北京:商务印书馆.

门献敏,2020.关于推进乡村文化振兴的若干关系研究[J].理论探讨(2):46-51.

牛耀红,2018.网络公共空间与乡土公共性重建[D]. 南京:南京师范大学.

欧文·戈夫曼,1989.日常生活中的自我呈现[M].黄爱华,冯钢,译.杭州:浙江人民出版社.

潘忠党,2014."玩转我的 iPhone,搞掂我的世界!"——探讨新传媒技术应用中的"中介化"和"驯化"[J].苏州大学学报(哲学社会科学版),35(4):153-162.

庞彩霞,2015.广东探索公益推动新模式,带动社会力量建设"美丽乡村"[N/OL].经济日报,2 月 17 日刊,http://paper.ce.cn/jjrb/html/2015-02/17/content_232236.htm.

沙垚,2016.乡村文化传播的内生性视角:"文化下乡"的困境与出路[J].现代传播(中国传媒大学学报),38(6):20-24+30.

师曾志,李堃,仁增卓玛,2019."重新部落化"——新媒介赋权下的数字乡村建设[J].新闻与写作,0(9):4-11.

石晋阳,2020.老年人的数字融入困境与媒介教育出路——基于数字鸿沟的视角[J].青年记者(25):14-15.

谭幼龄，2022.快手“三农”短视频公益传播研究[D].岳阳：湖南理工学院.

唐文浩，李梅，陈友华，2022.新冠疫情、技术进步与数字鸿沟消减[J].江苏行政学院学报(2)：61－67.

王金红，林海彬，2014.互联网与中国社会抗争的离场介入——基于“乌坎事件”的实证分析[J].华南师范大学学报(社会科学版)，(1)：87－95＋159.

王灵玲，2018.基于短视频平台的公益传播研究[D].郑州：河南工业大学.

王虔，2019.“短视频＋扶贫报道”的实践与思考[J].新闻世界，0(5)：39－41.

王炎龙，李京丽，刘晶，2009.公益传播四维框架的构建和阐释[J].新闻界(4)：18－20.

王颖吉，时伟，2021.类型、美学与模式：乡村短视频内容生产及其创新发展[J].中国编辑(11)：23－28.

辛旭东，2023.乡村振兴战略下数字化公益传播的创新实践——以“腾讯公益‘乡村振兴·重庆专场’”公益项目为例[J].传媒(8)：73－75.

徐凤兰，2020.互联网时代公益传播的范式转换——基于空间与角色关系[J].编辑之友，0(2)：93－96.

杨晨馨，2020.短视频平台公益传播效果探析——以抖音为例[J].视听(2)：164－165.

杨建宇，2013.数字难民的数字机遇——创建包容性信息社会的政策重点[J].青年记者(16)：38－39.

姚继冰，张一兵，2003.“情境主义国际”评述[J].哲学动态(6)：43－48.

尹永栓，2020.为脱贫攻坚宣传插上短视频“翅膀”——以平顶山日报传媒集团“@鹰城”扶贫主题拍摄活动为例[J].中国地市报人，0(1)：30－34.

余鸿飞，2021.合理化与资本主义社会的异化——对韦伯、马克思、齐美尔以及卢卡奇的比较[J].西部学刊(14)：35－37.

曾庆香，2014.微公益传播研究——主体.模式.影响[D].武汉：武汉大学.

张斌，吴淼文，2017.网络直播景观与反景观二重性分析[J].现代传播(中国传媒大学学报)，39(11)：133－136.

张明，邵慧，蔡昭璐，2020.基于抖音平台的乡村振兴公益短视频传播研究[J].文化与传播，9(4)：14－18.

张天姿，2019.“抖”掉贫困——抖音平台成为扶贫传播的新渠道[J].新媒体研究，5(7)：45－46.

张媛，2019.移动社交时代的老年人际交往——基于结构、情感和认知维度[J].青年记者(36)：52－53.

张卓青，2022.乡村振兴背景下“三农”短视频的乡土文化传播研究[D].保定：河北大学.

赵泓，刘子莹，2018.新媒体环境下乡村公益组织传播策略研究——以绿盟基金会“中国美丽乡村计划”为例[J].探求，0(6)：98－103.

赵华，2012.中国互联网公益传播模式初探[D].兰州：兰州大学。

赵月枝，沙垚，2018.被争议的与被遮蔽的：重新发现乡村振兴的主体[J].江淮论坛(6)：34－40.

郑雯，施畅，桂勇，2021.“底层主体性时代”：理解中国网络空间的新视域[J].新闻大学(10)：16－29117，118.

周孟杰，2023.返乡青年短视频实践的逻辑机制与数字内生性建构[J].中国青年研究(3)：67－75.

周翔，彭珍梅，2010.数字鸿沟指数关系模型在个人层面上的发展[J].新闻与传播评论辑刊(1)：34－42＋234.

周裕琼，2018.数字弱势群体的崛起：老年人微信采纳与使用影响因素研究[J].新闻与传播研究(7)：66－86＋127－128.

宗昊，陈友华，2021.从参与到满足：疫情背景下应急志愿服务行动背后的实践与反思[J].中国志愿服务研究(4)：24－45＋198.

左琳，2019.“短视频＋扶贫”开了个好头[J].中国报道，0(7)：41－43.

DIJK J V, HACKER K, 2003. The digital divide as a complex and dynamic phenomenon[J]. Information Society, 19(4): 315－326.

HAAN J D, 2004. A multifaceted dynamic model of the digital divide[J]. It & Society, 1(7): 66－88.

HANDY F, MOOK L, 2011. Volunteering and volunteers: benefit-cost analyses[J]. Research on social work practice, 21(4): 412－420.

JUNG J Y, KIM Y C, LIN W Y, et al., 2005. The influence of social environment on internet connectedness of adolescents in Seoul, Singapore and Taipei[J]. New media & society, 7(1): 64－88.

QUAN HAASE A, MARTIN K, SCHREURS K, 2006. Interviews with digital seniors: ICT use in the context of everyday life[J]. Information, communication & society, 19(5): 691－707.

SOLOMON B B, 1976. Black empowerment: social work in oppressed communities[M]. New York: Columbia University Press.

SPIRES A J，2018. Chinese youth and alternative narratives of volunteering[J]. China information，32(2)：203 - 233.

WOODS M，2007. Engaging the global countryside：globalization，hybridity and the reconstitution of rural place[J]. Progress in human geography，31(4)：485 - 507.

ZIMMERMAN M A，RAPPAPORT J，1988. Citizen participation，perceived control，and psychological empowerment[J]. American journal of community psychology，16(5)：725 - 750.

乡村振兴中网络公益慈善的探索与实践
——以X市携手抖音网红公益直播带货农产品为例

曹云鹤①

（南京大学社会学院）

摘　要：公益慈善事业是实施乡村振兴战略和助力实现共同富裕目标的重要社会力量。随着互联网的发展，网络公益慈善对我国乡村振兴发挥了不可忽视的重要作用，尤其是近年来直播带货的持续发展，催生了“公益助农直播”这一新生产物，也拓展了传统公益助农方式与新媒体公益助农方式融合的范畴和渠道。本文以X市民众自发组织的抖音公益助农带货为例，深入阐述乡村振兴视域下公益助农直播的必要性和价值所在，并分析其目前存在的问题以及如何进一步优化。从长远角度来看，严格把好农副产品的质量关、加强对农副产品的品牌建设、打造助农一体化链条以及加大对公益直播队伍的培养是提升公益助农直播质量和销量的必要路径。

关键词：乡村振兴；公益慈善；直播带货；探索实践

一、引言

公益慈善事业作为新时代中国特色社会主义事业的重要组成部分，是实施乡村振兴战略和助力实现共同富裕目标的重要社会力量。党的二十大报告提出“构建初次分配、再分配、第三次分配协调配套的制度体系”“引导、支持有意愿有能力的企业、社会组织和个人积极参与公益慈善事业”等重要论述，以及数十条与公益慈善密切相关的内容。“公益慈善事业”是引导有意愿的企

① 曹云鹤，女，南京大学社会学院博士研究生，主要研究方向是家庭社会学。

业、人士参与乡村振兴的重要平台，是整合资金、资源、人才、管理经验投入乡村振兴中的重要渠道，也是推动实现农业高质高效、乡村宜居宜业、农民富裕富足的重要补充。

2021年，党中央向人民和历史宣告，中国脱贫攻坚战取得了全面胜利，12.8万个贫困村全部出列，解决了区域性整体贫困，乡村基础设施建设突飞猛进，产业发展步伐不断加快，社会事业长足进步，文化教育成绩明显，常住人口城镇化率也得到显著提升，这是全面建成小康社会的标志性成就，也是实施乡村振兴战略的现实基础和客观要求。但是，相比工业化、城镇化的快速推进，农业农村发展步伐还相对滞后，发展水平还不平衡不充分。需要进一步增进农业农村优先发展意识，紧紧围绕农民增收的主业主线，多方协同、统筹推进，打通城乡融合发展的梗阻，实现以工补农、以城带乡、城乡融合、协同发展。

新时代的乡村振兴，正在成为全社会共同奋斗的目标，而不再只是政府的职责和担当。将乡村建设主体大致分类，除了村集体之外，还包括政府、企业、个人与社会组织，而社会组织通过提供各种公益慈善的机会和平台，整合资源，引导企业、个人等参与到乡村振兴的建设当中来。在乡村振兴的过程中，政府是不可或缺的主导者，具有决策施策、整合资源等重要职能，能够统合社会各界力量，有效达成乡村建设与振兴的各项目标；企业参与乡村建设的现象近年来日趋普遍，而且发挥作用的范围越来越广、程度越来越深，他们能够及时发现并充分把握市场机会，而且善于通过市场化方法，将乡村建设与乡村产业的培育发展紧密结合，同时带动越来越多的资源进入乡村；同时，在乡村中具有号召力、影响力的各路贤能，也在乡村建设中扮演着越来越重要的角色，他们具有血缘和地缘的天然优势，不仅了解农村政策，熟悉乡村历史人文，而且有资源、有实力，能够迅速打开局面，同时，他们有着浓厚的乡土情怀，因此易于得到村民认同。随着时代进步，社会组织包括各类民间组织、社会团体等，成为乡村振兴中越来越重要的一部分。他们不仅具有科技、人才、资源等方面的强大优势，能够动员号召有关主体资源互补、合作共创，而且能敏锐地发现市场需求，提供专业方案，探索以社会创新的方法解决乡村建设中的各类社会问题。以上乡村振兴的各方主体虽然定位不同、路径各异，但扬长避短、协同互补，形成了乡村振兴的“大合唱”。[①]

二、公益慈善与乡村振兴

（一） 基础理论与发展阶段

公益慈善作用于乡村振兴的基础理论来源于合作治理理论，是“改进社会治理方式，激发社会组织活力”理念指导下的乡村振兴工作新方向，该工作方式打破政府单向管理的治理模式，调动社会力量参与乡村治理与乡村扶贫，最大限度地发挥社会公益组织在基层乡村社会脱贫服务工作中的巨大价值。

自改革开放以来，我国公益慈善助力乡村振兴与乡村扶贫事业经历了三个发展阶段：第一阶段是 1978 年—2000 年的初步探索时期，该时期社会上出现大量以医疗救助为主的慈善组织，如中国残疾人福利基金会、上海慈善基金会、新民晚报社等，但大部分慈善组织规范性不足，协调性有所缺失，扶贫项目也比较单一；第二阶段是 2001 年—2012 年的茁壮发展时期，该时期国家积极发展慈善事业并实施多项政策以鼓励公益慈善组织发展，在政策指引下公益慈善扶贫事业迎来新发展，在慈善组织自主扶贫、慈善组织与政治联合扶贫等方面展开了进一步探索；第三阶段是 2013 年至今的协调规范发展时期，该时期国家强调精准扶贫、健康扶贫，扶贫结构逐渐多元化，扶贫类型与内容也逐渐多样，公益慈善组织扶贫工作也更加具备协同性，强调与政府扶贫之间的衔接。在当前阶段，我国公益慈善乡村振兴与扶贫工作取得了诸多成果，逐步发展出诸如慈善医院、互联网慈善等多种新兴慈善模式。公益慈善扶贫是在“共享发展”理念引导下所形成的多元主体参与乡村振兴与脱贫事业的社会治理格局，是政府扶贫的有效补充。

（二） 公益慈善助力乡村振兴的发展方向

尽管已经取得了卓著的成就，但乡村振兴战略在推行中还存在很多现实问题值得反思。如城市化进程中的乡村衰落问题，农村人口结构失衡、农村产

① 文丰安：《新时代乡村振兴战略推进之理性审视》，《重庆社会科学》2018 年第 4 期。

业发展滞后、农村教育问题落后、乡村社会治理存在隐患、农村生态环境问题堪忧等等。如今，在新的发展时代，要想推进乡村振兴战略有效落地，就要以切实解决以上问题为指导方针，不仅要从根本上通过机制创新路径实现乡村振兴，还要在实施乡村振兴战略时因地制宜、因时制宜地通过优化产业发展路径实现乡村振兴。因为乡村振兴问题归根结底就是发展方面的问题，产业兴旺是乡村振兴的根本。同时，现代化建设离不开科学技术的支撑。发挥科技引领作用，可以实现农村发展的弯道超车效应，迅速提高乡村发展水平，缩小城乡差距。而乡村振兴也离不开热爱乡土的带头人、领路人。真正做到乡村振兴，不仅需要村干部等"关键少数"发挥好领头羊的作用，更要注重从勤劳致富的模范中、从回村建设的知识分子中、从前来本地投资的企业家中选拔出模范和先进工作者，共同为本地乡村振兴计划助力。

与此同时，随着社会的进步与发展，公益慈善在乡村振兴中发挥的作用越来越不容小觑。首先，公益慈善组织应转变物质帮扶的传统方式，以解决因灾返贫、因病返贫等问题为中心，发挥联合社会各界力量的协同作用，建立全面振兴与扶贫的长效机制，具体实施以"慈善助学"为核心的教育扶贫、以"慈善医疗"为核心的健康扶贫、以"慈善培训"为核心的产业扶贫、以"慈善导购"为核心的消费扶贫等等。只有建立全面扶贫长效机制，才能充分发挥公益慈善组织乡村振兴的长效作用，同时通过与政府扶贫工作相衔接，为巩固脱贫成果、解决返贫问题建立持续性的保障机制。其次，公益慈善组织应积极走入社区和农村，将公益慈善力量渗透进基层，协助村民打造幸福家园环境，可在乡村设立慈善工作站、建立慈善服务小组，建立农村慈善互助基金组织，激发基层村民的互助积极性，培育形成互相帮扶的新型慈善扶贫模式。最后，为进一步适应新环境下的乡村振兴与扶贫需求，公益慈善事业还应积极顺应信息时代的发展要求，以互联网信息技术为创新驱动，积极打造数字慈善扶贫新生态。如今，"互联网＋""区块链＋"完全可以为公益慈善组织助力乡村振兴赋能，通过线上链接的方式将贫困需求与扶贫项目进行互联互通。

三、乡村振兴中的网络公益慈善案例研究

前文论述中我们提到，互联网与农业农村的生产生活生态的融合越来越密切，如何在实现乡村振兴战略的过程中充分发挥网络公益慈善的力量，发展势头越来越向上的各大直播平台在一定程度上给出答案："直播带货"让农产品搭上互联网平台，拉近了农民与市场的距离，使农村各类特色农产品卖得更远，卖得更好，也为决战决胜脱贫攻坚助一臂之力。但很多地区的多数农民仍然不具备独立网络卖货能力，既需要当地政府长时间的宣传与支持，又需要网络中的公益慈善群体进行助力。

（一） X市公益助农直播简介

2023年6月，由X市新的社会阶层人士联谊会、X市新媒体协会、X网联合举办的"公益助农、网红助力"公益助农直播活动在X市某农场举行。本次公益助农直播活动邀请了多位抖音网红达人，包括260万抖音粉丝的百万网红以及7位粉丝规模更小的主播达人，通过抖音及微博平台开展，为公益助农贡献新媒体的力量。

本次活动缘起于其中一位微博百万粉丝的"大V"在几天前收到了当地农民朋友的求助电话，由于天气等原因，当地20多个大棚的农产品滞销，大量优质的农产品被低价收购，甚至成批量扔掉，农民多方求助无果，最后考虑试试网络的力量。但由于农产品利润小，农民种植不易，于是以微博"大V"为首的网络达人们自发组织并达成一致意见不收取任何带货费用，公益助农，帮助农民把滞销的农产品卖出去。此活动得到了当地新的社会阶层人士联谊会等组织的大力支持，并主动发动政府媒体力量进行宣传。经过三天七位直播"达人"的连续直播，当地上万斤的滞销农产品全部售罄，此活动多次荣登当地媒体头版头条。

（二） 公益助农直播的必要性与实现路径

事实上，作为一种新兴事物，公益助农直播兴起于2020年新型冠状病毒蔓延时期，亦是直播带货向前发展的必然产物。面对现如今践行"把社会效益

放在首位”的需要，以及媒体融合发展的内在要求，包括三大央媒、各地支部书记、社会直播达人在内的多方公益力量走进各地农村，为农产品直播带货，引发了海量消费者的共鸣，激发了巨大的消费动力。

1. 公益助农直播的必要性分析

公益助农直播是践行社会责任的必然之选。公益属性是媒体的重要属性，履行社会责任亦是媒体的必然选择。近几年我国面对经济挑战和决胜脱贫攻坚的艰巨任务，更要践行习近平总书记“把社会效益放在首位”的指示，积极投身公益助农事业。而公益助农直播正是充分体现公益性的有效途径。2020年4月6日，央视新闻携手淘宝发起“谢谢你为湖北拼单”媒体公益活动，呼吁全国网友下单购买湖北农副产品，引发百万粉丝下单。2022年9月23日抖音电商发布《2022丰收节抖音电商助力乡村发展报告》[①]，报告显示过去一年共有28.3亿单农特产通过抖音电商出村进城、卖向大江南北。该平台“三农”电商达人数量同比增长252%，农货商家数量同比增长152%，成为连接品质农特产和全国消费者的重要纽带。扎根在田间地头的“新农人”们，成为推动乡村发展的坚实力量。在湖北恩施，燕窝湾村书记徐志新做起了助农主播，推广罗田板栗、红安苕、茶叶等农产品，月销达600多万元；四川泸州的吴秋月将一块小小高山萝卜干做到月销十多万斤；“张同学”转型电商，希望大众关注到的不仅是他一个人，还有家乡的农特产和企业；“95后”的田小宇在福建大山里卖菌菇，带动了村里其他菌菇种植户收入翻番；不惑之年扎根大西北，李春望把优质的猕猴桃、红枣、苹果带给了更多人。在农人们的共同努力下，品质农货的出村路被拓得更宽更广。报告显示，90后已经成为抖音电商“三农”带货达人里的主力军，占比达45%。“80后”和“70后”电商“新农人”占比分别为32%和10%。

2. 公益助农直播的实现路径

首先，公益助农直播带货带来了一种独特的新媒体购物形态，依托公益属性、多元体验、技术创新，各种类型的公益助农直播得以在媒介化社会中产生

---

① 《抖音电商发布助农数据：一年助销农特产28.3亿单》，2022，据光明网：https://economy.gmw.cn/2022-09/23/content_36044837.htm。

深刻影响。首先，他们以公益属性积聚大量人气。2020 年 4 月 6 日的“为湖北拼单”首场直播，央视主持朱广权与“口红一哥”李佳琦隔空连线，为湖北带货超 4014 万元；4 月 30 日的“为鄂下单”湖北团圆专场，单场引导成交金额超 2 亿元……公益助农直播正以不可阻挡之势席卷而来。之所以能创造如此巨大的影响力，既离不开各个网红带货主播的光环效应，更在于助农直播的公益属性。一方面，“网红＋抖音”或“官媒＋抖音”的组合具有强大品牌力、号召力，能让受众心生“爱屋及乌”的心理，促发主动购买的行为；另一方面，农产品直播专场所选的产品多与“助农”“扶贫”有关，不仅物美价廉，且不以营利为目的，能够减少受众的选择、认知负担，直触受众的消费心理。因此，从表层上看，受众为公益助农直播“买单”的是产品，而向深处挖掘，他们购买的是对农民群体的支持。

其次，公益直播助农活动以新媒体购物形态扩大影响。通过媒体介绍或推销商品的销售方式并不新鲜，在传统媒体时代早已普及，但这些购物形态远远不及今天的影响力。究其原因，在于直播带货的本质是一种独特的新媒体购物形态，具有场景化、交互性和广泛影响力，这些特点在公益助农直播中得以进一步展现。一是即时互动、辐射面广。对受众而言，除了可以观看农村生活的现场直播，也可以通过微信、淘宝、抖音等平台了解产品信息、参与相关活动。二是产品多元，价格优惠。公益助农直播的农产品要经过“初期评估—团队试用—最终审核”的层层筛选才能上架，官方或优质达人的信用背书，使得多地优质农产品得以打破市场壁垒，越过中间商差价，新鲜、迅速地到达消费者餐桌。

（三） 公益助农直播的价值分析

1. 传播上产生强大的情感动员力量

在直播带货的“热”语境下，受众渐渐习惯借由直播来满足自己的陪伴需求、娱乐需求和自我展露需求。在他们看来，直播带货已经成为生活日常的一部分，越是即时互动、对等亲和的直播带货，对受众的情感调动就越强。而公益助农直播从两个方面满足了受众需求、触发受众情感，创造出巨大的流量优势。一是关系认同。在直播中，除了可以通过主播、明星等介绍了解产品信息，也可以通过私信、评论、弹幕等方式与之互动，还可以看到其他受众的购买和反馈，创造了一种有强烈社交体验的虚拟购物社区，给受众带来归属感和认同感。二是情感共鸣。越来越多网络达人对公益助农直播的视觉营造、打赏、对话等有着特殊的考量与设计，扩大了情感因素作用的比例，让受众产生一种集体围观感，更容易实现对带货行为的“响应”。

2. 商业上让“受众—消费者”的转化更加顺畅

在琳琅满目的“直播＋”商业模式中，公益助农直播绝非“假把式”，更在商业上实现了成功。通过公益、营销、零售的结合，搭建了一个人性化、媒介化的消费场景，让“受众—消费者”的转化更加顺畅。首先，助农直播的公益属性使原本的销售活动获得更具价值的行动意义，当受众知道自己的购买、围观将惠及更多群众，就更容易减轻疑惑、直接下单。其次，直播销售的并非价格昂贵的奢侈品，而是能够拿到较低价格、可以快速消耗的农产品，相对于以往砸钱做广告的营销模式，这样的促销很容易让受众买账。再次，更具临场感的消费场景，在直播中传统购物中的“买方—卖方—商品—周边”的场景被完整地继承下来，再加上主播、主持人充满激情的表述，给受众带来抢货的紧张感，成为农业价值变现的催化剂。帮农产品找到销路，是公益助农直播的短期效用，随着直播的持续化以及与受众的不断连接，最终会倒逼商家进行数智化、人性化升级，转向快速回应受众需求的智能商业模式，真正实现“造血式”助农。

3. 社会上助力全民公益文化氛围的形成

公益助农直播带货主要需要实现社会效益和经济效益相统一。就目前而言，公益助农存在信息不畅通问题，导致捐助者对援助对象、资金流向、惠及人数、具体金额均不清楚，这就为一些不良公益行为提供了生长空间，而“官媒/达人＋淘宝/抖音”公益助农直播的现场化呈现，让公益事业运作更加透明。如 2020 年 4 月 13 日“为鄂下单”系列公益带货直播开场前，央媒直播团队就去了武汉，与商家沟通具体的合作模式，当天直播推荐的好物就来自需要帮扶的企业或农户的自荐。同时，受众可以在各种渠道及平台与直播团队取得直接联系，进行咨询与监督。当公益在“阳光”下运行时，就会有更多受众选择参与进来，使公益惠及更多人。此外，通过在直播间和受众一起聊天、娱乐，受众通过打赏、送礼物、直接购物等轻松愉快的方式参与公益，有助于全民公益文化氛围的形成。

四、乡村振兴视域下公益助农直播存在的问题

乡村振兴视域下，公益直播助农新模式的发展如火如荼，但也出现了诸如农产品质量难以得到保障、农产品同质化现象较为严重、助农链条不完善以及直播队伍的素质稍显欠缺等问题，导致消费者对公益直播助农新模式产生怀疑，阻碍了农产品的销售，不利于乡村振兴目标的实现。

1. 农副产品质量难以得到保障

公益直播助农的主要形式就是通过直播向消费者推介农副产品，消费者可以在直播间与主播交流，观看并了解农副产品的相关信息，看到农副产品生产加工的全过程，一定程度上刺激了消费者的购买欲望。但鉴于中国多数农村地区农业生产仍以小农经营为主，标准化、规模化以及集约化的农业生产模式尚未形成，公益直播助农销售过程中农副产品质量难以保证。一方面，直播销售农产品的监管体系不完善，实践中出现一些不法商家以次充好、销售劣质农副产品的现象，对消费者权益造成侵害，不仅给农副产品品牌带来负面影响，而且影响了公益直播助农新模式的效果和质量。另一方面，农副产品多为生鲜产品，需要较为完善的冷链物流服务，①但农副产品的产地大多位于偏远农村地区，未形成规模化生产，而冷链物流建设面临高昂的费用问题，农副产品多依靠普通物流运送，最终影响了农副产品的质量。

2. 农副产品同质化现象较严重

乡村振兴视域下，公益助农直播新模式发展逐渐成熟，但在实践中存在直播销售的农产品“有特色无品牌”、同质化竞争明显的现象，导致农副产品的品牌效应不明显，无法打开市场，公益直播助农效果不显著。一方面，当前公益直播内容多是千篇一律的采摘、试食用、打包农产品，直播画面、内容重复单

① 卢星华:《乡村振兴背景下农产品直播带货的法律保障》,《北京农业职业学院学报》2021 年第 5 期。

调，容易引起消费者的审美疲劳，导致特色农副产品的市场竞争力减弱，阻碍销量。[①] 另一方面，鉴于当前部分市场交易主体农业品牌意识薄弱，尚未打造地区具有特色的农产品品牌，虽然其在公益直播助农新模式的助推下提升了农产品的销量，但这仅属于间断性行为，农副产品缺乏品牌化，产品缺乏辨识度与认可度，产品的附加值较低，市场竞争力不高，不利于带动农民增收，也对乡村振兴战略目标的实现造成影响。

3. 公益直播助农链条不完善

在公益直播助农新模式中，地方党政领导、主流媒体等主体是媒介平台，能起到帮助农产品宣传、推广的作用，但其将重点放在了前期的客户引流层面，在农副产品的选择、质检以及售后层面缺乏相应经验，未组建专业的团队，导致公益直播助农链条不完善，影响农副产品的售后服务，导致消费者权益受损。例如，某用户在“ACC 公益”直播间购买了一箱芒果，收到货后产品有一半已经腐烂，但其在维权时发现商家关闭通道，导致维权困难。农副产品的销售并非一时性的，这样做虽然短期来看商家确实获利，但从助农的长远角度来看则是非常不利的。对于购买农副产品的消费者而言，其通常是基于主流媒体以及领导干部的公信力和影响力购买公益直播助农产品，而领导干部、主流媒体等在选品、质检以及售后等方面的缺位一定程度上使消费者对主流媒体以及领导干部销售助农产品产生怀疑，消耗消费者对其的信任，最终对农副产品的持续性销售造成影响。[②]

4. 公益直播队伍的专业素质参差不齐

在公益直播助农过程中，直播队伍的专业素质直接影响着农副产品是否具有打动消费者、吸引消费者眼光的能力，决定了农副产品的销量。但在实践中，一方面，公益直播队伍的专业素质参差不齐，一定程度上影响了公益直播助农新模式的效果。例如，有的公益活动组织不规范，把公益活动庸俗化，甚至受利益驱动，唯利是图；也有的主播为了博取收视率，赚取用户流量，热衷搞

① 鲁钊阳、黄箫竹、廖杉杉：《乡村振兴背景下电商直播对农村相对贫困影响的实证研究》，《电子政务》2022 年第 8 期。

② 张淑辉：《互联网使用能否缓解农户相对贫困？——微观证据与理论机制》，《东岳论丛》2023 年第 8 期。

一些虚假宣传，最终使得公益直播助农模式的质量降低，难以达到销售农副产品的目的。另一方面，部分主播对农副产品不熟悉。内容的输出是直播带货的核心，[①]只有在优质、新颖内容的助推下，才能促进农副产品的销售，而公益直播带货主播通常是临时担任主播角色的，可能对于农副产品的信息并未有全面的了解，因此，对农副产品内容的输出并不乐观，最终导致其流量难以变现，公益直播带货助农效果并不明显。

五、乡村振兴视域下公益助农直播的优化建议

乡村振兴视域下，为了保证公益直播助农新模式效果最大化，提升农副产品的销量，需要根据公益直播助农新模式在实践中存在的问题，从长远角度着手，严格把好农副产品的质量关、加强对农副产品的品牌建设、打造助农一体化链条以及加大对公益直播队伍的培养。

1. 严格把好农副产品的质量关

公益直播助农新模式具有双面优势，其不仅能有效解决农副产品滞销的问题，促进乡村振兴，而且能够为主流媒体、政府官员以及头部主播积累更多好感度，提升其影响力。但上述优势的前提是，直播的农副产品质优价廉，因此，严格把好农副产品的质量关至关重要。一方面，政府相关单位应建立健全农副产品的生产规范，积极构建集农产品溯源、认证和质量于一体的标准化体系，及时开展动态跟踪检查，排除农产品生产、销售以及运输等各个环节可能出现的安全隐患，依法打击制假售假、虚假 宣传等侵害消费者以及农户合法权益的行为，以进一步强化质量监督和安全管理，确保公益直播助农新模式经得起市场的检验。另一方面，完善农副产品的物流配送体系，加强对冷库、仓储设备以及物流运输系统等基础设施的建设，并加强相应政策、资金以及技术的支持，完善农副产品物流仓储的衔接与配套设施建设，以提高整个农副产品冷链物流体系的运行水平，保障农副产品质量，进一步提升消费者满意度。

① 李婉茹、杨耀宇:《乡村振兴视域下党建引领助农直播可持续发展路径分析》,《山西农经》2022年第7期。

2. 加强农副产品的特色品牌建设

为了防止农副产品同质化现象严重导致农副产品的辨识度较低，需要加强农副产品的特色品牌建设。具体而言，各地区可以深度挖掘本区域的产业特色，依据“同一区域、同一产品、统一品牌”进行品牌整合，并对农副产品进行精细化、差异化加工和包装设计，积极培育特色农产品品牌，以提高产品辨识度，增加消费者对品牌的认知度。同时，由于商品的竞争更多体现的是农产品品牌以及质量的竞争，直播过程中需要充分挖掘农副产品的附加值和文化内涵，并将产品直播提升为品牌直播，将产品详情介绍与传统地方习俗、民间文化传统以及传统文化艺术展示相结合，增加农副产品的感染力，提升特色品牌的心理价值。此外，为了进一步提升农副产品特色品牌效应，各地区应积极申报农副产品地理标志，并进行相应的品牌策划、品牌营销和品牌输出。

3. 打造公益直播助农一体化链条

公益直播助农新模式的出发点是好的，但如果处理不好选品、质检以及售后等问题，不仅会对消费者权益造成侵害，而且可能会使社会对主流媒体、领导干部的公信力产生怀疑，最终对农副产品的持续性销售造成影响，因此，应打造公益直播助农一体化链条。在选品时，应组建专业化的选品团队提前了解农副产品所属领域的专业知识，以负责任的态度进行反复细致的产品甄选，以保证农副产品质优价廉，从源头保护消费者权益。在质检时，需要由检测机构提供独立、公开的检测检验平台，以有效避免瑕疵农副产品的出现。在物流打包与配送环节，分拣中心应配备专业的分拣设施和工作人员，以把好产品发货前的最后一道关。在售后环节，公益直播主体需要及时跟进售后服务，出现问题时，与销售者进行及时对接，保证问题能妥善得到解决。为给消费者提供更好的保障，公益直播主体还可以通过成立公益直播基金的形式，用于解决商品质量和售后服务问题，守护好农副产品的品质防线。

4. 加大对公益直播队伍的培养

公益主播作为直播的主要讲解主体，其专业素质影响着公益直播的效果，因此需要健全公益直播队伍培养机制。一方面，利用好传统主流媒体，培育本土直播能人。公益直播涉及对农副产品的推介，考验主播与消费者的互动能力，主播的语言功底及其对乡村的了解，本土直播能人对所处区域有明确的认知，通过对其开展常态化、规范化的直播培训，能使本土直播能人的直播更具专业性，提升其直播表现力、与观众的互动能力，保证直播效果。另一方面，为了保证公益直播的效果，可以采用柔性引进人才的机制来培育专业的公益助农直播队伍。队伍成员多是在网络具备一定粉丝流量的当地人，通过加强对成员的技术指导、文案策划、产品推广等方面的培训，使其能为家乡优质农副产品代言，助力家乡农副产品的销售，促进乡村振兴目标的实现。

目前，公益直播助农新模式取得了显著的成绩，但由于其为新生事物，在实践中也暴露出一系列问题，如果不妥善解决，不仅会影响公益直播主体的公信力，而且会阻碍农产品的销售，不利于乡村振兴目标的实现。因此，需要结合公益直播助农新模式在实践中的问题，提出相应的优化建议，以促进公益直播助农新模式的持续发展。

六、结语

党的二十大报告指出，完善分配制度，引导、支持有意愿有能力的企业、社会组织和个人积极参与公益慈善事业。党的二十大报告中提到的乡村振兴、教育事业、医疗卫生、妇女儿童权益、残疾人、传统文化、就业、生态环保、法治等领域，基本上都是公益慈善事业重点服务的领域和范围。同时，二十大报告关于分配制度的重要论述，为公益慈善事业在优化三次分配、完善分配制度方面提供了政策支持。我国公益慈善事业的发展方向是以“中国式现代化”为目标，坚持以人民为中心的理念，在高质量发展中促进共同富裕。二十大报告为新时代新征程上我国慈善事业的发展提供了根本遵循、基本依据和远景目标。而慈善组织应围绕中心任务，坚持正确的方向，牢牢把握新时代新征程的使命，开拓创新，踔厉奋发，为低收入群众的生活更上一层楼、为助力实现共同富裕作出应有的贡献。我国公益慈善事业的发展思路是要引导支持企业、个人参与到广泛的服务领域，不断发挥公益慈善事业优势，在国家经济社会发展中起到补充作用。与此同时，推进慈善组织的协商作用，让公益慈善事业在增进团结、建言献策、提高互动、凝聚共识、慈善实践以及社会治理体系等方面，提供更广阔的空间。

而在实施乡村振兴战略中,整合资源也是大势所趋。各级党委、政府始终发挥着主导作用,企业、公益慈善组织、农村组织作为社会力量,应当发挥各自优势,团结协作,齐心协力,共同推动乡村振兴。自2021年以来,我国社会捐赠的资金,投入用于乡村振兴的比重越来越高。其中,企业主要是捐赠方,具有资金优势;公益慈善组织是组织方,具有综合优势;农村组织是具体执行方,具有熟悉农村情况的优势。三者的联动,可全面兼顾捐赠人的诉求与受助人的需求,沿着可持续发展的方向,实现良性循环。公益慈善组织作为非营利机构,基本上不参与经营行为,但通过公益慈善组织的牵线搭桥、协调监管,企业和农村组织可按照市场规律进行产业合作、消费合作等,授人以渔,做强做优做大农村产业,实现共赢。对于企业和公益慈善组织而言,具有广泛联系社会各界的资源优势,比如医院、高校、银行、科研机构、媒体、视频平台等领域的企事业单位,这些是乡村振兴中的重要资源,也是农村和农村组织可能匮乏的资源。

因此,专家建议,可从三方面推动企业、公益慈善组织及农村基层组织在乡村振兴中的联动作用。一是在社会捐赠上的联动,发挥捐赠资金和物资的使用效率,形成透明度高、执行规范、成效显著的闭环;二是在产业扶持上的联动,平衡好市场规律和公益慈善规律,逐步建立起新的帮扶机制和模式;三是在资源整合上的联动,推动人才、金融、文化、医疗等资源深入农村服务"三农",争取早日实现乡村振兴。

消费变迁背景下的乡村振兴与公益慈善

邵文君[①]

（南京大学社会学院）

摘　要：中国在急剧的社会变迁中，个体的生活模式也随之转向了从生产到消费。基于此，本研究从社会变迁的视角出发，发现在中国社会的个体生活模式从传统转向现代的进程中，经历了从国家视角下的宏观制度与意识形态转变渗透到个体生活模式转型的过程中。在这一变迁中，乡村社会呈现出与城市社会具有明显差异的消费特征，一方面是乡村社会的整体性消费转向与集体消费的不平等，另一方面是个体消费实践的多元化与代际差异带来的诸多困境。在这一背景下，研究试图从公益慈善的视野出发，打造具有消费活力的乡村消费场景与产品，并从多元视野中提升村民的消费能力与素养。以实现乡村消费振兴、城乡融合与共同富裕。

关键词：消费变迁、乡村振兴、公益慈善、共同富裕

一、引言

党的十九届五中全会提出要“形成强大国内市场，构建新发展格局。坚持扩大内需这个战略基点，加快培育完整内需体系，使国内市场成为最终需求的主要来源”。因此，释放居民消费潜力意义重大，尤其在我国进入经济发展新常态之后，更应该依靠扩大内需发挥消费对国内大循环的拉动作用。与此同时，2023 年 7 月，国家发展改革委发布《关于恢复和扩大消费的措施》，提出以

① 邵文君，福建邵武人，南京大学社会学院博士研究生，研究方向为消费社会学。

习近平新时代中国特色社会主义思想为指导，深入贯彻党的二十大精神，坚持稳中求进工作总基调，完整、准确、全面贯彻新发展理念，加快构建新发展格局，着力推动高质量发展，把恢复和扩大消费摆在优先位置，优化就业、收入分配和消费全链条良性循环促进机制，增强消费能力，改善消费条件，创新消费场景，充分挖掘超大规模市场优势，畅通经济循环，释放消费潜力，更好地满足人民群众对高品质生活的需要。

回顾中国社会从生产主导到刺激消费的转型，自新中国成立以来，随着传统社会向现代社会的变迁，人们的欲望机制也在持续演进，经历了从“欲望压抑型社会”到“欲望释放型社会”的转变。特别是在进入 21 世纪之后，随着中国加入世界贸易组织，经济逐渐融入世界经济体系与经济全球化，社会财富急剧增加，人们的欲望被不断挖掘和鼓励，以满足市场对消费的需要。与此同时，在经济增长过程中，中国逐渐摆脱了主要依靠投资和出口的增长模式，更加依赖国内消费。在此背景之下，国内消费增加、消费质量提高[①②]，个体生活模式从生产主导转向消费主导。

同西方社会相似的是，从节俭主义向消费主义的转变意味着生产社会向消费社会的转型，中国的特殊之处在于这个转型只花了 30 年左右的时间[③]。毋庸置疑，在消费模式变迁进程之中，中国人的生活与消费叙事受到了全球化的影响[④]，但是，中国社会的消费变迁与个体化形态与西方社会截然不同，消费变迁与政治制度变革高度关联，与作为中国人生活的基本单位的家庭、代际关系密切勾连[⑤⑥⑦]。在这一过程中，城乡也展现出差异化的图景。因此，消费变

---

① 林晓珊：《中国家庭消费分层的结构形态——基于 CFPS2016 的潜在类别模型分析》，《山东社会科学》2020 年第 3 期。

② Min Wang, Xinmei Yu, “Will China's Population Aging Be a Threat to Its Future Consumption?,” *China Economic Journal* 13. no.3(2020):42 - 61.

③ 王宁：《消费行为的制度嵌入性——消费社会学的一个研究纲领》，《中山大学学报（社会科学版）》2008 年第 4 期。

④ Stuart Hall, “Political Belonging in a World of Multiple Identities,” in *Conceiving Cosmopolitanism: Theory, Context, and Practice*, eds. Steven Vertovecn and Robin Cohen (Oxford: Oxford University Press, 2002), pp.25 - 31.

⑤ 费孝通：《论中国家庭结构的变动》，《天津社会科学》1982 年第 3 期。

⑥ 阎云翔、杨雯琦：《社会自我主义：中国式亲密关系——中国北方农村的代际亲密关系与下行式家庭主义》，《探索与争鸣》2017 年第 7 期。

⑦ 沈奕斐：《谁在你家——中国“个体家庭”的选择》，上海三联书店，2019。

迁的中国特质以及城乡的差异，需要进一步阐释。

具体而言，在城市区域，特别是在快速发展的东部地区，在经济社会持续发展的背景下，全球中产阶层规模不断扩大，成为社会经济发展、物质消费和文化塑造的主力。① 在全球化和中产阶层消费文化的双重作用下，城市地区出现了大量具有全球化特征的新型消费空间，促使空间的消费属性和消费功能不断强化，并伴随着持续的扩展与延伸②，一直深入乡村地区。全球化和城镇化带来的多元影响逐渐深入乡村地区，乡村空间开始出现都市元素并伴随着明显的消费化倾向，原本单一的生产空间逐渐向集居住、旅游休闲、消费和生产于一体的多元空间转变。③

进一步而言，在城市消费经济和城镇化建设的推动下，乡村地区开始成为承接城市群体消费转移的新空间。城市资本、人口和产业等要素的进入，使得乡村空间发生转型重构，此外，以消费本身和商品化为主要特征的消费文化从城市蔓延至乡村，使得乡村居民消费理念、方式、行为等发生重构，带来了乡村产业发展模式、资源利用方式、消费结构和社会组织等的转变，乡村地区逐渐被纳入城乡消费体系。④⑤ 伴随着现代化的社会转型，无论是身处城市的都市人，还是居住在乡村地区的个体，消费能力成为个体生活与集体互动最重要的路径与形式之一。在消费的视野下，乡村作为消费者与被消费者同时存在，而乡村振兴的可能性，也存在于两者的发展与互动之中。

与此同时，研究也发现，在当前的乡村社会，依旧存在着作为消费者和被消费对象的诸多困境，仅仅依靠市场和国家的逻辑与资源，难以触及最底层的

---

① Eileen Yuk-Ha Tsang, *The New Middle Class in China: Consumption, Politics and the Market Economy* (London: Palgrave Macmillan, 2014).

② Yuling Ma, Jiajun Qiao and Dong Han, "Interpreting the Humanistic Space of Urban-rural Interface Using Consumption Behaviors," *Journal of Rural Studies* 93(2022): 513 - 521.

③ R. W. Slee, "From Countrysides of Production to Countrysides of Consumption?," *The Journal of Agricultural Science* 143, no.4(Aug. 2005): 255 - 265.

④ Chase M, Billingham and Shelley McDonough Kimelberg, "Middle-class Parents, Urban Schooling, and the Shift from Consumption to Production of Urban Space," *Sociological Forum* 28, no.1 (2013): 85 - 108.

⑤ 杨忍、陈燕纯、张菁等:《20 世纪 90 年代以来西方乡村地理研究的主要理论演变与启示》,《地理科学》2020 年第 4 期。

需求，需要通过超出国家与市场的逻辑方式，并通过第三次分配进行改善。具体而言，第三次分配是以社会主义制度为基础，以共同富裕为目标，在社会主义核心价值观引领下以及中华优秀传统文化和道德习俗影响下，社会组织和个人通过慈善捐赠、志愿服务等方式，实现对低收入群体帮扶进而提高其收入水平的行动，其基础是社会组织和个人的自觉自愿慈善行为。① 在乡村振兴与共同富裕的背景下，公益慈善成为一个重要的力量，发挥着重要的作用，正如党的二十大报告提出，“分配制度是促进共同富裕的基础性制度。坚持按劳分配为主体、多种分配方式并存，构建初次分配、再分配、第三次分配协调配套的制度体系”，并且提出，“引导、支持有意愿有能力的企业、社会组织和个人积极参与公益慈善事业”。

在这一背景下，本研究关注以下问题：第一，不同于西方，在制度—生活模式路径之下，现代中国社会的消费模式是如何在社会变迁中形成的？第二，在这一消费模式变化情景之下，乡村社会的消费呈现出什么样的图景？第三，何以通过第三次分配的视野，在乡村振兴的背景下，将公益慈善引入消费振兴的领域，从而实现乡村同时作为被消费者和消费者的双重发展路径？

二、从生产社会到消费社会：生活模式的变迁

（一） 传统社会的生活模式

在西方社会，以禁欲与节俭为特征的新教伦理被视为资本主义发源的重要文化条件。② 宗教通过赋予人们以来世意义，使处于物质贫困和苦痛中的人们获得生存希望，这种意义供给机制为节俭主义构筑了赖以生存的精神支撑。而在物质同样匮乏的中国传统社会，人们形成了根深蒂固的节俭观念和日常生活实践，儒家思想将节俭视为美德，俭与奢的“度”都要遵守封建等级秩序的“礼”，并将其作为话语规训，旨在建立等级社会秩序，建立内在心灵与外在秩

① 曲延春：《第三次分配如何促进农村共同富裕：多维检视与实践向度》，《东岳论丛》2023 年第 8 期。

② 马克斯·韦伯：《新教伦理与资本主义精神》，康乐、简惠美译，广西师范大学出版社，2010。

序的和谐统一，在这一文化背景之下，超出日常需求的消费欲望被视为是非理性与非道德的，消费欲望成为宗教和道德所谴责的对象。

在计划经济时代，中国社会转向了集体化生活阶段，国家将个体从个体—祖先的轴线上抽离出来，转而嵌入个体—党—国家的轴线上，在城市中生活的个体完全依赖于单位制度。所有单位都有一定的行政级别或隶属于某个政府部门，有一体化的党组织的领导，有一套职工福利保障制度，单位对职工的日常行为具有控制权。[①] 在这一时期，国家控制着绝大多数的资源和机会。正如魏昂德所指出的："在中国，人们获得物质与社会服务——其多寡决定了每个人的生活水平——的方式很大程度上不是通过市场上的金钱交易，而是通过官方机构直接分配或用规章来决定。"绝大多数的物品，包括生活必需品都是由国家来分配的[②]，这种职工和单位之间的人身依附关系形成了"组织化的依赖性"结构。[③]

在这一背景下，一方面，在集体消费制度安排上，为了维护统治的稳定和合法性，政府在总体性资源匮乏的情况下，在城镇实行了普遍的低水平的福利制度；另一方面，在私人消费制度安排上，国家为了弥合有限资源与高福利承诺之间的张力，对城镇居民采取了抑制居民消费的措施，实行低工资政策，并通过对农产品的"统购统销"政策，加强中央对粮油等战略资源的控制，通过压低农产品价格实现城镇职工低工资政策之下的日常生活保障，近乎消灭了消费品供给的自由市场。[④⑤]

在这一时期，由于缺乏消费空间，单位与街道居委会作为国家系统的代表，成为城市居民获得福利保障和生活资源的主要渠道。一方面，消费与个体的政治身份高度关联；另一方面，国家的集体配给制度以家庭为基本消费单

① 卢汉龙：《单位与社区：中国城市社会生活的组织重建》，《社会科学》1992年第2期。

② 杨美惠：《礼物、关系学与国家：中国人际关系与主体性建构》，赵旭东、孙珉译，江苏人民出版社，2009。

③ Andrew G. Walder, *Communist Neo-traditionalism: Work and Authority in Chinese Industry* (Berkeley: University of California Press, 1986).

④ 阎云翔：《中国社会的个体化》，陆洋等译，上海译文出版社，2012。

⑤ Zhilin Yang, Nan Zhou and Jie Chen, "Brand Choice of Older Chinese Consumers," *Journal of International Consumer Marketing* 17, no.4(2005): 65-81.

位，由国家认定的婚姻家庭成为国家生活资源配置制度与居民生活需求之间最为重要的中介，进一步而言，家庭被强制规定为个人无法脱离的消费共同体。总体而言，在改革开放之前，“家庭”与“单位”成为国家与个人发生关系的重要的制度依托，家庭发挥着实践层面的生活消费、福利保障的功能，导致一方面在客观上强化了个人对家庭的依存性、家庭成员之间的连接感，另一方面，在消费生活、政治生活和社会生活中，个人—家庭—单位之间形成错综复杂的互动关系[①]。

（二） 制度与生活：现代社会的消费模式

1. 宏观制度与意识形态变迁

如前所述，在改革开放前，在社会资源严重匮乏的环境中，政府所践行的普遍的福利制度与高度抑制的消费制度之间呈现出明显的政策张力。改革开放后，为了实现从生存经济到消费经济的转变[②]，国家首先采取了一系列措施来调动民众的消费积极性，具体而言：第一，在购买力方面，通过提高民众收入的方式创造消费的基本条件；第二，在消费品的供给方面，促进消费产业的发展，减少和打破国家对消费品供给的垄断和控制，进一步释放消费空间、制造消费场景，通过引入西方国家的消费产品，为国内消费者营造出美好消费生活的“国际示范效应”[③]；第三，在意识形态方面，国家放松了对消费的控制，关于消费欲望的道德禁忌和话语规训逐渐离场，国家转向市场经济体制之后，鼓励消费的意识形态逐渐占据主导地位。[④] 总体而言，在政治转向中，消费品的生产与供给走向市场化，体制外的消费资源获得流通空间，消费者的消费能力不断提升，个体的消费空间不断扩展。

---

① 陈映芳：《国家与家庭、个人——城市中国的家庭制度（1940—1979）》，《交大法学》2010 年第 1 期。

② Zhilin Yang, Nan Zhou and Jie Chen, “ Brand Choice of Older Chinese Consumers,” *Journal of International Consumer Marketing* 17, no.4(2005): 65 - 81.

③ Jeffrey James, *Consumption, Globalization and Development* (London: Palgrave Macmillan, 2000).

④ Xin Zhao and Russell W. Belk, “ Politicizing Consumer Culture: Advertising's Appropriation of Political Ideology in China's Social Transition,” *Journal of Consumer Research* 35, no. 2 (2008): 231 - 244.

由此可以发现，不同于西方社会，中国的消费变革是国家与社会关系发生结构性变迁的结果，是国家退出日常生活领域、放弃控制私人生活的结果，其消费变迁的内在逻辑有其复杂性：第一，作为一种意识形态宣示，表明消费不再是宏观意识形态谴责的对象，不再作为一种话语的禁忌，逐渐摆脱了负面意涵，具有了合法性；第二，扩大消费逐渐纳入了国家的政策范围，消费欲望成为国家借助各种手段加以刺激的对象，国家推行的一系列旨在改变消费观念，刺激消费行为的宏观政策与制度安排，都是为了实现“人民生活的改善”这一终极政绩，为国家的统治提供合法性；第三，在消费政策变迁过程中，消费品的获取基本不再取决于个体的政治身份，与单位之间的关系走向弱化。与此同时，近年来，在出口和投资市场受到冲击的情况下，消费对经济增长的重要性日益显著[①]，经济政策倾向通过提高居民消费实现消费与生产的再平衡，消费市场的繁荣与否不仅与社会的稳定和政府财政收入息息相关，而且政府的运营成本与合法性在相当程度上依赖于国内的经济境况，而消费是当前最重要的经济状况指标之一。

总体而言，消费话语当前转而强调：第一，个体的努力奋斗与个体的消费能力之间的关联；第二，消费能力替代传统的等级秩序、家庭关系等，成为一种新的、有独立价值和意蕴的身份标识。更为细致地看，大众媒体和国家机器以消费者为主要诉求对象，通过建构出一套全景式的消费叙事、刺激个体消费的欲望，为中产阶级追求一种现代的、复杂的“消费者公民”(citizen-consumers)身份认同提供可能性。[②] 正是在这一逻辑中，国家实现了从通过阶级斗争重塑权力格局演变为通过个体的努力，社会不再强迫个体进入某个体系，而是通过消费场景的营造来引导个体生活。[③]

2. 日常生活叙事变迁

在制度变迁背景之下，中国社会开始迈入个体化时代，个体化意味着在一

---

① Guonan Ma, Ivan Roberts and Gerard Kelly, "China's Economic Rebalancing: Drivers, Outlook and the Role of Reform," in *China's 40 Years of Reform and Development: 1978 - 2018*, eds. Ross Garnaut, Ligang Song and Cai Fang (Canberra: ANU Press, 2018), pp.187 - 213.

② Ngai Pun, "Subsumption or Consumption? The Phantom of Consumer Revolution in Globalizing China," *Cultural Anthropology* 18, no.4 (2003): 469 - 492.

③ 沈奕斐：《个体化视角下的城市家庭认同变迁和女性崛起》，《学海》2013 年第 2 期。

定的意义与传统的人际关系网络、互动规则、意义建构机制之间的疏离，意味着更加依赖商品市场[1]，依赖于劳动力市场的规则与秩序，依赖于教育、消费、福利国家等结构性制度的人生秩序。因此，伴随着宏观的制度变迁、商品经济发展，个体化时代之下，个体希冀自由选择生活方式，并进一步表现为个体奋斗的叙事和消费主义的生活方式。从变迁的维度来审视，在20世纪90年代，消费主义已经逐渐成为商品经济发达地区的一种价值取向和日常生活实践[2]，伴随着经济的快速增长和经济发展模式的变化，到了21世纪初，中国社会涌现的强调视觉快感，专注于感性的、愉悦的"小康文化"，也呈现出明显的消费社会特征。人们不仅把消费活动作为建构身份与地位、获取声望资源、建构社会关系的实践，也将消费视为个体生活方式与审美表达的方式。总体而言，一方面，在现代化和商品化的进程中，中国社会的消费革命不断推进；另一方面，在消费文化全球化的背景之下，中国人的生活与消费叙事也越来越具有审美旨趣和格调，审美导向的生活方式成为越来越多人的选择和追求，消费被视作一个必要的、愉快的过程，是对商品和服务的创造性占有。

与此同时，传统的价值体系与结构网络在现代化进程中不断瓦解与重构，我们面临着首属关系解体、社会流动频繁、家庭规模缩小、家庭模式多样化、消费主义盛行等社会变迁。在这一社会变迁中，一方面，社会日趋个体化，原子化的生存形式使得个体易坠入孤独的深渊，出现对自我身份认同的质疑和焦虑；另一方面，消费以社会化的形式出现，为个体提供了实现社会互动与整合、社会关系的再生产、身份认同的空间。因此，我们不难发现，在消费社会中的自我认同叙事，需要构筑在消费的话语和行为中，个体需要扮演有能力的消费者，以消费为中介，塑造个体的独特性，追求个体的身份认同。[3][4]

诚然，在物质生活日渐富裕的环境中成长的新生代对于生活有了更多元化的、非物质性的追求，这也成为我国消费需求升级、产业结构转型的推动力。

---

① Ulrich Beck, *Risk Society: Towards A New Modernity* (London: SAGE, 1992).

② 成伯清：《现代西方社会学有关大众消费的理论》，《国外社会科学》1998年第3期。

③ 朱迪：《大学生消费不平等的实证研究：从消费文化的维度》，《兰州大学学报（社会科学版）》2014年第6期。

④ 王宁：《美感穿插实践与日常生活的美感化——音乐消费工具、可供性与音乐消费革命》，《山东社会科学》2018年第10期。

经济高速增长、独生子女政策实施、教育扩张、互联网兴起、市场化、工业化、城镇化、全球化和中国崛起等一系列重大历史事件交织于青年的生命历程，在他们成长的每个阶段影响着其生存机遇，形塑了其代际特征。在家庭中，经济的高速增长和独生子女政策使日渐富裕的中国家庭有越来越多的资源投入子女的养育，父母对其仅有的一个孩子或仅有的少数子女给予了越来越多的关注。这使得新生代青少年享有的物质生活条件远远高于其父辈青少年时期的状况①。总体而言，相较于在物资匮乏环境中成长的老一代人更注重追求经济安全保障，而在生活日渐富裕的环境中成长的青年一代更注重主观幸福感和快乐体验，对于消费有更加多元的需求。

无论是整体性的对于消费与欲望的追求，还是青年群体对于消费与自我认同、自我表达的欲求，这些特质，都通过城市化进程，通过在城乡之间流动的个体与家庭，不断在城乡之间传输与流动。与此同时，在乡村振兴的背景下，乡村社会的消费能力，也成为乡村社会发展与振兴的重要指标。综合现代化与消费社会的演进，与乡村振兴的发展战略，乡村地区的消费呈现出与城市相似又不全然相似的特质。

三、乡村社会的消费图景

（一） 乡村的消费转型与不平等

如果说，我国传统乡村是一个以农业生产主义为导向、由农民组成的生产社会，那么，改革开放以来随着城市化和市场化的发展，我国乡村正逐渐进入消费社会，乡村的消费功能日益凸显。特别是在 2008 年全球金融危机爆发后，国家和政府将扩大内需特别是扩大乡村消费，视为拉动经济增长的重要动力，并通过提升农民收入、支持家电下乡、降低存贷款利率水平等措施促进乡村消费。近年来，国家更是通过优化农业结构、发展乡村特色产业和现代农产品加工业、支持乡村旅游业等促进乡村经济发展，由此推动乡村从生产社会逐

① 李春玲：《改革开放的孩子们：中国新生代与中国发展新时代》，《社会学研究》2019 年第 3 期。

渐转向消费社会。[①]

与生产社会不同,在消费社会下,乡村呈现出新的特征。在这一背景下,在乡村振兴的进程中,在乡村社会内部,一种所谓纯粹的经济意义上的商品关系取代了富含社会与文化价值的礼物的关系而成为人们生活之中最为核心的价值追求,而一种所谓消费社会的观念在日益地取代了人们曾经赖以为生的基于土地的粮食生产的那种生计形态。[②] 农民生活的逻辑,在一定程度上,转变为为了消费而生产。毫无疑问的是,改革开放以来农民的消费不仅取决于其自身的特征变量,同时还显著受到城镇消费行为的示范性影响,农村消费市场已经不是一个孤立的市场。网络媒体的间接传播、城市生活的直接体验都让农村人迅速习得了一套消费话语与仪式,并在村庄场域内复制、实践出来。[③]

进一步而言,在乡村社会,伴随着城市化与总体性的现代性转型,更多的农民有更多的机会离开自己家园的土地而流向陌生的城市空间,为了谋生而参与到了工业化或城市化的生产消费中,由此而获得他们日常生活所必需的农产品以外的补充。在这一背景下,即在全球化和城镇化的进程中,乡村在城市资本、人口、技术和制度等要素的综合作用下导致空间从生产转向消费,进而在空间功能、组织和结构上发生都市化和消费化倾向的过程。在消费文化和市场经济驱动下,乡村空间都市消费化转型主要体现在物质空间的商业化、外部经营主体的介入、城市资本的运作和空间组织治理方式的现代化。乡村物质空间商业化是通过对旧有景观和土地的再利用与改造,以满足城市消费群体休闲、娱乐需求的过程,并随之产生了餐饮服务、旅游观光、农业体验、乡村康养和教育研学等形式的消费化空间[④⑤]。然而,城市资本不断涌入乡村空

---

① 张诚:《回归公共性:消费社会中乡村公共空间的资本化及其超越》,《求实》2021 年第 2 期。

② 赵旭东:《从城乡中国到理想中国——一种交融、互惠与理解的乡村振兴人类学的涌现》,《原生态民族文化学刊》2017 年第 1 期。

③ 舒丽瑰:《贫困的新趋势:消费性贫困——以鄂东打工村庄的消费竞争状况为例》,《华中农业大学学报(社会科学版)》2017 年第 4 期。

④ 陈培培、张敏:《从美丽乡村到都市居民消费空间——行动者网络理论与大世凹村的社会空间重构》,《地理研究》2015 年第 8 期。

⑤ Ren Yang and Yuancheng Lin, "Rural spatial transformation and governance from the perspective of land development rights: A case study of Fenghe village in Guangzhou," *Growth and Change* 53, no.3(2022):1102 - 1121.

间,加剧了村民内部的分层、空间生产的同化以及乡村文化的消解,资本下乡是促进城乡一体化、城乡融合的重要途径,但仍需警惕资本的无序扩张与空间剥夺,以制度、规程约束资本和市场的片面逐利性。[①]

与此同时,生产关系中的阶层与权利差异是造成社会不平等的根本因素,消费资源、消费机会和消费能力在不同社会阶层、群体成员中的不均衡配置[②],形成了基于集体消费的不同消费群体。在乡村社会,集体消费品与城市相比,存在巨大的差异。具体而言,集体消费指产品和服务由国家、城市、社区等集体供给,以分配作为主要摄取方式,比如公共住房、公共设施、教育、医疗等,包括一体化的社会保障和社会福利[③④]。在我国,由于尚未建立统一的集体消费系统,城乡之间的集体消费制度不同,在集体消费领域发生了明显的"双轨化"现象[⑤],形成了集体消费品供给不平等之下的社会分层和社会不平等[⑥]。

(二) 消费的多元化与代际差异

在乡村的物理空间之外,更为重要的是生活在乡村里的人。在消费社会中,个人强调以物质主义的标准界定个体幸福感与成就感,在铺天盖地的消费广告中大力提倡个性与选择;社会生活中,财富积累、消费方式与物质主义实践,像一台分拣机那样把个体重新划入不同的阶层,人们以物质主义的标准为自己界定在社会中的位置,形成自己的身份认同[⑦]。对于乡村的消费主体而言。同样在进行着从生产到消费,从需求到欲望的转变。从身份角色上看,农民不再是单纯的生产者,也是消费者:一方面,随着农业生产技术的进步和推

---

① 林元城、杨忍、邓颖贤:《论中国乡村空间都市消费化转型与乡村振兴》,《地理研究》2023 年第 6 期。

② 张翼、林晓珊:《消费不平等: 资源支配逻辑和机会结构重塑》,《甘肃社会科学》2015 年第 4 期。

③ Alan Warde, " Introduction to the Sociology of Consumption," *Sociology* 24, no. 1 (Feb. 1990): 1 - 4.

④ 王宁:《地方消费主义、城市舒适物与产业结构优化——从消费社会学视角看产业转型升级》,《社会学研究》2014 年第 4 期。

⑤ 林晓珊、张翼:《制度变迁与消费分层:消费不平等的一个分析视角》,《兰州大学学报(社会科学版)》2014 年第 1 期。

⑥ 张敦福、高昕:《城市公园的日常生活实践、需求满足与社会福祉——上海市中山公园和大宁公园的实地研究》,《中山大学学报(社会科学版)》2020 年第 1 期。

⑦ 阎云翔:《"为自己而活"抑或"自己的活法"——中国个体化命题本土化再思考》,《探索与争鸣》2021 年第 10 期。

广，农民用于从事生产活动的时间大大减少，同时，农民个人和家庭收入持续增加，这提升了他们参与消费活动的意愿和能力。另一方面，消费文化的下乡和传播，极大地改变了农民的消费观念，激发了农民的消费欲望，超前消费、贷款消费、即时消费等成为农民新的消费习惯。①

与此同时，市场化激活了农民差异化的经济能力，农民经济分化已经是不争的事实。②③ 在当前的村庄社会，先富农户因拥有较强的经济实力，通过展示消费得起价值高的商品来彰显家庭优越的经济地位。因此，模仿和跟进上层农户的炫耀性消费，即“求同”策略，是中下层农户展现家庭经济实力和提升家庭经济地位认同的有效策略。④

在关系主义视角下的中国社会，社会关系也被消费所建构。以他人存在为导向的消费观念之所以拥有如此强大的前意识乃至准意识的价值，其基础是以关系的方式来思考生活，并将他人的存在与自我的存在紧密地结合在一起。⑤ 农村居民的面子竞争与人情往来，导致其容易过度消费。特别是由于失衡的性别比，使女性在婚姻市场中更具优势，城市对农村的婚姻挤压导致农村传统婚姻圈被打破⑥，农村婚姻市场出现了高价彩礼、结婚花费过高的现象。农民的生活消费压力增大，因消费致贫的风险增加。⑦

从消费内容上看，乡村正处于消费升级阶段。与过去农民消费主要集中于基本的物质生活资料消费不同，在现代社会，农民的消费结构呈现出多元化的特征，对文化、娱乐、教育、旅游等发展型和享受型生活资料的消费需求越来越多。从消费特征上看，农民不仅重视产品的使用价值，也重视产品的符号价值，如品牌、性能、时尚、外观、身份等。⑧ 但是，相较于城镇居民，农村居民消费

---

① 张诚：《回归公共性：消费社会中乡村公共空间的资本化及其超越》，《求实》2021 年第 2 期。

② 杨华：《农村阶层关系研究》，华中科技大学出版社，2017。

③ 杜鹏：《熟人社会的阶层分化：动力机制与阶层秩序》，《社会学评论》2019 年第 1 期。

④ 董帅鹏：《面子再生产：北方农村婚备消费升级的一种社会学解释》，《中国农村观察》2021 年第 3 期。

⑤ 郑震：《当代西方消费社会学的主要命题》，《人文杂志》2017 年第 2 期。

⑥ 刘成良：《因婚致贫：理解农村贫困的一个视角》，《南京农业大学学报（社会科学版）》2018 年第 3 期。

⑦ 徐望：《乡村振兴背景下引导与扩大农村文化消费的路径》，《农业经济与管理》2020 年第 2 期。

⑧ 张诚：《回归公共性：消费社会中乡村公共空间的资本化及其超越》，《求实》2021 年第 2 期。

意愿较低，消费需求少，缺乏学习发展型文化消费。[①]

从代际的视角来看，在宏观的消费制度和话语变迁中，研究认为，50后、60后和70后消费群体重储蓄[②]，当80后进入消费市场时，则开始出现“月光族”，“房奴”和“车奴”逐步流行；现今，90后成为消费市场的新宠儿，00后也正在消费市场中逐渐崛起，其贷款消费、分期消费等超前消费行为吸引着商家的眼球和大众媒体的热议。[③] 在乡村社会，新生代农民工是与中国消费社会共同成长起来的，他们的价值观和社会环境都迥异于老一代农民工。随着城市消费环境的便利化，消费越加大众化，进一步扩展了农民工的消费选择、消费体验以及社会交往圈子。在长期的打工生活中，他们的发展期望、工作目标、生活追求及身份认同，与老一代农民工有着巨大的差异。老一代农民工在劳动与生产中寻求安全感并为家庭积蓄，新生代农民工则在消费中寻求生活的意义和生命的价值。[④] 总体而言，农村家庭在消费观念上存在着明显的代际差异：中老年人把家庭再生产当作人生目标，消费呈现出家庭本位的特点；而青年人更加注重自我享受，消费呈现出个体本位的特点。

总体而言，我们不难发现，乡村地区的消费，虽然在很大程度上受到了现代化消费话语的影响，但同时也被传统社会的关系、人情与面子所影响。而在城乡巨大的经济差异的背景下，一方面，城乡之间、区域之间的消费不平等现象尤为突出，另一方面，因过度消费而产生的代际消费不均衡、代际剥削以及贫困等问题也难以被忽视。如何在实现乡村社会的经济发展与消费供给多元的前提下，将乡村社会中的个体，培养成为有能力、有素养的消费者，是一个重要的议题。基于乡村振兴与共同富裕的宏观背景，我们将进一步从乡村消费振兴与公益慈善的视角出发，找到实现作为消费者的乡村个体与作为被消费者的乡村社会之间的共同发展与均衡。

---

① 韦淼、张红伟：《消费习惯形成视角下城镇化质量对农村居民消费的影响》，《农村经济》2020年第4期。

② 李辉、徐会奇：《城乡居民消费行为比较研究》，《经济经纬》2011年第3期。

③ 李春玲：《改革开放的孩子们：中国新生代与中国发展新时代》，《社会学研究》2019年第3期。

④ 周贤润：《新生代农民工的消费认同与主体建构》，《北京社会科学》2021年第9期。

四、乡村消费振兴与公益慈善

公益慈善事业作为经济社会发展的重要构成，是建立在社会捐献之上并以援助弱势群体和促进社会公益为己任的社会事业，具体包括帮扶济困、社会服务与促进教科文卫体发展及环境保护等领域的拓展。《中共中央关于制定国民经济和社会发展第十四个五年规划和二〇三五年远景目标的建议》强调："发挥第三次分配作用，发展慈善事业，改善收入和财富分配格局。"党的二十大进一步提出："引导、支持有意愿有能力的企业、社会组织和个人积极参与公益慈善事业。"①公益慈善事业是经济社会发展的晴雨表，也是调节贫富差距的平衡器。在中国式现代化道路中，促进全体人民共同富裕，以第三次分配为代表的社会机制不可或缺，实现人民共同富裕急需公益慈善事业现代化。

农村地区公益慈善事业同老百姓的生产、生活、发展息息相关，可以改善老百姓的社会福利，促进乡村振兴。因此，乡村消费振兴的过程中，公益慈善可以在三个方面发挥其重要的作用，一是在创造乡村消费场景方面，即将乡村作为一个产品进行销售和推广，二是在村民消费能力提升方面，三是在提高村民消费素养方面。

（一） 打造乡村消费产品

2023 年 7 月，国家发展改革委发布《关于恢复和扩大消费的措施》，提出要"大力发展乡村旅游。推广浙江'千万工程'经验，建设宜居宜业和美乡村。实施文化产业赋能乡村振兴计划，保护传承优秀乡土文化，盘活和挖掘乡村文旅资源，提升乡村文旅设施效能。推动实施乡村民宿服务认证，培育发布一批等级旅游民宿，打造一批品质民宿。支持经营主体开发森林人家、林间步道、健康氧吧、星空露营、汽车旅馆等产品，因地制宜打造一批美丽田园、景观农业、农耕体验、野外探险、户外运动、研学旅行等新业态，拓展乡村生态游、休闲游。"进一步而言，从功能定位上看，乡村不仅仅是生产空间，也是消费空间，乡村的消费功能日益凸显。消费功能的发展，一方面为乡村振兴提供了一条良

① 吴静、袁会敏：《试论欠发达民族地区公益慈善事业现代化》，《民族学论丛》2023 年第 3 期。

好的路径，另一方面为村民消费的发展提供了基础性的条件。

在当前的社会经济条件下，乡村都市消费化转型所需的资金、技术和人力等，难以通过国家和市场实现持续的输送，与此同时，公益慈善与社会发展内部具有正相关性。企业的社会成本需要企业参与解决，不能仅依靠政府治理，应当实现社会发展、公益慈善、企业运营的良性互动，发展社会企业是实现这一良性互动的有效路径。将市场的思维，以公益的方式，融入乡村振兴与特色产业发展的过程之中。

国家发展改革委发布《关于恢复和扩大消费的措施》，提出要"推动特色产品进城。深入推进农业生产和农产品'三品一标'，开发具有鲜明地域特点、民族特色、乡土特征的产品产业，大力发展农村电子商务和订单农业，拓宽特色农产品上行通道。引导线上线下各类平台持续加大消费帮扶力度，开设专馆专区专柜促进脱贫地区特色产品顺畅销售，带动农民增收致富、增强消费能力。"可以通过发展社会企业的方式，以公益慈善的逻辑，在发展绿色农业、绿色乡村的同时，广泛汇聚社会帮扶资源，吸纳公益慈善。进一步依托地方资源，开发新型农副产品，发展创意农业，推进农业结构和布局调整，提升农业产业特色及知名度。

与此同时，社会企业的高效运营需要与社会资源进行整合，以政策优势吸引社会投资，以专业投资团队运营慈善资源，增进公益慈善事业的可持续发展效能。① 具体地看，社会企业与各类乡村公益组织，可以与各类电商平台合作，通过直播等方式，推广具有乡村特色的场景与消费品。将信息技术融入乡村的发展与消费场景打造中，打造线上农家菜场、生态体验农场。实现乡村社会作为消费空间与消费物品提供者这一路径的快速发展。

就目前农村公益慈善的成效而言，农村慈善捐赠的资源总量还非常有限。从来源上讲，农村慈善捐赠资金一方面来自不同单位特别是企业的捐赠，这是农村公益慈善的主要资源；另一方面来自亲朋邻里以及陌生人等社会个体通过不同方式进行的捐赠。虽然来源较为广泛，但总体而言，农村慈善公益资源有限，难以有效提高农村低收入群体的收入水平。特别是对于企业捐赠而言，

---

① 吴静、袁会敏：《试论农村地区公益慈善事业现代化》，《民族学论丛》2023 年第 3 期。

企业捐赠更多集中于“应对重大自然灾害和突发公共事件”，且呈现“非系统性、非自主性、形式单一性、非均衡性”[①]等特征。因此，应当整合多元的企业资源投入公益慈善，实现企业参与公益慈善行为的持续性，提升企业公益责任感与社会美誉度，发展慈善联合救助机构与慈善产业形成产业化救助平台，通过项目运行、传播营销、运营模式创新具体模式，实现乡村社会资源的聚合、慈善资源空间的拓展、慈善捐赠资本化运作。

乡村空间消费化和商品化总体遵循从乡村空间生产的具体产品商品化到乡村土地资源商品化，再到乡村空间本身成为一种可消费的商品的发展过程。在此过程中，需要外部资本的持续支持，在这一过程中，各类公益组织，可以发挥其强大的资源与资金的筹措能力，将资源从分散的主体，转向乡村地区，成为实现乡村消费转型的内在驱动力。当前，乡土文化可引发广泛共鸣，有形成“网红”消费效应的可能性。要形成完整乡土文化价值链网络，具体环节包括确立乡土文化主题、开发乡土文化消费体验项目、设计乡土文化创意产品、打造乡土文化品牌、积聚消费人气网红效应。[②] 在各类公益组织、社会力量介入的过程中，对于乡村社会而言，一部分的意义在于乡村作为一个消费对象，其消费场景、消费意识以及消费产品的市场化和专业化，[③]并且外部资本不仅作为一种生产资料的资金资本，为形塑乡村空间提供了物质支撑，更是作为一种社会关系、人力资源资本，增强了乡村空间与外部经济、社会和文化的联系。

（二） 提升村民的消费能力

已有研究发现，在乡村社会，村民的整体的消费能力不足是受到前文所言的集体消费的城乡与地区差异的影响，农村居民的收入结构、生活区域对其消费水平和消费结构有显著影响。[④] 收入较低以及社会保障的不健全抑制了农

---

① 赵曙明、白晓明、赵宜萱、吴婷：《中国企业家慈善捐赠行为模式及现状研究》，《南京社会科学》2015 年第 1 期。

② 徐望：《乡村振兴背景下引导与扩大农村文化消费的路径》，《农业经济与管理》2020 年第 2 期。

③ 林元城、杨忍、邓颖贤：《论中国乡村空间都市消费化转型与乡村振兴》，《地理研究》2023 年第 6 期。

④ 邓晓兰、鄢哲明、杨志明：《农村土地影响农民消费的实证研究———基于 CHARLS 微观数据的分析》，《中南财经政法大学学报》2013 年第 5 期。

村居民的消费需求。[①] 特别是在公共设施、教育、医疗等方面。与此同时，共同富裕是中国特色社会主义的本质要求，促进全体人民共同富裕也是中国式现代化的重要特色。扎实推进共同富裕，重要措施之一就是应当完善分配制度。农村共同富裕既是目标，又是过程。作为过程，农村共同富裕是指通过各种经济社会活动和制度安排不断提高农民物质生活水平和精神生活水平，同时不断缩小与城镇居民差距、与城镇居民共同实现富裕的过程。农村共同富裕是全体人民共同富裕的重要组成部分。

因此，在宏观的社会保障制度改革之外，公益慈善作为第三次分配的重要渠道，可以在集体消费品的供给方面，提供重要帮扶措施。具体而言，第一，通过公益慈善的力量，特别是各类文化组织的慈善实践，为乡村社会提供基础的文化设施与文化消费的空间，为进一步的文化与发展型消费提供可能性。第二，更为直接地看，可以通过联结各类基金会，为乡村社会最为弱势的消费群体，提供开展基础的消费的物质基础，抑或是提供直接的消费产品的输送。第三，公益慈善组织，特别是社会企业，应该大力鼓励和支持原创性文化创意，以生产和提供农村地区居民喜闻乐见的文化产品与服务。

另外，2023 年 7 月，国家发展改革委发布《关于恢复和扩大消费的措施》，提出要“完善农村电子商务和快递物流配送体系。大力发展农村直播电商、即时零售，推动电商平台和企业丰富面向农村的产品和服务供给。完善县乡村三级快递物流配送体系，加快提升电商、快递进农村综合水平，支持县级物流配送中心、乡镇物流站点建设改造，整合邮政、快递、供销、电商等资源，推行集约化配送，鼓励农村客运车辆代运邮件快件。建设村级寄递物流综合服务站，在有条件的乡村布设智能快件箱，增加农村零售网点密度，逐步降低物流配送成本。”商品的可及性是村民消费生活的一个重要的指标，因此，应该通过发起物流企业开展社会慈善，对乡村的物流体系进行搭建，在这一过程中，枢纽型的公益慈善机构，还可以在其中联结村民、政府与物流企业，使得多方共同协助乡村社会消费品“进得来”和“出得去”。

---

① 蔡昉：《城市化与农民工的贡献——后危机时期中国经济增长潜力的思考》，《中国人口科学》2010 年第 1 期。

在集体消费之外，在乡村都市化、消费化转型中，乡村获得了释放内需潜力、促进消费升级、调整产业结构和转变发展路径的机遇，有利于实现城乡要素流动与资源共享。乡村空间都市消费化转型作为乡村发展与振兴的重要路径，其不仅包括物理形态、空间、组织、社会关系等方面的结构转型，更离不开作为乡村本土主体“人”(村民)的转型。① 党的十九届五中全会提出，要优先发展农业农村，全面推进乡村振兴；要改善人民生活品质，不断增强人民群众获得感、幸福感、安全感，促进人的全面发展和社会全面进步。因此，继续大力提升广大农村地区居民的幸福感是我国社会经济发展的重要目的。促进农村地区居民消费支出不断增长和消费水平不断提高，可以显著提升农村地区居民的幸福感。

在这一背景下，鼓励农村地区居民扩大消费，仅依靠消费补贴政策并不够，还需要采取有效途径，通过公益慈善的力量，带动村民积极参与到乡村的消费产品的生产与宣传中来，促使广大农民增加可支配收入，这样他们才会有金钱和时间增加消费。具体而言，需要针对不同农村地区的现实条件，从经营性收入、工资性收入、财产性收入和转移性收入等方面多角度多途径促使农民提高收入水平。

与此同时，2023 年 7 月，国家发展改革委发布《关于恢复和扩大消费的措施》，提出要“推广绿色消费。积极发展绿色低碳消费市场，健全绿色低碳产品生产和推广机制，促进居民耐用消费品绿色更新和品质升级。健全节能低碳和绿色制造标准体系，完善绿色产品认证与标识体系，鼓励先行制定团体标准和企业标准。广泛开展节约型机关、绿色家庭、绿色社区、绿色出行等创建行动，反对奢侈浪费和过度消费，倡导理性消费，加快形成简约适度、绿色低碳的生活方式和消费模式。”在这一背景下，当前的慈善工作应转变思路，一方面要注意到城市也是社会帮扶的重要场域，应关注城市中进城务工农村青年的生活状态；另一方面也要在精神扶贫上下功夫，警惕消费主义对农村青年思想观念的冲击，引导农村青年树立健康适度的消费观，将消费理念从享受型消费转

---

① 林元城、杨忍、邓颖贤:《论中国乡村空间都市消费化转型与乡村振兴》,《地理研究》2023 年第 6 期。

向发展型消费。[①] 引导农村居民开展健康向上的消费活动，培育格调高尚的消费习惯，具有促进农村居民思想道德建设作用。更为重要的是，理性的消费习惯与消费理念的传播，不仅能够解决青年群体的消费习惯的转变，而且还能够在一定程度上，改变当前乡村社会的代际剥削的困境。

五、结语

我国经济社会发展取得的重大成就为共同富裕的逐步实现奠定了坚实基础。但同时应看到，促进共同富裕仍面临诸多困难，如城乡收入差距、地区收入差距、行业收入差距等还比较明显，特别是城乡收入差距较为突出，农民收入增长较为缓慢。因此，促进共同富裕，最艰巨最繁重的任务仍然在农村。也正是在这一背景下，乡村消费振兴成为一个重要的议题。乡村消费化转型是更新乡村空间、社会和文化的重要模式，需以辩证的视角理解乡村消费化带来的多重影响，以公益慈善的力量，搭建起实现乡村可持续发展的分析框架，实现乡村消费振兴。

与此同时，在公益慈善融入乡村消费振兴的过程中，要在慈善理念中融入战略慈善与媒体思维，促进教科文卫体发展及环境保护等领域发展成为公益慈善事业拓展对象，动员社会力量广泛参与公益慈善，营造乐善好施的良好社会氛围，最大限度地调动社会力量参与公益慈善事业的积极性、主动性、创造性，凝聚多方资源与优势，适应社会结构多元化、公共服务需求多样化的趋势，使多元主体参与农村公益慈善事业，使农村地区的消费振兴获得内生性增长力量。

---

① 邢成举、魏晓丽：《后扶贫时代农村青年消费的新特点——以陕西关中城郊B村为例》，《人口与社会》2022年第1期。

第三部分

人物篇

张謇慈善思想与实践在助力乡村振兴中的意义与局限

孙永健[①]

（南京大学社会学院）

摘　要：在中国推进乡村振兴的时代背景下，清代民营企业家和慈善家张謇的功德事迹被党和政府多次提及和宣扬。基于此，本文从张謇其人其事入手，探讨了张謇慈善思想与实践存在的意义与局限。张謇在推动公益慈善与乡村建设的过程中倡导企业社会责任、重视教育的重要性、保护乡村生态环境、尊重地方风土民情等等，这些做法至今仍值得我们学习与借鉴。然而，张謇抱守村落主义、发展乡村商业、遮蔽政府职能等理念与行动显然不适用于当下乡村振兴的战略实施。故而，本文从张謇的事迹中反思公益慈善在助力乡村振兴中的作用和限度，并进一步对乡村振兴的可能路径展开论述，即通过农村人口合理流动、资源引进乡村、农业现代化改革、健全社会保障体系以及用好公益慈善等途径来实现中国的乡村振兴。

关键词：乡村振兴；公益慈善；张謇

一、引言

2017年，党的十九大报告首次提出“乡村振兴战略”。此后每年的中央一号文件都对乡村振兴作出重大部署。特别是2021年习近平总书记在全国脱贫攻坚总结表彰大会上宣告：“我国脱贫攻坚战取得了全面胜利……完成了消除绝对贫困的艰巨任务，创造了又一个彪炳史册的人间奇迹！”为进一步巩固

---

① 孙永健，男，南京大学社会学院博士研究生，主要研究方向是经济社会学。

和拓展脱贫攻坚的成果，同日，组建并挂牌成立国家乡村振兴局，继续推进与全面实施乡村振兴战略，加快农业农村现代化建设。乡村振兴战略实施期间，习近平总书记于 2020 年 11 月 12 日在江苏南通考察，考察的重点是张謇兴办实业、教育和社会公益事业的情况，称赞张謇“是我国民族企业家的楷模”，尤其是发表了肯定张謇乡村建设实践的讲话，这对于“民营企业和公益慈善如何弘扬张謇精神并助力乡村振兴”具有深刻含义，届时，公益慈善界、企业界和学界也掀起了相关讨论与研究。

张謇(1853—1926)，号啬翁，江苏南通人，是中国近代史上的一位传奇人物，被史学家誉为“中国近代化的开拓者之一”。[①] 早年张謇原为一介儒生，以读书为业，于 1894 年得中恩科状元，但不久即弃官从商，创立大生纱厂，经营实业、教育、慈善。自谓“謇自乙未以后，经始实业，辛丑以后，经始教育，丁未以后，乃措意于慈善”[②]。除了读书科举和经营实业尤为人称赞之外，张謇的公益慈善思想与实践也取得了不容小觑的成就。民国元年(1912)是张謇慈善事业进入鼎盛阶段之开端，之后直至 1920 年，其慈善事业得到了规模空前的发展。[③] 张謇的慈善活动及实体大致可以分为两类：一是改良了旧有的传统公益慈善组织。张謇在继承前制的基础上，借助加强管理、更换选址、增设场地等手段，对育婴堂、义园、栖流所等家乡南通固有的慈善机构加以改造，造福了地方百姓。二是创办了从无到有的近代公益慈善组织。在当时西方慈善机构的刺激和鼓舞下，张謇怀抱着借鉴国际经验、弥补国内不足的抱负，在南通先后设立了养老院、贫民工场、济良所、残废院、盲哑学校等国内前所未有的慈善机构，为我国慈善事业的近现代转型做出了不可磨灭的贡献。然而，到了 1920 年代中后期，受到国内外战乱与经济危机的影响，张謇一手筹备的企业、教育和慈善事业日薄西山，但晚年的张謇仍不遗余力地发展家乡南通的慈善事业。就地方慈善公益而言，张謇早已超出一位实业家应该为国家社会所尽的责任，他对南通一域之事几近全盘包揽，甚至代行部分政府职权，成为实际意义上的

---

① 章开沅：《开拓者的足迹——张謇传稿》，中华书局，1986，第 1 页。

② 曹从坡、杨桐：《张謇全集(第 4 集)》，江苏古籍出版社，1994，第 406 页。

③ 刘泓泉：《张謇南通慈善事业的鼎盛期及其对南通的影响》，《兰台世界》2015 年第 3 期。

地方领袖。[①] 1926年,73岁的张謇在故乡南通病故,与他一同轰然倒下的还有他一手打造的商业帝国、慈善工程与乡村建设。张謇所追求的美好理想与残酷现实之间始终差距过大,一腔热情给了他砥砺前行的勇气,却也埋下了悲剧收场的伏笔。故而,胡适评价张謇为"近代中国史上一个很伟大的失败的英雄"[②]。不过,不以一时论英雄,张謇留给世人的精神价值与社会效应却是宝贵而成功的,时至今日仍为来者所称颂与学习。

迄今为止,有关张謇的学术研究历史悠久,已逾百年,研究内容涵盖张謇的人物生平、事业兴废、历史评价、遗留文献等方方面面。张謇最为人所熟知的是其状元郎和大企业家的身份,但人们对于其公益慈善与乡村建设的功绩讨论得较少。本文希望通过历史来启迪当下与未来,主要以张謇的公益慈善思想实践史为研究的切入点,结合我国目前展开乡村振兴工程的时代背景,尝试剖析张謇慈善思想在当代社会中的意义与局限,从而为当下与未来中国民营企业及企业家们开展公益慈善和助力乡村振兴提供某种裨益与警示。

二、张謇慈善思想与实践在乡村振兴中的意义

(一) 倡导公益理念与企业社会责任

张謇以无私奉献和不计得失的精神开展公益慈善、乡村建设等事业,践行着儒家的仁爱理念,彰显着作为士大夫的社会责任感,弘扬慈善精神的同时改良了乡土社会风气。同时,张謇充分意识到物质经济基础对于开展公益慈善和乡村建设的重要性,因而倡导实业救国,以实业盈余为主、个人捐资为辅渐次开展地方乡村建设事业,而其中最可贵的便是张謇的实业振兴是以社会福祉而非企业盈利为目标导向。张謇与其他民族工商业者提出了"实业救国"的主张,真金白银是开展任何事业的前提,光有善心没有善力也是无法做好公益慈善与乡村建设的。然而,软弱无能又自私自利的晚清政府根本没有实力发展公益慈善与振兴乡村,因此,张謇的乡村建设事业必须依靠其作为企业家的

① 周秋光、李华文:《达则兼济天下:试论张謇慈善公益事业》,《史学月刊》2016年第11期。

② 张孝若:《南通张季直先生传记》,中华书局,1930,第3页。

个人力量。“在前清固未尝得政府分文之助，在今日仍不敢望政府格外之施”，“其经费亦出自张謇关系之各公司，及张公个人之担负，故与政府无直接之关系”。[①] 换言之，张謇兴办事业的经费，既不来自政府拨款，也不源自他人捐赠，最主要依靠的是张謇及其所经营企业的经济支持，而这其中张謇的大生集团为南通地方建设无疑提供了殷实的物质基础。张謇所兴办的公益慈善等各项事业“全凭自己良心做去”[②]，是纯粹的而非功利的。并且，他以孜孜不倦的意志，倾尽毕生财富与精力，全部投于其中，令世人敬仰。这根本上与张謇饱读儒家诗书、服膺儒学经典有关。《大学》有言：“仁者以财发身，不仁者以身发财。”《大学纂疏》进一步对“仁者以财发身”作出解释：“仁者不私其有，故财散民聚，而身尊……仁人财与民共，所以得民而身自尊矣。”这些经典学说体现着儒家重要的义利观，也成为张謇创业与行善的指导原则。他早年说过：“士大夫有口当述苦人之苦，有手当救穷人之穷。”[③]此后又说：“人单单寻钱聚财不算本事，要会用钱散财。”[④]传统儒家的民本思想和仁爱精神在张謇乡村建设过程中得到充分体现与弘扬。正因如此，张謇的南通诸多事业取得了祛除不良风气、提升文明程度的社会效应，在晚清乱世中开辟出一方净土。时人称赞：“近来工业发达，佣于工厂者亦有数万，又因有养老院、残废院、贫民工厂及育婴堂等，故余来通两年余，窃盗之事少闻，乞食之事鲜见。虽不敢说夜不闭户，道不拾遗，然索绪（诸）千七百余县中，亦独一无二仅有绝无之桃源地也。”[⑤]张謇的事迹表明，慈善事业本身有着重要的价值引领和精神垂范的功能，尤其是企业家个人身先士卒、带头垂范，对建设乡村风貌、改良农民风气、保障人心不死有着重要意义。

在那样的时代背景下，张謇依靠实业来建设乡村的成功经验之所以说是独具公益慈善特色的，是因为其开展实业的目标导向完全是追求乡民福祉而非个人私利的最大化，这完全不同于西方资本的原始积累与运作过程。以张

① 驹井德三：《张謇关系事业调查报告书》，江苏人民出版社，1982，第 160 页。

② 曹从坡、杨桐：《张謇全集（第 4 卷）》，江苏古籍出版社，1994，第 426 页。

③ 曹从坡、杨桐：《张謇全集（第 5 卷）》，江苏古籍出版社，1994，第 238 页。

④ 张孝若：《南通张季直先生传记》，中华书局，1930，第 360 页。

⑤ 陈翰珍：《二十年来之南通（上编）》，伪南通自治会，1938。

謇为代表的一批中国近代民族企业家开办实业是为“救亡图存”“造福乡梓”，探寻国家工业化之路。中国独有的资源条件和文化传统，使得一批民族企业家开办的企业与现代意义上的“社会企业”[①]更类似。张謇办厂的原始积累来自募集的民间资本，没有欧美模式的资本积累“原罪”。张謇“平生抱定村落主义”，践行“实业救国”，是社会目标导向，而不是为个人发财致富。“大生”的厂名即取自《易经・系辞传》：“天地之大德曰生。”用张謇自己的话来解释“大生”，“就是说一切政治学问的最低期望，要使得大多数的老百姓能得到最低水平线上的生活”[②]。张謇终其一生践行着自己的实业初心，立意于“为公”。大生集团最大程度上把实业收益留在了南通本地，促进了南通地方的整体性民生改善和乡村繁荣，这就为实业的发展提供了坚实的社会支持。张謇的乡村建设实践在南通以持续30余年的卓越成效，证明了以公益为导向的产业经济模式在乡村建设与振兴中的宝贵经验与价值。

（二） 重视慈善教育与启发民智

张謇在乡村建设与开展慈善的工程中十分重视慈善教育，主张启发民智、以工代赈与富而教之，提出“父教育，母实业”“实业与教育迭相为用”[③]。张謇的贡献与创新之处便在于，在继续践行传统救济善举的同时，在“教”的范畴内更加重视，倡导“标本兼顾、教养兼施、以工代赈”，所谓“授人以鱼不如授人以渔”。张謇将国民与乡民教育作为立国自强的根本大计，曾认为：“世变亟矣，不民胡国？不智胡民？不学胡智？不师胡学？”。因此，张謇将发展教育置于慈善事业中的重中之重。关于慈善与教育的关系，张謇曾有一番经典论述，“属于积极之充实者，最要为教育；属于消极之救济者，最要为慈善。教育发展，则能率于以增进；慈善周遍，则缺憾于以弥补”[④]，“自治之本，在实业教育，而弥缝其不及者，惟赖慈善”[⑤]。换言之，张謇认为想要建设好乡村，必须重视

---

① 社会企业的概念起源于20世纪80、90年代的欧美。目前，学术界一般认为，社会企业是社会目标导向，是以市场化、商业化的运作手段达到解决各种社会问题、实现社会目标的“目标驱动型”组织。

② 卫春回：《张謇评传》，南京大学出版社，2002，第226页。

③ 曹从坡、杨桐：《张謇全集（第6卷）》，江苏古籍出版社，1994，480页。

④ 曹从坡、杨桐：《张謇全集（第4卷）》，江苏古籍出版社，1994，第355页。

⑤ 同上书，第406页。

教育的功效。张謇在南通创办的学校及文化事业主要有通州师范(1902年),翰墨林印书局(1902年),通州博物院(1905年),通州女师(1906年),通州师范附小(1906年),通州女师附小(1907年),通州农校(1911年),南通图书馆、南通纺织专科学校、南通医学专门学校(1912年),等等。[①] 除了常规教育和文化机构外,张謇仍致力于对残疾人等弱势群体的教育和培训。张謇于民国初年慨然创办南通狼山盲哑学校、盲哑师范传习所等,"期以心思手足之有用,弥补目与口之无用,其始待人而教,其归能不待人而自养,故斯校始在教育之效,而终在慈善之效"[②]。张謇筹设的慈善教育组织不仅让社会中的弱势群体有了栖身之所,还能使其学习到基本的文化知识,最为重要的是训练他们获取一技之长,至少日后不会沦为社会之负担。张謇对南通乡民素质的提升和乡村风貌的改善,乃至中国教育模式的现代化转变,均起到了巨大的促进功用。

张謇重视教育、开启民智、主张"富而教之",这对于当前我国开展乡村振兴工程、促进农业农村发展有着极其重要的借鉴价值,实际上也与党中央强调教育在乡村振兴中的重要性的指导思想相一致。2021年中共中央办公厅、国务院办公厅印发的《关于加快推进乡村人才振兴的意见》明确指出"乡村振兴,关键在人",提出要"培养造就一支懂农业、爱农村、爱农民的'三农'工作队伍,为全面推进乡村振兴、加快农业农村现代化提供有力人才支撑"[③]。因而,在当下与未来教育助力乡村振兴的过程中,也应以培养农村人才为重点,充分发挥教育的教化功能,为农村培养更多懂技术、懂管理、会经营的本土人才,从而为农村农业的发展打下坚实的人才基础。

(三) 保护自然生态环境

张謇在实业振兴与乡村建设的诸多实践行动中彰显了保护生态与可持续发展的理念,对当下我国的乡村振兴有着重要的启发。虽然没有证据表明当年张謇接触过生态学,但他在创办实业过程中对资源的利用,对产业结构生态化方面的探索,最终所形成的产业全生态链,与当代生态经济理论异曲同工,

---

① 刘光永:《大清的挽歌:清末改革管窥》,三秦出版社,1999,第198—199页。

② 曹从坡、杨桐:《张謇全集(第4卷)》,江苏古籍出版社,1994,第108页。

③ 《关于加快推进乡村人才振兴的意见》,2021,据中华人民共和国中央人民政府网:http://www.gov.cn/xinwen/2021-02/23/content_5588496.htm。

体现了资源减量、环境减污、生态减用,客观上有利于人与自然和谐共生。[①] 张謇为解决纱厂原料问题而创立了垦牧公司,以开发荒滩;为应对棉花加工过程中的下脚料棉籽问题,他创办了榨油厂;为解决产品和原料的运输问题,他成立了轮船公司;为解决纱厂设备的安装和维修难题,他创建了铁冶工厂。这些产业链的形成展示了大生集团内部工业企业间的延续生产和回收再生产的模式。倡导社会责任与慈善价值的张謇及其企业,很少把追求"利润最大化"作为唯一目标,而是将经营目标与社会环境与自然环境相结合,透露着资源节约、环境友好和可持续发展的经营理念。

早在2005年,习近平总书记在浙江工作时就提出了"绿水青山就是金山银山"的生态文明理念。产业生态化的目标是实现既有"金山银山"又有"绿水青山"的发展,即在产业发展过程中遵循自然生态有机循环原理,实施生态化和绿色化的行为。通过各类资源的循环利用,充分利用资源,协调经济、社会和自然环境的可持续发展,实现经济发展、环境保护和资源节约的统一。资源节约、环境友好和生态保育是产业生态化的基本特征,因此,产业生态化的最直接表现就是资源减量、环境减污和生态减用。张謇经营企业和建设乡村的做法与现代生态经济的要求相吻合,即内在地考虑资源的公共属性,追求生态完整性,并以社会可持续性为目标,同时追求经营的社会属性。

(四) 尊重地方风土民情

张謇坚持从实际情况出发,把企业发展、公益慈善与乡村建设与南通当地社会经济发展水平结合起来、与当地资源禀赋与风土人情结合起来。首先,在实业济民领域,张謇充分考察和利用家乡本土的自然条件与经济基础。张謇在南通当地整合了农业、工业、垦牧、商业、运输业、金融、物流、通讯、仓储和保险等多个领域,创建了南通乡土社会区域性的本地化经济,形成了全产业链。这种经济模式实现了区域内循环,以应对巨大的外部性风险。张謇不仅在当地建立了完整的产业链,还将产业链与乡村社区建设相互融合。在成功开办南通大生纱厂后,为了掌握棉花原料的稳定供应,他发起了垦牧项目并积极进

① 龚万达:《新发展格局中张謇乡建实践对民营经济参与乡村振兴的启示》,《江苏省社会主义学院学报》2022年第2期。

行农田水利建设，以增加农业产量来支持棉纺业。随后，他兴办了第三产业，并将一二三产业进行融合，实现了综合经营的收益，并且这些收益没有外流，而是直接投入本地乡村建设。其次，张謇企业本地化模式之所以能够成功，根本原因在于其不仅尊重当地"风土"，更重视"民情"与"文化"。乡土文化首先表现为具有一定的自然、社会、文化边界的乡村共同体中的一种人际关系形态，这种人际关系在信息对称和地方性知识的基础上形成一致公认的规矩，塑造着农民行为的"乡土逻辑"，建构着乡村共同体熟人社会，支撑着乡土文化和社会的持续①。大生纱厂是一家当时比较先进的现代化工厂，但张謇并没有按照西方的工业化路径来打击和消除南通当地已存在的农村传统家庭纺织业，而是选择保留这一乡土传统文化。这是因为张謇的工厂位于广袤的农村而非现代大都市，大部分工人都是当地的农民，他们既从事工业工作又从事农业劳动。张謇的企业模式倡导"厂纱户织"，即纱厂与小农户直接合作进行纺织业，保留了中国传统的"男耕女织"纺织业模式，大生纱厂甚至专门生产机纱原料供农户进行纺织。张謇创建的全产业链区域性本地化经济模式使得农村传统家庭纺织业融入了整个产业链，成为其中的一部分。这种工农结合的就业模式极大地节省了劳动力因为必须离乡进城而产生的转移成本。由于没有将劳动者从原有的乡村社会中剥离出来，因此可以继续遵循共有的乡土社会文化和"乡土逻辑"，减轻了文化转变所带来的冲击。乡土文化在张謇的企业中内化为组织结构的控制性规范。实际上，大生纱厂的发展乃至南通乡村一时的繁荣也是依托本地的乡土文化实现的。

在乡村建设和地方自治过程中，张謇认为没有必要羡慕外来新奇的自治理念，关键要适合国情和民情，农耕文明曾经是近代中国广大乡村生产方式的重要组成部分。他说要"不慕于外之新且异，不强人以就我，不贬我以就人"②，在地方自治中要"国无大，一家无小，视吾力所能，大不足矜，小不足馁"③。他

---

① 龚万达：《新发展格局中张謇乡建实践对民营经济参与乡村振兴的启示》，《江苏省社会主义学院学报》2022年第2期。

② 曹从坡、杨桐：《张謇全集（第4卷）》，江苏古籍出版社，1994，第490页。

③ 同上书，第13页。

要求"在江苏南通讲教育，先要想什么是南通所需要的，什么是适合南通的"①，为当前我国因地制宜开展乡村振兴提供了很好的借鉴意义。农耕文化长期以来是乡土文化的主体和核心②。事实上，2018 年中央一号文件曾提出，要"传承发展提升农村优秀传统文化""切实保护好优秀农耕文化遗产，推动优秀农耕文化遗产合理适度利用。深入挖掘农耕文化蕴含的优秀思想观念、人文精神、道德规范"。2021 年中央一号文件又继续强调，要"深入挖掘、继承创新优秀传统乡土文化，把保护传承和开发利用结合起来，赋予中华农耕文明新的时代内涵"。故而，民营经济与公益慈善参与乡村振兴必须高度重视优秀传统乡土文化的保护传承和开发利用。从农民的实际需要出发，分区分类开展乡村建设，采取多层次、多形式、多种类的引导与帮扶。

三、张謇慈善思想与实践在乡村振兴中的局限

（一） 抱守村落主义和盆景式乡村建设

张謇怀抱着"村落主义"的乡村建设理念，并携有畛域之见，因此其公益慈善和乡村建设的经验与模式很难推广，贡献也局限在家乡一带。张謇倡导的"村落主义"模式的可复制性极差，与张謇本人的"强人因素"密切相关，是在近代社会环境逼迫下一种退而求其次的封闭排外生存方式。一方面，在面对中华其他地区的乡村救济难题时，张謇多视而不见，无力顾及家乡以外地区人民的生存状况。例如，对于 1923 年上海惠爱施诊医院两度募捐，张謇则以"年来屡丁灾歉，支拄尤难，愧无余力，可济遵需"为辞而奉还捐册③。另一方面，张謇怀有明显的家乡情结，时常抢夺甚至打压其他地区的经济发展资源。例如，1904 年和 1914 年，张謇分别阻止与打压上海崇明工厂的增设和无锡新冶厂的创立，使其的生产经营处于全国垄断地位。故而，从当时来看，张謇的慈善与

---

① 曹从坡、杨桐：《张謇全集(第 4 卷)》，江苏古籍出版社，1994，第 467—468 页。

② 朱方长、李红琼：《乡土文化传统的经济功能分析》，《求索》2005 年第 12 期。

③ 曾桂林：《殊途同归善与人同：张謇与熊希龄慈善事业之比较》，《科学·经济·社会》2011 年第 3 期。

实业仅保一方安隅，属于“点”上的成功经验，却是一种治标不治本且难以推广的乡村建设实践。

张謇的思想与实践启示我们，当前我国的乡村振兴工程应该是“面”上一般模式而不是“点”上典型模式，应当警惕村落主义和盆景式的乡村建设。在实施乡村振兴战略时，一般存在采取“面”上一般模式和“点”上典型模式这两大方式。前者是指广泛推广适用于大多数乡村地区的政策和举措，通过整体推进，提升农村整体发展水平。这种模式注重解决农村普遍存在的问题，例如基础设施建设、农田水利、农产品加工等，以满足农民的基本需求。而后者则是通过选取一些有代表性的地区或项目进行重点支持和示范，以在有限范围内取得较为明显的成效，进而带动周边地区的发展，例如特色农业、乡村旅游等，通过打造典型案例，吸引更多资源和投资进入乡村地区。现实是，近年来“成功”的淘宝村或乡村旅游模式可以拓展到点，却无法扩展到面①。如果每个村都开展淘宝业务，彼此之间的竞争将异常激烈，每个淘宝村所能辐射与服务的半径就会被极大地压缩，所能聚集的外销农产品数量与内销工业品数量都十分有限，最后必将导致“无宝可淘”。同理，不排除某些特殊的乡村因为历史、人文、地理、自然、区位等因素，成为乡村旅游热点，进而带动乡村旅游点脱贫甚至致富，但并不能成为“面”上一般模式。因此，某些地区将旅游点上的经验向乡村全境推广，很难有所收获。因而，不同于张謇所处的“乱世”，在中国新时代的背景之下，乡村振兴不应该仅仅停留在“造盆景”和“树典型”的阶段，而应该是一个综合性的战略，旨在解决农村地区的发展问题，提高农民的生活水平和幸福感。

（二） 不适用于人口外流的现代乡村

张謇在其所处的特殊时期，依靠发展家乡的工业、农业乃至服务业振兴了当地的乡土社会，但这种有时代局限性的“成功”经验并不适用于人口大规模流动的现代社会，特别是兴办乡村工业和服务业的做法并不契合当下中国的乡村振兴。甲午战争失败后，帝国主义加紧对我国的经济侵略，使我国民族工

① 陈友华、苗国：《乡村振兴：认识误区、比较优势与制度变革》，《江苏行政学院学报》2020 年第 2 期。

商业发展举步维艰。张謇始终坚持认为，强国首先必须振兴国家经济，建设乡村也必须开办工厂并发展乡村工业。在“棉铁主义”的指导下，张謇优先发展家乡的棉业，于 1895 年开始筹办近代机器纱厂，1899 年纱厂经营获得巨大成功，其产品供不应求，大受欢迎。此后，大生纱厂一跃成为中国规模较大的纱厂之一，与纱厂相关之各项实业也逐次拓展开来，由此开始，张謇的企业帝国不断扩张。然而，张謇掌握雄厚的经济实力并不是用以个人享乐，而是将企业盈余大量用于支持地方的福利救济、教育培训、乡村建设等事业，甚至要求将企业资产用作慈善机构的基本产业。然而，在张謇所处的前工业社会，那时候的中国人都散居在乡村，处在自给自足的采摘和农耕社会，生产效率和生产力极低，农业生产占用了绝大部分劳动力。由于生产力低下，农村无法供养大量的城市人口，因而当时的城市少、城市规模小。这时的乡村相较于弱小的城市来说，是“兴旺”的，只不过这时的“兴旺”不是财富聚集的“兴旺”，也不是基础设施和村容村貌的“兴旺”，而仅仅是人口的“兴旺”，即“人丁兴旺”[①]。张謇在那样的时代背景下于家乡南通首次开展乡村工业是具有一定的先发优势与人口基础的，因而大生集团能够在一时间取得不小的成就并造福乡民。可是，在现代社会，资源是流动的，无论是人口、资金还是技术，都有趋利避害的本能，乡村人口快速外流是无法阻止的。人口以及由此产生的资本与技术的集聚是发展第二、第三产业的基础与前提条件，能否拥有规模优势并利用好“密度优势”降低运营成本，事关兴办企业的成败。这方面，现代乡村的人口大幅流失使其缺少发展工业和服务业的基础，因此也不适宜参考张謇曾经的实业振兴乡村的做法与经验。

尽管 2018 年中央一号文件提出，“乡村振兴，产业兴旺是重点”，要求“构建农村一二三产业融合发展体系”，但如今地域广袤但人口稀疏的乡村究竟适合发展什么产业来与城市彼此竞争、互通有无、互惠互利？在城市工业产能过剩、效率与技术优势明显的情况下，农村工业如何构建自己的比较优势，提供有竞争力的产品与服务？不置可否，改革开放之初，中国的乡村工业化曾走过

① 陈友华、庞飞：《乡村振兴何以可能——后脱贫时代的“三农”之思》，《四川大学学报（哲学社会科学版）》2021 年第 3 页。

一段“辉煌”的道路，由于当时家庭联产承包责任制的刚刚实施、农村剩余劳动力富庶、户籍制度限制人口流动，因而乡村企业经历过短暂的兴起。但中国绝大多数乡村企业在特定时期经历短暂的繁盛后迅速走向优胜劣汰，乡村办工业思路早已被中国实践所淘汰。这是因为一方面乡村办企业经济效率不高，大多数“低水平重复建设”起来的乡村工业被残酷的市场竞争无情淘汰，另一方面随着户籍制度的松动，人口由乡村内部的“就地转移”转变为乡城之间的“异地转移”。其实，中外经验证实，乡村只适合发展农业，很难想象在工业产能过剩、城市生产效率高与多元文化生活吸引力如此之强的 21 世纪，乡村工业究竟会有何种比较优势来重现昔日短暂的辉煌。① 但要发展农业，就一定要将现代工业运行的逻辑应用到农业发展之中，不能使农业成为现代产业发展的例外。基于对效率的强调，现代农业一定是机器与规模化的大生产。因此，对中国来说，乡村振兴不是人口集聚的“复兴”，也不是乡村工业与服务业的振兴，而是农业生产模式的现代化转型，是农业的振兴。② 因此，乡村振兴，归根到底是农业现代化与农民收入提高，而不是狭隘地让农民固守农村。乡村振兴应主要聚焦于农业现代化的产业兴旺，以及从事农业生产的农民生活富裕。

（三） 遮蔽了政府的功能与职责

张謇仅凭一己之力建设公益慈善与乡村振兴事业，却忽视了国家制度建设的重要性，因此其成就与贡献越是显耀，越是掩盖了政府的失职与无能。1894 年前后，中国社会内忧外患，对内高压统治，对外委曲求全，战争、灾害、贫穷成为勒在国人脖颈上的三根绳索，而张謇的公益慈善与乡村建设事业正是诞生于这样一个政局动荡、兵燹绵延的时代。然而，张謇个人及其企业的慈善行为根本无法弥合兵荒马乱年代下巨大的乡村困厄与民生痛苦。纵使张謇慈善事业达至顶峰时期，也仅能部分程度上保障家乡南通一方安隅。张謇倾其一生用于慈善的专款也不过 300 万元，但据记载单是当时一场北方大灾便至

---

① 陈友华、苗国：《乡村振兴：认识误区、比较优势与制度变革》，《江苏行政学院学报》2020 年第 2 期。

② 陈友华、庞飞：《乡村振兴何以可能——后脱贫时代的“三农”之思》，《四川大学学报（哲学社会科学版）》2021 年第 3 期。

少要两万万元才能救活灾民[①]。任何个人或企业的慈善救济在天灾人祸面前无异于杯水车薪。即使这样，张謇的慈善公益体系也早已超出其所能承受的范围，而代行了部分政府应尽的责任。事实上，在传统农耕社会里，任何个人或组织的贡献卓著并非值得大书特书的庆幸之事，甚至突出的个人丰功伟绩会因为喧宾夺主而被刻意打压，因为这恰恰间接反证出当朝政府的失责与无用。因此，世人对张謇慈善伟业的称颂，却是揭露出本该肩负起乡村建设与社会救济重担的清政府对民生疾苦抱以无能为力和漠然视之的态度。张謇对乡村建设的贡献掩盖了一个"坏政府"并维护着一个"坏制度"，其结果从长短期而言可能大有不同。从短期来说，张謇的慈善事业减轻了民众的痛苦，增加了社会的福祉，维护了政权的稳定，但同时从长期来说，却减轻了制度变革乃至政权更替的压力，阻碍了新制度建立和社会发展的进程。当然，张謇也深知，依靠晚清政府来振兴乡村与改善民生是绝无可能的。但无论怎么说，张謇这种寻求个人努力而忽视制度变革的做法，会使得乡村建设因为他的存在和努力而兴盛，也必将因为他的失意和离开而衰落。故而，这种自下而上的、自发式的公益慈善事业一定是不可持续和难以模仿的。历史事实也证明，晚年的张謇不仅被迫离开企业掌舵人的位置，一手创建的大生集团也被上海金融财团所吞并[②]，而且他一生为之奉献的公益慈善与乡村建设的成果也迅速随着他实业和生命的结束而轰然倒塌，终究难逃"人存政举、人亡政息"的历史悲剧。

张謇的事迹启示我们，眼下的乡村振兴工程是一个全面的战略任务，需要国家层面的领导、政策和资源投入，主要是国家而非任何个人或企业的职责。尽管企业家和慈善家在乡村振兴中可以发挥重要的作用，但他们的参与应该是在国家政策的引导和支持下进行的，也必将是有限的。所以说，乡村振兴不应该依赖于企业家或慈善家的个人行为，而是需要国家的长期规划和持续投入。只有国家层面的政策、资源和管理体系得到有效的组织和推动，才能真正实现乡村地区的发展与进步。

---

① 周秋光、李华文：《达则兼济天下：试论张謇慈善公益事业》，《史学月刊》2016 年第 11 期。

② 大生系统企业史编写组编《大生系统企业史》，江苏古籍出版社，1990，第 226—231 页。

四、乡村振兴的可能路径以及公益慈善的作用

在现代化的历史背景下，结合中外乡村建设的经验教训，乡村的发展是由市场推动与城市化带动的，工业化与城市化并不必然带来“乡村衰败”，乡村振兴的关键在于发挥乡村的“比较优势”，尊重市场规律，拆除经济增长与财富积累的“制度性藩篱”。因此，对中国来说，乡村振兴的主战场实际上不仅仅在农村，而且在城市。具体来说，可以通过农村人口合理流动、资源引进乡村、农业现代化改革、健全社会保障体系以及用好公益慈善等途径来实现中国的乡村振兴。

（一）加快城市化进程与引导农村人口合理流动

乡村振兴主要靠现在生活在农村的人，而不是把已经进城的人重新吸引回乡村。为此，我们应当加快人口城市化进程与引导农村人口合理流动，让更多农民走出农村，进入、融入、居于与安于城市。在乡村振兴过程中农村人口不断外流是一个必然现象，直至农业劳动力占比很低时才可能逐渐稳定下来。今天我们再也不能依靠旧体制把新生代农民束缚在农村与土地上。乡村振兴的目标，绝对不能通过把进城农民重新引回乡村的“一亩三分地”，增加农村劳动力来实现，而只能通过城市化进一步减少农民的方式来实现。简单来说，乡村振兴不是通过增加农民，而是通过减少农民来实现。乡村振兴应该是“农业振兴”，而不是“乡村人口振兴”。

通过“走出去”“由农民变市民”，可以为中国现代化发展提供持续动力，同时也能够提高新市民的收入水平。城市化过程中，吸引农民进入城市有助于为城市发展提供持续而丰富的劳动力资源，并为二三产业的发展提供劳动力支持。与此同时，进城的农民通过在效率与收益较高的二三产业就业，能够增加自身收入。农民大量涌入城市，使得留在农村从事农业生产的农民可以通过农业机械化来提高农业生产率和农民收入。农民的流入也为农村土地流转和规模化整合创造了条件，进一步促进农业的现代化转型。然而，要让农民能够顺利地走出农村，需要依靠城市的力量和国家的制度安排，并进一步深化各

类政治、经济、社会制度改革。这包括激活市场活力、激发市场创新动力、开拓经济发展空间、提供就业机会等方面的改革。通过改革,可以更好地利用人口转移和优化配置带来的红利,推动全国层面的经济可持续发展以及乡村层面的振兴。

(二) 实施市场化改革与吸引资源进入乡村

乡村振兴需要依靠市场与资本的力量,具体途径是通过对农业和农村进行市场化改革,并引进人才、资本和技术等资源。这样做既可以吸引资本到贫困落后地区兴办企业,又可以通过市场化改革提高农业劳动生产率,加快农业现代化转型。首先,可以通过税费减免和土地低偿或无偿使用等政策措施,吸引部分适合的资本到贫困落后地区兴办企业。通过发挥当地劳动力或自然资源丰富的比较优势,可以带动农民就地转移就业,提高农民收入水平。其次,引进资本、人才和技术对农业和农村进行市场化改革,提高农业劳动生产率,加快农业现代化转型步伐。通过引进先进的农业技术和管理经验,提高农民的生产效率和产品质量,增加农产品附加值,实现农业产业的可持续发展。此外,中国农村确实存在一些适合发展休闲农业和乡村旅游的资源,但这些资源分布极为不均。逐利的市场和资本具有定位和聚焦资源的能力,可以推动这些资源的有效开发利用。通过一二三产业融合,促进乡村经济的发展,增加农民非农就业机会,提高农民收入水平,实现乡村振兴的目标。

然而,一些"三农"学者似乎把城市资本下乡视为洪水猛兽,认为应该严格限制工商资本下乡,以避免"侵害农民利益"。这种鼓吹筑牢政策"防火墙"防止资本下乡作恶,只会加剧农村地区人口与资本的流失,根本无益于乡村建设。事实上,缺少资本下乡的乡村振兴何以可能?长期以来,包括资金、技术、人才等核心资源要素,单向由农村流入城市,造成农村"失血"而导致发展滞后。要实现乡村振兴,无论是改善农村基础设施,还是引入现代科技提升农业的规模和效益,都存在着巨大的资金需求,单纯依靠政府投入与农户积累无法从根本上解决问题,迫切需要多元化的投资主体。相比财政输入性的乡村振兴,让资本下乡、个体自由选择权利增多才是乡村最重要的福音,"资本下乡"的形式、目的与流向若无法自由选择,资本缚手缚脚无法盘活农村资源,最受伤害的其实还是农民。

（三） 启动农业现代化变革与完善农村土地制度

乡村振兴还必须鼓励农业规模化和机械化与土地制度变革和完善，亦即走“土地改革→土地集中→农业机械化→农业劳动生产率提高”之路。因为城市无法发展农业，无法参与农业竞争，但农业又是人类生存所必需，因而乡村发展的比较优势还是农业。传统农业种植技术简单，一般人无需经过专门培训，通过家庭内部的“传帮带”就能掌握，甚至部分人可以“无师自通”。虽然现代农业种植技术较以往显著提高，但相对于其他产业而言，其技术含量仍很低，一般人通过简单的技术培训就能胜任。因此，农民位居就业人口中受教育程度最低之列不足为怪。农业发展中真正具有较高科技含量的是现代农业科技，没有受过良好教育与严格专业训练，是不可能胜任的，但这些人绝不可能是农民，而是散布在大学、科研机构与农业科技公司等的科研人员，这些人处于农业生产链与“财富分配链”的高端，而负责农业种植的农民则处在底端。在此情形下，只有在土地制度改革过程中以严格的产权保护为基础，才能将人才、资本与技术引入农业和农村，最终才能实现农业的机械化与规模化大生产，进而提高农业劳动生产率，推动我国农业现代化发展。与此同时，进城务工人员可以通过出让土地，获得一笔进城安居资金，提高在城市安家落户的能力，促进城市化健康发展。此外，由于农业生产的特点，还必须对农业实行必要的财政补贴，吸引足够的劳动力从事农业生产，保证国家的粮食安全。对比先发国家的经验与现状可以发现，中国乡村未来的理想图景应该是现代化的大小不等的农场、农场主与农业产业工人。

（四） 健全社会保障制度与提高农村人口福祉

乡村振兴战略的实施也离不开社会保障制度改革的支持与配合。建立覆盖全体国民的基本社会保障制度，防范各种风险，激发市场活力，促进经济增长。首先，加快户籍制度改革，消除城乡间的制度壁垒。为进城农民提供友好型的社会支持环境，消除农民进入、住入、融入城市的制度差异。通过消除户籍限制，让更多的农民有机会“走出去”，并在城市中安居乐业，成为城市的新市民。其次，健全社会保障制度，逐渐由国家统一的基本社会保障制度代替农村土地保障功能。这样可以降低市场运行风险和成本，加快中国社会的现代化转型。建立全国统一的基本社会保障制度，减少农民对土地的依赖，降低企业和农业机械化与规模化经营的经济成本和社会负担。同时，通过引进市场、资本、技术和人才，实现资源的对流和交换，为经济和社会的持续发展提供动力。最后，缩小城乡居民在养老、医疗等基本社会保障待遇方面的差距，增加乡村人口的福祉。提供基本的生活保障，特别是针对老弱病残等弱势群体，是现代社会文明的基本标志，也是政府的基本责任。通过建立统一健全的基本社会保障制度，实现城乡居民在基本社会保障待遇方面的公平和均等，促进乡村振兴。在中国这个社会主义国家，政府更加注重民众利益与人权保护。因此，建立统一健全的基本社会保障制度既是乡村振兴的建设内容，也是社会主义制度建设的基本内容。同时，它也展现了社会主义制度的优越性和社会主义核心价值观的基本表现形式。

（五） 借力公益慈善发展乡村

公益慈善在中国乡村振兴战略的实现中发挥着重要的作用。通过资金支持、技术培训、社会福利保障和社区发展等方面的努力，公益慈善可以促进乡村经济的发展、改善农民生活条件，并推动乡村社会的可持续发展。首先，在资金支持和资源调配方面，公益慈善发起者或机构通过募集资金和捐赠的方式为乡村振兴提供重要的资金支持。这些资金可以用于农村基础设施建设、农业科技推广、农民创业就业等方面，推动农村经济的发展和转型。公益慈善还可以协助调配社会资源，引导资金、技术和人才流向乡村地区，帮助农民解决发展中的困难和问题。其次，在技术培训和创新支持方面，公益慈善发起人或机构可以组织技术培训项目，向农民传授现代农业技术和管理知识，提高他们的生产能力和技能水平。同时，公益慈善还可以支持一些乡村创新项目，鼓励适合的地区及农民发展农业产业链、农村电商、休闲农业等新兴产业，推动农村经济的多元化发展。再次，在社会福利保障方面，公益慈善可以设立一定的福利基金、养老院、医疗服务站等社会福利设施，为乡村地区提供基本的社会保障。这些设施可以改善农民的生活条件，提供医疗、养老、扶贫等方面的帮助，提高农民的生活质量和社会保障水平。最后，在社区发展和社会合作方面，公益慈善可以促进社区的发展和自治能力的提升，帮助建立社区组织和居民合作机制。通过组织社区活动、培育社区文化、促进社会资本和社会力量的参与，公益慈善可以增强社区凝聚力和自我发展能力，推动乡村社会的可持续发展。

不过，公益慈善虽然可以助力中国乡村振兴战略的实现，但也需认清其职能定位与功能限度。在助力乡村振兴的多方主体中，乡村振兴首要依靠农民利用市场发挥作用，其次是政府的引导和帮助，最后才是公益慈善等社会力量的帮扶。虽然公益慈善所提供的民生兜底、教育提升与职业培训等都非常重要，但增加人们自食其力的机会是扶贫与振兴的第一要务，除了挣得一定的收入外，还有能力提高、致富信息获得以及对市场契约的遵守与使用。但往往公益慈善纯粹输入式的帮助，除了"效率低""瞄不准"导致的成本增加以及"福利损耗"甚至"腐败"，也难言公平。长期来看，"回报不足以覆盖成本"的公益慈善行为不可持续，甚至会恶化制度型隔离。例如，中国乡村建设中的"建设性浪费"与"浪费性建设"一度十分严重。很多人把乡村振兴理解为农村基础设施建设与住房建设。在人口快速城市化背景下，乡村建设如果变成农村大兴土木，因农村人口不断外流，土地制度变革与土地集中，大量兴建的包括道路在内的农村基础设施与农村住房，将面临被拆除或被废弃的命运，最后导致财富资源的巨大浪费。为避免当年"希望小学"建成后因学生稀少而被迫关闭的历史重演，寄希望于通过大量的公益捐赠的方式推动乡村振兴的路径应慎重考量，对农村的低效甚至无效投资与捐赠应尽量避免。

事实上，公益慈善应当与政府、企业和社会各界通力合作，形成多方合力，才能共同推动乡村经济的发展、改善农民生活条件，并实现乡村社会的可持续发展。政府应加强对公益慈善机构的引导和支持，提供政策保障和资金支持；企业和社会各界应积极参与公益慈善活动，发挥自身优势，为乡村振兴贡献力量；公益慈善机构也要加强自身能力建设，提高组织管理水平，提升公益项目的专业性和可持续性，更好地服务于乡村振兴战略的实施。但归根结底，市场应当在乡村建设中起到关键性作用。市场不仅可能在制造问题，市场更在不断地解决问题。世界上成功的资源配置在决定性的意义上依靠市场，而政府与社会应在市场运作中更好地发挥作用。改革开放 40 多年来，引进外资都没给中国经济带来太大影响，允许城市资本下乡，让各类资源在城乡间自由流动同样能造就政策红利。如果“乡村振兴”严重依赖政府和社会外部资源的“补贴式”导入，而非市场机制发挥的自然过程，会存在大量“后遗症”。乡村振兴不仅是乡村扶贫，简单“输血式”的扶贫方式对于改善造成贫困的制度安排(如现行的户籍制度、土地制度、教育制度与社会保障制度等)意义不大，甚至会逆转激励机制，让人性更加懒惰，陷入更糟糕的贫困螺旋。

五、余论

乡村振兴的理想图景，绝不是传统乡土文人与当代“恋乡”学者心目中那个“鸡犬相闻、老死不相往来”的世外桃源，而是物流发达、经济富足、充满自由的现代社会。实际上对农民来说多没有乡愁，有的只是“城愁”，能否在城市安居才是其主要担忧，至于享受乡间的自由与释放，类似于欧洲发达国家的乡村奢华体验，多属于财富精英与精神贵族的专利，普通人无力消受。其实，乡村振兴和部分乡村衰败并不冲突。乡村“空心化”严重甚至部分乡村撤村销号，既是城市化的必然结果，也是社会进步的体现。城市吸收了大量农村劳动力，绝大多数农民进城后，比在农村生活得好。从这一意义上来说，只有城镇化以及城镇化意义上的乡村才有未来。

百年前，张謇的乡村建设实践确实有值得公益慈善和民营经济参与乡村振兴借鉴的经验。公益慈善家和民营企业家都应以张謇为榜样，学习和借鉴张謇慈善思想和实践在乡村振兴中的意义与价值，并警惕和避免其中的局限与不足，为我国振兴乡村建设、构建新发展格局、推动高质量发展作出更大贡献。

张謇力行乡村建设的慈善动因及对乡村振兴的启迪

叶沈良[①]

（江苏省张謇慈善研究中心　南通市慈善总会）

张謇（1853 年 7 月 1 日—1926 年 8 月 24 日），字季直，号啬庵，生于江苏海门，中国近代慈善第一人。他于 1894 年考中状元。他离开政界，集中精力兴办实业、教育、慈善等事业。在实业方面，兴办棉纺织业、盐垦业等；在教育方面，兴办南通师范学校、南通女子师范学校、农校、纺校、医校等专门学校；在慈善方面，兴办养老院、育婴堂、盲哑学校、残废院、济良所、贫民工场等一系列慈善事业；在地方建设上，兴办博物苑、医院、体育场、图书馆、公园、更俗剧场等公益事业。张謇在南通的一系列地方建设实践，影响和启发了一批仁人志士，是近代中国乡村建设运动的先驱。

张謇的老家是海门常乐镇，作为从农村里成长起来的孩子，他对农村有深厚的感情。他以村落主义的目标实施他心中的乡村建设，其中深含着张謇内心深处的慈善动因。这些慈善动因包含：慈民虑尊长、善民虑护幼、养民虑稳业、济民虑安身、佑民虑宁神。

一、力行乡村慈善，建立养老机构，慈善爱民尊敬长者

张謇是中国近代慈善第一人。张謇尊重儒家学说，儒家学说倡导的仁爱济人理念在他的心灵深处埋下了根基。在张謇的心中，尊重老人，呵护长者，是他为之努力的一个慈善目标。他一方面用办企业所获的个人收益来奉献社

① 叶沈良，江苏省张謇慈善研究中心副主任，南通市慈善总会副会长。

会养老事业；另一方面把生日礼金用于养老事业，在资金紧缺的情况下，他还登报卖字来支撑他的养老事业。在乡村建设的过程中，为老人们有个身体安居、心灵安宁的场所，张謇不断努力奋斗。

张謇认为维护好老年人的利益是乡村建设中一个重要内容。在张謇看来，设立养老院既是中华传统文化中老有所养这一传统的继承，又是乡村建设的组成部分。《礼记》中说："老幼孤独不得所，大乱之道也。"张謇谨记中国传统文化中的精髓。1912 年，张謇 60 岁寿辰，亲朋好友提前几个月就开始筹办。张謇不愿铺张，然又盛情难却，便于当年 3 月写了一篇《移生日宴客费并馈金建养老院启》，并张榜公示："顷以五月生日，枉辱朋好慰问先至，蹙然不能宁于中，抑虑无以为方来谢也。仆念乡里老人固有失所而无告者，愿以觞客之钱，建养老院，筑基购屋于城南。朋友诸君有隆贶于仆者，请移助之。一己之享，何如众人之安；一日之费，何如百年之惠。仆愿同善于人，诸君子当亦愿爱人以德……[①]"后来，养老院在南通城南白衣庵旁边建立起来，张謇为其取名"第一养老院"，全院大小房屋 136 间，可同时容纳 120 位老人。

张謇三兄，张詧用 70 岁生日时收到的贺礼在海门常乐修建了第二养老院。第二养老院也叫"老老院"，名字源自孟子的名言"老吾老以及人之老"，周边百姓也有称其为"老人堂"的。"老人堂"有近似于现代提倡的老年关怀的理念，使老人有尊严地在世界上度过属于自己值得珍惜的时光。养老院建成之后，周边数十里地域内无依无靠的鳏寡老人有了栖身养老之所。

张謇 70 岁时，又在第一座养老院旁边建了第三养老院，可同时容纳 146 位老人。张謇说："夫养老，慈善事业。迷信者认为是积阴功，沽名者认为是博虚名。但是我不这样想，我不过是因为自己安乐，便想人家困苦，虽个人力量有限，不能普济，但是救得一人，总觉心安一点。"[②]这不仅是张謇办养老院的初衷，也是他兴办慈善和公益事业的出发点，更是其人生追求所在。

张謇在第三养老院开幕式上发表了演说，他说："人恒以寿为重，其实人之

---

① 张謇：《移生日宴客费并馈金建养老院启》，载李明勋、尤世玮《张謇全集》第 5 卷，上海辞书出版社，2012，第 132 页。

② 张謇：《第三养老院开幕演说》，载李明勋、尤世玮《张謇全集》第 4 卷，上海辞书出版社，2012，第 508 页。

寿不寿，不在年岁之多寡，而在事业之有无。若其人果有益于地方，虽早夭亦寿；无益于地方，即活至百岁，奚得为寿?”①

在乡村振兴的过程中，老年人是值得关注的一个群体。稳定老年人群体就是稳定社会，稳定老年人群体就能够让年轻人安心去为事业奋斗，稳定老年人群体也是社会文明的一个重要标志。在农村人群减少、孤寡老人增多、社会人群普遍长寿的情况下，一定要像张謇先生那样，把老年人群体的慈善事业当作一件重要的事情做好，要各方联动，把养老事业作为重要的事情做好，提高乡村百姓的获得感。

二、力推乡村教育，加强村小建设，慈善护民保护幼小

张謇是中国近代杰出的教育家，在近代中国像张謇这样重视构建宏大教育体系的人，无出其右。在张謇兴办教育中，他十分注重乡村教育。他认为乡村教育是教育的一个重点。张謇规划乡村教育体系，对乡村教育的地域兼顾、学校设置、教师配置、学时长短、课程安排都有他的考虑。他认为乡村教育搞好了，乡村教育实施到位了，慈善护幼的事业也就有了成效。

张謇兴办教育，是中国近代史的典范。他曾兴办 370 多所学校，涉及教育的各个方面，纵向从幼稚园到高等学府，横向从社会慈善教养学社到教育专等研学，无所不包。父教育、母实业，熔铸了张謇的教育理想。近代中国没有谁能够像张謇这样依靠个人的力量，在一片土地上办成如此规模的各类教育事业，为兴实业、兴慈善，备蓄如此强大的后备力量。②

张謇坚持以小学教育为重心，力推乡村教育。1904 年清政府颁布《奏定学堂章程》，张謇以此为契机，当年创办了通州模范初等小学和长乐镇国民初等小学，次年又创办通州公立第一高等小学，接着又兴建了通师附属小学和女师附属小学。当时南通地区村镇布局比较散乱，交通落后，学生年龄结构复杂多异，正规教学具有相当难度，张謇主张因地制宜地办学。1905 年张謇在通海垦

---

① 张謇：《第三养老院开幕演说》，载曹从坡、杨桐《张謇全集》第 4 卷，江苏古籍出版社，1994，第 359—360 页。

② 叶沈良：《张謇的慈善传承》，江苏凤凰教育出版社，2022，第 50 页。

牧区兴办了第一初等小学，以后又多次规划建校计划，让广大农户子弟接受教育。张謇培养农村师资队伍，让他们到乡村设立“单级小学”，“广教育于穷乡之子弟”，为中国乡村教育发展探索了路子。

1905 年，张謇促进地方自治，加速学校建设。他着重普及初等小学教育，兼顾其他，并以每十六里设一初等小学为目标，逐年增加。在张謇的努力之下，学校数量逐年递增，据《南通市志》记载，从 1912 年至 1920 年每年平均增加初等小学 24 所。到 1922 年，初等小学数量已达 350 所。1909 年张謇向学部呈文，缩短初等小学教育年限为四年，并以修身、国语、算术、体操为必修课，提出“初等小学之年限愈短，科目愈简，则教育之普及愈易”的教改主张。

在张謇的不懈奋斗下，南通教育有了突飞猛进的发展，尤其是基础教育走在全省的前面，位于全国的先进行列。1929 年全国失学儿童高达 82％以上，而 1922 年南通学龄儿童的就学率当不低于 50％，这一比例在全国都是极高的。[①]

张謇慈善思想的最大特征是将慈善公益事业与地方自治、实业、教育的发展紧密相连，把它作为促进地方自治和社会文明发展的一个重要方面。他认为“国家之强，本于自治；自治之本，在实业、教育；而弥缝其不及者，惟赖慈善[②]”。慈善事业在三者之中虽位处最后，但也同样不容忽视，因为“失教之民与失养之民，苟悉置而不为之所，为地方自治之缺撼者小，为国家政治之隐忧者大也。[③]”从新的层面阐述了慈善事业的地位与作用。

近代中国把教育作为救亡图存、强国富民为根本的人可以说不乏其人，但很少有人能像张謇如此大规模地兴办教育事业。从普通教育到职业教育，从小学教育到大学教育，从学校教育到社会教育，从知识教育到实业教育，从一般教育到特殊教育。在一个仅仅拥有 130 多万人的县城中，创立了如此众多的教育实体，吸纳如此广泛的教育群体，开展如此全面的教育活动，取得如此显著的教育实绩，中国近代史上实难找出第二个人，张謇可为中国近代教育第

---

① 崔荣华：《张謇的大教育思想体系》，《南通大学学报(社会科学版)》2002 年第 3 期。

② 张謇 ：《拟领荒荡地为自治基本产请分期缴价呈》，载曹从坡、杨桐《张謇全集》第 4 卷，江苏古籍出版社，1994，第 406 页。

③ 同上。

一人。

以乡村振兴的视野来看张謇的乡村教育，张謇为我们提供了一个范本。在建设美丽乡村，留住乡村人才，构建乡村文明的过程中间，乡村教育显然是个十分重要的内涵。首先，是在构建乡村教育的框架上，要作出整体的规划和思考，如张謇先生早期这样的思路和判断。其次，在针对乡村教育的课程设置上面，要有针对性和务实性，让乡村教育落到实处。最后，作为教育的整体性的谋划，必须对乡村需要的课程设置作研究，从教育的大、中、小整体架构上予以考虑，以此来真正推动乡村振兴工作。

三、力施乡村实业，注重产业循环，慈善养民稳定就业

打好实业基础，推进教育和慈善的建设，是张謇追求的一个目标。张謇在实业建设的过程中间，尤其注意利用乡村资源把实业推行开来。在推进实业过程中间让老百姓有好的生活状态，也包含慈善的救济民众的概念。张謇根据乡村的特点，利用乡村资源的特征，发挥乡村建设中的百姓特长，因地制宜推进实业的发展。为此老百姓获益，地方经济得到发展，社会资源得到利用，百姓生活得到提高。乡村建设中间赋予的慈善为民的动因，是张謇搞好乡村建设的一个重要方面。

张謇言："反复推究，乃决定捐弃所恃，舍身喂虎，认定吾为中国大计而贬，不为个人私利为贬，庶愿可达而守不丧。自计既决，遂无反顾。①"张謇兴办公益慈善以实业为支撑，献其家财济慈，困顿之时卖字筹资。张謇慈善为民的气质体现在"我不入地狱谁入地狱"的大无畏气概与"先天下之忧而忧，后天下之乐而乐"的士大夫精神。

依托纺织资源发展经济，资助慈善事业。1898 年，大生纱厂在通州唐闸陶朱坝动工，次年建成投产。经过数年经营，大生逐渐壮大。1907 年，张謇又在崇明久隆镇创办大生二厂。从 1901 年到 1907 年，张謇先后创办了 19 个大生

① 张謇：《大生纱厂股东会宣言书》，载曹从坡、杨桐《张謇全集》第 3 卷，江苏古籍出版社，1994，第 115 页。

系企业。至 1920 年初,大生系统已形成一个庞大的企业资本集团,所掌控的资金总额计约 3448 万银圆,各纺织厂共拥有锭 16 万枚,布机 1300 余台,形成了轻纺、重工、棉垦、交通、水利以及包括教育、慈善在内的完整独立的集团体系。

依托垦牧资源发展经济,资助慈善事业。张謇于 1900 年集股创办通海垦牧公司,以低价领得通州沿海 8000 公顷滩地。次年正式开工,在南通、海门沿海统一进行筑堤、开河、建闸等工程。经过近十年建设,承佃垦荒者共一千三百户、丁口六千五百余人,植棉初见成效,成为大生纱厂重要的原料基地。通海垦牧公司由工业向农业延伸,这也是我国第一家农业开发股份公司。垦牧公司创办以后,因开垦的土地盐分重,为了降低土地的含盐量,张謇安排人大量种植大麦、高粱等作物,而大麦、高粱又是用来酿酒的极好生产原料,于是,张謇又创办了颐生酿造厂。1906 年颐生酿造厂的"颐生"酒参加了意大利举办的万国博览会,获得了金奖,这是我国酒类行业获得的第一块世界博览会的金牌,比国酒茅台获此殊荣整整早了 9 年。1903 年,张謇又在启东吕四镇,集资创建同仁泰盐业公司,开创了我国近代以资本主义方式经营盐业的先河。1914 年,同仁泰盐业公司生产的板晒盐,在美国旧金山举办的博览会上荣获了特等奖。

依托江海资源发展经济,资助慈善事业。1903 年 7 月张謇在启东吕四镇创办试验性的渔业公司,集中当地渔民和渔商,改良渔业器械,改变捕鱼作业方法。是年 12 月,张謇获悉德国商人要在上海创办德国人主导的中国渔业公司,而且已在胶州湾开始用渔轮拖网在海中试捕,他主张"论中国渔业公司关系领海主权,宜合南、北洋大举图之;不能,则江浙、直东;又不能,则以江浙为初步"。[①] 张謇向商部呈文,提议"迅筹沿海渔业公司"。商部对张謇的提议很是重视,上报当局,得到统治当局认可和支持,随即批准张謇负责招集商股,试办渔业公司。在张謇的努力下,1904 年 10 月,江浙渔业公司正式开办。

依托循环资源发展经济,资助慈善事业。为了利用纱厂多余的动力,张謇在 1901 年创办了复新面粉公司。为了更充分地利用多余电力,随后又创办了

① 张謇:《啬翁自订年谱》,载曹从坡、杨桐《张謇全集》第 6 卷,江苏古籍出版社,1994,第865 页。

大达公电机碾米厂。棉花在纱厂加工后留下大量棉籽，为了利用这些棉籽，张謇在1903年创办了广生油厂，生产棉油和棉饼。棉油行销国内外，棉饼又成为农作物的肥料，提高农作物的产量，这使棉花的资源得到了充分利用。为了利用好油厂的下脚料油脂，张謇又在南通唐闸创办了大隆皂厂，生产肥皂，这又是老百姓的生活所需品。众多的纱厂在生产时，会产生一种叫“飞花”的废弃物，对环境产生污染，但它又是重要的造纸原料。1908年，张謇办起了以飞花下脚料为原料的大昌造纸厂，一方面为大生纱厂提供了包装纸，另一方面为1902年创办的翰墨林印书局提供了纸张。张謇利用水陆畅达的唐闸的地理优势，打造了一个具有地方特色的生态产业链：种植棉花而后大生纱厂纺织棉花，棉籽供给广生油厂，油脂为大隆皂厂提供原料，当时唐闸工业形成了一个很有特色的产业链。

张謇在实业救国的路上，用了20多年的时间，毕其心血，创办了棉纺、农垦、盐垦、食品、机械、文化、房地产、交通运输、金融外贸等大小不同的几十个企业。这些企业既独立经营，又在人员派遣、融资关系、原材料供应、技术支持、产品销售等方面相互依存、支持、补充，形成了一个以棉纺织业为核心的良性循环的经济体系。这是中国最早的跨行业、跨部门的民族资本集团，其规模也远远超过了同时代的其他企业。张謇作为这一集团的领军人物，理所当然地被公认为“实业领袖”。张謇在兴实业、办教育、开慈善的思想指导下，把实业办得红红火火，为慈善事业提供坚强的后盾，使慈善事业得到更大的发展。①

推进乡村振兴，提高人民生活水平，必须发展实业。实业发展了，才能奠定乡村振兴的基石。张謇先生慈善养民的动因是基于实际的考虑，更是贴近民众的一个思路。今天我们在乡村振兴的过程中间，更应该因地制宜，根据乡村的实际状况，加强实业基础的建设，让百姓有提高自己富裕程度的阵地。利用好乡村资源的谋略，更大程度上推进乡村振兴工作。

---

① 叶沈良：《张謇的慈善传承》，江苏凤凰教育出版社，2022，第69—75页。

四、力倡乡村治理，实施水利建设，慈善济民安守家园

张謇生于江海之门户的海门，自小就被水患侵扰而深有感触，以致在事业有成以后立志治理水患。他把搞好水利事业作为乡村建设中间的一项重要内容。在他新办实业之初，就在乡村建设中实施水利规划，乃至在他生命的最后岁月，也关注着水利事业的建设和发展。他认为搞好水利，治理水患，保护民众，这是慈善的一个重要内容。中国历史上受水患之侵扰而流离失所的民众不在其少数，张謇从历史和现实的维度来做成慈善事业，正是张謇内心的崇高之处。

张謇先生对水利建设有远见卓识和理论建树。张謇认真研读前人的水利著作，积累了丰厚的理论知识。他参加科举考试，曾 3 次遇到关于治水的策论题，光绪五年七月会试，论题为“江苏水利”，光绪十二年三月礼部会试，论题为“河工”，他都考出了好成绩。光绪二十年五月，张謇参加殿试，殿试题也是关于水利《水利河渠要旨》，他功底扎实，才华出众，一举考中状元。《张謇全集》中，关于水利建设的文章有 190 多篇。他深刻论述水利建设对于内政外交、治国安邦、经济建设、强国富民具有十分重要的战略意义。他认为“水利者，农事之基也”“江之治否，与内政外交均有关系”“而江则可治，国权可保”“长江，国家之江也，治江，国家之责也”。“治水之道，贵乎上下蓄也，彼此统筹，必无划疆而治之水利”“治十里之河者，目光应及百里之外”。他主张治水必须标本兼治，统筹规划，上下游地区合力而治。张謇先生这些水利建设论述值得我们学习和深思，值得我们借鉴和实践。

张謇是我国近代的水利大家，是我国近代治水的开拓者和水利教育的先驱者。张謇仿大禹治水精神以利民，其善爱之心是他践行公益事业的动力。张謇参与治理黄河，建议使用疏堵并举、分流入海的系统治理方案，主张趁黄河漫流之际，将黄河疏浚，复禹故道，分为数支经由山东入海。为了落实这些主张，张謇甚至对所需器具、经由路线、人工来源等都做了详细规划。1919 年，张謇参与治理淮河，张謇明确提出了“七分入江，三分入海”的主张，治淮思想渐趋完善。1924 年，张謇让清江浦测量局将测量的成果汇订成册，交予出版，

并亲自作序。张謇参与治理长江，提出“治水先从下处入手”的主张。后来，张謇又推进自己的治江理念，在专门性的研究会议与决策机构中提出了著名的“治江三说”理论。张謇的“治江三说”对于我国长江治理有很大影响，在他的策划下，湘、鄂、赣、皖、苏一共五个省联合组成的“长江委员讨论会”成立，这个讨论会就是现在的长江水利委员会前身。张謇“治江三说”的提出以及“长江委员讨论会”的组建，都是长江水利历史上有里程碑意义的大事件，不仅在当时产生了深刻影响，引起了大家对长江问题的共同关注，更是对以后的长江综合治理产生了重要的影响。张謇以全国水利局总裁身份，顺应历史发展的潮流，应时而动，八方呼吁，四方联络，请求创办一所学校，专门培养水利工程人才。1915 年，张謇参与创办的河海工程专门学校成立，张謇专程从北京赶到学校所在地南京参加典礼。河海工程专门学校是中国历史上第一所培养水利技术专门人才的高等学校，也是辛亥革命后南京地区第一所招生开课的高校，作为中国水利高等教育历史开端的河海工程专门学校刻印在中国高等教育的历史书上，也刻印在中国水利发展的历史书上。追溯张謇的治水情怀，如没有慈善情怀，也不可能有此利益百姓之事。①

毛泽东同志说过，水利是农业的命脉。乡村振兴以水利建设作为一个切入口，从今天社会发展的意义来说，是个很重要的方面。乡村振兴的文明程度需要水利设施的完善，乡村经济的发展需要水利建设的成效，乡村绿水青山的建设更是需要水利建设的作用。回望张謇的水利事业，其中含有慈善的动因。在乡村振兴中，要从百姓的利益出发，以为人民谋利益为最高出发点，把水利设施搞得更完善、更完美、更完好。

五、力为乡村文明，践行村落主义，慈善佑民提升精神

张謇的村落主义理念含有张謇理想王国建设的构想。他以乡村为落脚点，把他的理想王国建设在最最底层的百姓中间。他以为只有最底层的百姓生活得到改善，百姓的精神状态得到提升，慈善的内涵意义也就更大了。张謇

① 叶沈良：《张謇的慈善传承》，江苏凤凰教育出版社，2022，第 32—33 页。

在提倡村落主义中间向先进学习，向西方学习，把他的实业、教育、慈善融合于他的村落主义建设中间，他践行慈善的意义已不是一般意义上的温饱的问题，而是更多的、更强大的从提升百姓的精神状态上，来提升慈善的社会价值。

张謇的"村落主义"，与传统的"基本族群聚居模式发展起来的相对稳定的社会单元"之村落不同。张謇的"村落主义"不是狭隘的族群，与家族观念、宗族观念无关。他心胸更广阔，视野更开放，他不为一家一族，而"须是将天下一家、中国一人、民吾同胞、物吾与也之道理，人人胸中各自理会；须是将先知觉后知、先觉觉后觉之责任，人人肩上各自担起"。何等的胸襟，何等的抱负！家国情怀、天下视野和民胞物与的情怀，早已在张謇的人生坐标中树立了起来。两个"须是"道出了责任担当的必然性、必须性，"人人胸中各自理会""人人肩上各自担起"，要成为一种自觉的使命。很显然，张謇的"村落主义"是一个极为开放的召唤性结果，其"村落"固然以南通这一区域为一"村落"，充满乡土的气息和地域的特色，但"村落主义"已超越了地理学上的乡土、区域范畴，是一个以南通为典型的、心中的"中国村"。从深层次看，张謇的"村落主义"体现了他的民生思想，成了张謇兴慈善的强大动力和高远境界。①

张謇在村落主义建设中，注重提高农民的精神素养。农民缺乏文化知识是不能从事现代化农业生产的，因此必须普及农业教育，提高农民素质。1903年，他在《论创办地方实业教育致端抚函》中说："实业教育，富强之大本也。教育所以开民智。顾念今日，岂唯民智不开而已。上而官智，中而士智，开寤者复有几人？"②

张謇以为提高农民素养是他乡村建设中的一项重要内容。他创办各级各类农业学校，培养农业专门人才，加速提高农民素质，成为张謇"万不可再缓之图"的任务。1901年，张謇建办了通州师范学校。1906年，通州师范学校开设农科，招收农业本科学生，南通近代农业教育正式实施。1911年初，通州师范在农科的基础上设立初等和中等农业学校。1912年，农业学校开辟五山苗圃，

---

① 成尚荣：《"村落主义"中的天下一家、中国一人——〈张謇教育文论选注〉评注》，《江苏教育》2016年第34期。

② 张謇：《论创办地方实业教育致端抚函》，载曹从坡、杨桐《张謇全集》第4卷，江苏古籍出版社，1994，第22页。

为农校生进行林业生产的实习创造了条件。1913 年,初、中两等农业学校改名为乙、甲种农业学校,定名为南通私立农业学校,南通农业教育进入了新的发展阶段。1920 年甲种农业学校升格为农业专门学校,后称农科大学,1923 年开办大学本科,南通形成了中、高等农业教育的格局。

张謇的村落主义对我们今天乡村振兴是一个启发,是一个借鉴。完整的规划乡村振兴,整体的布局乡村振兴,不仅仅是从物质层面提升乡村的富裕程度,更重要的是在精神层面提升百姓的满足感,在建设新时代绿水青山的乡村过程中间,让乡村文明的时代步伐走得更快、更好、更稳。

后　记

《公益慈善与乡村振兴》文集终于正式出版了，这是江苏省慈善总会、南京大学江苏慈善研究院主编出版的第四本研究成果，本书收录了南京大学、苏州大学、江苏省社科院等南京大学江苏慈善研究院理事单位、南京农业大学和江苏省农业科学院等相关农业科研机构，以及中国建设银行、江苏银行等金融服务机构的16篇论文，合计20多万字。本书涵盖了公益慈善与乡村振兴两者间关系、公益慈善在乡村振兴中的作用、乡村振兴中的公益慈善事业创新、公益慈善事业与乡村振兴的案例分析，以及张謇慈善思想与实践在助力乡村振兴中的意义等方面的内容，希望通过对乡村振兴中公益慈善理论、实践创新和案例分析等方面的研究，展示公益慈善事业在乡村振兴中的重要作用和广阔前景，提出相关意见和建议，为公益慈善在乡村振兴中的创新发展提供思路和参考。

实施乡村振兴战略是中国式现代化的重要组成部分。乡村振兴是新时代中国特色社会主义发展的重大战略，旨在全面建设社会主义现代化国家，实现全体人民共同富裕。乡村振兴不仅关乎农村地区的发展，更关乎国家的全面发展和长治久安。在新时代背景下，开展乡村振兴研究对于解决城乡发展不平衡问题、推动经济转型升级、促进农村现代化、满足人民对美好生活的需求、推动生态文明建设和实现中华民族伟大复兴都具有十分重要的意义。下一阶段，南京大学江苏慈善研究院将紧紧围绕中国的发展大局，选准研究课题，深入开展调查研究，突出特色亮点，体现热点难点，提出有针对性的对策建议，力争形成一批有见地、有价值、有分量、可操作的研究成果，为推动江苏慈善事业高质量发展提供理论支持。

本书由江苏省慈善总会与南京大学江苏慈善研究院发起，并提供经费支持。南京大学江苏慈善研究院负责相关研究的组织、成果收集、与南京大学出版社的联络沟通，以及书稿的编校出版事宜，南京大学各理事单位积极配合，保证了本书的编撰及出版工作的顺利完成。

衷心感谢在本书编撰出版过程中给予帮助的领导、专家学者、特别是各位作者，感谢南京大学出版社的领导和编辑的鼎力支持与大量付出，感谢大家的辛苦劳动和真诚帮助。

南京大学江苏慈善研究院

2023 年 9 月